根亲文化蓝皮书

BLUE BOOK OF FAMILY ROOTS CULTURE

固始移民与姓氏寻根研究报告（2023）

RESEARCH REPORT ON THE ORIGINS OF
GUSHI IMMIGRATION AND SURNAMES（2023）

本书编委会　编

九州出版社 JIUZHOUPRESS｜全国百佳图书出版单位

图书在版编目（CIP）数据

根亲文化蓝皮书：固始移民与姓氏寻根研究报告.
2023 / 本书编委会编. -- 北京：九州出版社，2023.9（2023.11重印）
ISBN 978-7-5225-2149-7

Ⅰ．①根… Ⅱ．①本… Ⅲ．①姓氏－文化－研究报告
－2023 Ⅳ．①K810.2

中国国家版本馆CIP数据核字(2023)第170277号

根亲文化蓝皮书：固始移民与姓氏寻根研究报告（2023）

作　者	本书编委会　编	
责任编辑	高美平　郝军启	
出版发行	九州出版社	
地　址	北京市西城区阜外大街甲 35 号（100037）	
发行电话	(010)68992190/3/5/6	
网　址	www.jiuzhoupress.com	
电子信箱	jiuzhou@jiuzhoupress.com	
印　刷	北京九州迅驰传媒文化有限公司	
开　本	720 毫米 ×1020 毫米　16 开	
印　张	22.25	
字　数	330 千字	
版　次	2023 年 9 月第 1 版	
印　次	2023 年 11 月第 2 次印刷	
书　号	ISBN 978-7-5225-2149-7	
定　价	68.00 元	

《根亲文化蓝皮书》编委会

致　谢

谨以此书向在历届中原（固始）根亲文化节和根亲文化研究中作出贡献的单位和个人致敬！

河南省人民政府台湾事务办公室

河南省归国华侨联合会

河南省社科院历史考古所

河南省社科院文学所

厦门大学台湾研究院

信阳师范大学根亲文化与两岸交流研究中心

信阳师范大学历史文化学院

信阳市根亲文化研究会

固始根亲文化研究会

特别鸣谢

（按姓名笔画排列顺序）

尹全海	汤漳平	许明镇	李　乔	李立新
汪毅夫	张新斌	陈义初	陈支平	陈学文
陈建魁	陈榕三	林永安	欧潭生	罗福惠
郑　镛	徐晓望	黄英湖	黄典诚	

目 录

写在前面

　　固始县地处江淮间豫皖接合部，是历史上中原地区向皖苏闽粤浙赣鲁，尤其是闽台一带移民的肇始地和集散地。其中在西晋至两宋之间有四次规模较大的"移民潮"，尤以唐初"开漳圣王"陈元光父子与唐末"闽王王审知"兄弟率领的两次大移民对闽台的影响最为深远。徙居南国的固始籍民带去了先进的生产技术、农耕文明、中原文化，有力地促进了我国东南边陲社会经济文化发展，其历史贡献与影响将永远辉映于史册。

　　千百年来，移居闽地的固始籍后裔渐次播迁闽、浙、粤、港、澳、台及日、新、马、菲、加、美等国，无数闽台同胞、海外侨胞、世界客属由古至今谱载口授、代代相传，牢记根亲祖地，勿忘光州固始。1953年台湾人口统计资料表明，规模在 500 户以上的 100 个大姓中，有 63 个姓氏族谱均记载其先祖来自光州固始，这 63 个姓氏共 670512 户，占台湾总户数的 80.9%。

　　1978 年以来，华侨领袖陈嘉庚的后代多次从新加坡和澳大利亚来固始寻根，拉开了南迁先民后裔回固寻根的序幕。1981 年，福建厦门大学方言学家黄典诚教授带领研究生专程到固始县为闽南话寻根，当年 4 月在《河南日报》上发表了题为《寻根母语到中原》的文章，明确提出台湾同胞寻根的起点是闽南，而重点是河南固始，引发了学术界热议，从而造就了"台湾访祖到福建，漳江思源溯固始"的根文化现象，也由此揭开了固始根亲文化研究的起点。

　　为持续挖掘根亲文化资源，做好根亲文化节承办、根亲交流联谊、根亲文化传承等事务，固始县先后成立了根亲文化研究会、根亲文化发展中心，组建了陈氏、王氏、黄氏、李氏等 72 个姓氏文化研究会，有力推动了根亲文化研究工作科学、规范、健康发展。

2008 年以来，固始县先后成功举办了十届"固始与闽台关系研讨会"和"中原（固始）根亲文化节"，组织赴台湾及福建厦门、漳州、泉州、福州、云霄、漳浦等市县开展根亲文化考察交流、族谱对接等活动 500 余次，接待海协会、国台办、福建省委台港澳办、闽台缘博物馆、厦门大学、各姓氏文化研究会等团体来固考察调研根亲文化 1000 余次，先后有闽、粤、台、港、澳等省区及东南亚、欧美 10 多个国家和地区 50 多个南徙姓氏 10 万多人次回固寻根谒祖、参访考察、投资兴业，固始也因此获得了"全球华人最向往的十大根亲文化圣地""海峡两岸交流基地""中国华侨国际文化交流基地""全国台联海峡两岸民间交流基地"等各项殊荣，叫响擦亮了"唐人故里·闽台祖地"文化品牌。

近年来，固始不断放大根亲文化优势，实施根亲文化战略与城市建设、产业开发与招商引资相结合，形成以根亲提名气、以文化树品位、以产业促发展良性发展模式。先后投入资金 100 余亿元，新建了华夏根亲文化园、固始县根亲博物馆、魏敬公园、开闽三王纪念馆、唐人寻根楼等根亲文化项目，开通了陈政大道、陈元光大道、王审知大道、成功大道、李通大道等标志性道路，完善了番国故城遗址、陈氏将军祠、元光文化公园、安山奶奶庙、黄氏大祠堂等根亲场所，根亲文化名城内涵进一步彰显。借助文化节的平台与机遇，十届根亲文化节期间，共成功签约招商项目 130 余个，项目金额 200 余亿元。

固始作为根亲文化的主阵地，致力深挖根亲文化资源，系牢两岸同胞精神纽带。多年来，与闽台地区持续开展寻根联谊、交流互进、产业融合等活动，实现了豫闽台祖根认同、民族认同、文化认同，开辟了海峡两岸交流新路径，对促进两岸融合发展、形成共谋中华民族伟大复兴的精神力量作出了应有的奉献。

习近平总书记在党的二十大报告中强调"继续致力于促进两岸经

济文化交流合作，深化两岸各领域融合发展，完善增进台湾同胞福祉的制度和政策，推动两岸共同弘扬中华文化，促进两岸同胞心灵契合"，固始将以此为遵循，坚持守正创新，挖掘好、宣传好、传承好根亲文化，为实现两岸同胞心灵契合提供文脉支撑，为服务祖国统一大业凝聚磅礴力量！

2023 年 9 月

序　言

敬天法祖，是中华文明的精髓，根亲文化是一种重要载体和形式，其中包含了姓氏文化、根祖文化和民俗文化等丰富内容，是中华传统文化的继承和发展，是维系中华民族情感归依的精神纽带，是全世界华人同胞心灵的根脉和归属，对于激发中华民族情感、凝聚中华民族精神，都具有不可估量的作用。在漫漫的历史长河中，四次大规模移民南迁促成了固始独具地域特色的根亲文化，使固始与闽、粤、台等地的血缘、史缘、文缘紧密相连，成为部分海外侨胞的乡关祖地，被誉为"唐人故里，闽台祖地"。在当今文化产业快速发展的进程中，固始的根亲文化成为中原文化的独特现象，熠熠生辉，备受关注。我们今天以独有的方式，讲述固始根亲故事，探寻闽台渊源关系，赓续两岸血脉亲缘，显得尤为重要。不忘根脉归属，彰显根亲时代价值，传承固始根亲文化，在全社会弘扬家国情怀，是时代赋予每一个"老家固始"人的责任与使命。

"中原（固始）根亲文化节"和"固始与闽台渊源关系研讨会"是传承发扬根亲文化、唤醒姓氏祖根记忆，联结全球华人血脉的独创之举，现已历经十届。为了系统总结"固始与闽台渊源关系研讨会"取得的研究成果和"中原（固始）根亲文化节"产生的社会影响，并以"第十一届固始与闽台渊源关系研讨会"和"第十一届中原（固始）根亲文化节"为标志，使根亲文化研究进入成果转化阶段，充分发挥根亲文化在推动区域经济社会发展中的独特作用，特决定将权威的报告、实证的材料、时效的探究汇集成册，出版发行《根亲文化蓝皮书——固始移民与姓氏寻根研究报告（2023）》。

　　《根亲文化蓝皮书》共选编收录了历届"固始与闽台渊源关系研讨会"优秀论文 20 余篇，记录了两岸专家学者对根亲文化的所思、所感、所悟。研究成果的出炉重现了固始先民大规模入闽的历史，讲述了闽南文化的形成及在台湾的传播，梳理了固始与闽台姓氏的渊源关系，以文集的方式系统呈现了固始与闽台渊源关系及文化传承的研究成果和发展趋势。本书出版之后，为保证其时效性和连续性，我们希望以专业的角度、专家的视野和实证的方法，持续公开出版《根亲文化蓝皮书》，对根亲文化研究现状与发展态势进行分析和预测，使之成为根亲文化研究的权威报告。

　　谨以此文为序，敬请读者观鉴。

编者

2023 年 9 月

| 总报告

回望光州固始一千年：从光州固始到根亲文化

尹全海

所谓"光州固始一千年"，包括作为行政建置的光州固始一千年（南朝梁武帝太清元年，公元547年，至清雍正二年，公元1724年）、光州固始姓氏入闽迁台流动中的光州固始一千年（唐初至清初）、作为闽台地区始祖记忆的光州固始一千年（闽祖光州固始），以及作为古今学者研究对象的光州固始一千年（宋高宗绍兴九年，公元1139年，至今），或可说是光州固始四个一千年。在学术视野下固始与闽台关系研究的光州固始，大概经历了光州固始、闽祖光州固始、闽台祖地和根亲文化四个关键时段，总体上叙述的是从光州固始到根亲文化的千年蝶变，以此作为《根亲文化蓝皮书》的总报告。

一、光州固始

唐初光州固始人陈政、陈元光父子率"58姓"入闽开漳，唐末五代光州固始人"18姓"随王潮、王审知、王审邦兄弟入闽并肇建闽国，以及明末清初唐代入闽之固始姓氏及其后裔随郑成功渡海迁台，"光州固始"不仅作为始祖记忆符号写进闽台姓氏族谱，来自光州固始的开漳圣王陈元光、开闽圣王王审知、开台圣王郑成功"固始三圣王"，也成为闽台百姓的保护神，享千年祭祀，至今香火鼎盛。

（一）光州固始之固始

固始，古蓼国地。西周时，蓼国、蒋国、黄国、番国，先后或同时建国于此，至春秋，楚灭诸国，设期思县，固始之地为期思县之番乡，又名寝丘。秦属九江郡，西汉于寝丘邑设寝县。东汉建武二年

（26年），光武帝封大司农李通为固始侯，固始由此得名，作为县级行政建置直至当下。

《嘉靖志·沿革》曰：固始县其地在昔，黄帝受命披山通道，南至于江，乃在江北为南境。高阳氏封子庭坚于安，复分于蓼（商城有安陂城，县北八十里有蓼城岗）。曾孙陆终封于黄城（商城）。帝喾创九州，为扬州域，唐、虞、夏、殷，皆因之。周兴，属荆州，封周公子伯龄于蒋（期思镇，古蒋乡也）。春秋为蓼、蒋、黄三国地。襄王四年（楚成王二十四年），楚人灭黄，三十年（楚穆公四年），灭蓼，顷王二年（楚穆公九年），灭蒋，其地入楚，封大夫复遂于蒋，为期思公。战国属楚，庄王以其地封孙叔敖之子侨，是为寝丘。秦始皇二十一年三月，蒙恬攻寝，灭六国后，置天下为四十郡，属九江（寿州）。楚汉间，项羽封英布为九江王，都六（固始皆其地也）。汉高帝五年，布灭，封贲赫为期思侯，始置寝、期思二县，属汝南郡。光武建武二年，封臧宫为期思侯，三年改寝为固始县，封李通为侯，属淮阳国（陈州）。《史记正义》曰："孙叔敖以寝丘土寝薄，取为封邑。李通慕叔敖受邑，光武嘉之，改名固始。"（关于固始之含义，其中《薛志》注曰"县名昉此，岂因通与帝首事，欲其坚固初始欤"）。曹魏属寿春。晋隶汝阴郡（颍州），期思隶弋阳郡（光州）。

光州固始，光州春秋时为黄国旧地，僖公十二年（前648年），楚灭黄国，属地归楚；秦属九江郡，汉隶汝南郡，三国、两晋均隶豫州；南朝梁武帝太清元年（547年）光州由豫州析出，下辖五县。至清雍正二年（1724年）光州升为直隶州。固始隶光州，即光州固始，作为一级地方行政建置，前后存续1178年。

《庄志·沿革》曰：光州，古江国地也，有熊氏子青阳降居江水。应劭曰：安阳，古江国，《括地志》：安阳故城，在豫州新息县东南八十里。《禹贡》：光州，为扬州之域。春秋为黄、玄、蒋三国。战国属楚，秦属九江郡。鲁僖公二年，齐侯、宋公、江人、黄人盟于贯。五年秋，楚人灭玄，玄子奔黄。玄在弋阳轪县，江国在汝南安阳县，黄国在弋阳县，后并于楚。西汉，光州属汝南江、夏二郡。东汉为固始侯国。三国置弋阳郡，晋属弋阳、汝阴二郡。隋开皇初置光州，唐置东光城郡，属淮南道，领五县。五县曰：定城、光山、仙居、固始、殷城。唐宪宗元和初复号光州，宋属淮西路，为光州军节度。宋高宗绍兴，改蒋州，寻复光州，避金太子讳光瑛也。明洪武初光州隶凤阳府，领光山、固始，旋改属汝宁府，兼领息县。成化初析固始县，置商城，共县四。

是故，光州固始之固始，先有固始后有光州固始；我们讲述的光州固始，固始隶属光州，即光州固始县。

（二）光州固始姓氏南迁入闽

历史上光州固始人大批南迁入闽，主要集中在唐代。先是唐初高宗时，光州固始人陈政、陈元光父子率"58姓"入闽开漳；唐末五代，光州固始人"18姓"随王潮、王审知、王审邦兄弟再度入闽，肇建闽国。至明末清初，祖籍光州固始的郑成功收复台湾时，唐代入闽之光州固始姓氏后裔，随郑成功渡海迁台。光州固始人入闽迁台，前后持续一个世纪。

1.唐初光州固始"58姓"入闽开漳

唐初光州固始人陈政、陈元光父子率中原将士入闽开漳，起因于福建九龙江流域爆发大规模"蛮獠啸乱"。

总章二年（669年），唐高宗命光州固始人陈政为岭南行军总管，统领府兵5600人入闽平乱。入闽府兵初战大胜，后因水土不服，寡不敌众而退居九龙山，奏请朝廷增兵。陈政两位兄长陈敏、陈敷奉命亲率固始58姓军校增援，其母魏妈披挂随军，策马南下，行至浙江江山县，陈敏、陈敷均于途中染病而故。魏妈统军继续南下，与陈政会师，平定蛮獠。仪凤二年（677年），陈政因伤亡故，陈元光统领唐军，悉平领表，并于垂拱二年（686年），奏请设立漳州。福建自此由"七闽"之地而为"八闽"大地。其后元光子珦、孙酆相继继任漳州刺史，陈氏四代守漳，历百余年，成为陈氏开漳始祖，陈元光因有大功于闽地，被朝廷追封为开漳圣王。

固始姓氏入闽开漳，历来统计不一。"58 姓"入闽开漳并非实际。总章二年，陈政统岭南行军总管事，出镇泉潮二州之间的故绥安县地时，率府兵 3600 多名，从征将士自副将许天正以下 132 员、45 个姓氏入闽。其后，陈政两位兄长陈敏、陈敷奉母魏氏率领府兵 58 姓军校及将士眷属 5000 多人入援闽中。所谓"58 姓入闽开漳"仅仅是象征意义，具体数字也许更多。

2. 唐末光州固始"18 姓随王"肇建闽国

唐僖宗中和元年（881 年），寿州人王绪等聚集起义，攻占寿州城及邻近之光州后，归附秦宗权，被封光州刺史，不久即攻占固始。固始"王氏三龙"王潮、王审邽、王审知兄弟随即加入王绪义军。

光启元年（885 年）正月，"王氏三龙"随光、寿军队五千余人及吏民一起渡江，进入福建。义军行至南安（今泉州西北），王潮发动兵变，杀王绪，接任首领。光启二年八月，王潮率义军攻下泉州后，就任泉州刺史，景福二年（893 年），再攻占福州，自称留后。乾宁四年（897 年），王潮病死，王审知继任，并于天祐元年（907 年）受封琅琊王，后梁开平二年（908 年），朱温封王审知为闽王。后唐同光三年（925 年），王审知病故，长子王延翰继任武威节度使，次年元月自称闽王，建立闽国。随王入闽之固始子弟落籍闽地，号称皇亲国戚。至闽天德三年（945 年），王延政亡闽，固始王氏经营闽地 30 多年（909—945）。

随王审知兄弟入闽姓氏，明嘉靖《固始县志·隐逸》称，王审知入闽，带固始乡民"十八姓"。其中有明确记载的姓氏：方、胡、龚、徐、顾、丘、白七姓。新版《固始县志·人口迁徙》记载，随王审知入闽的固始籍乡民有陈、张、李、王、关、蔡、杨、郑、谢、郭、曾、周、廖、庄、苏、何、高、詹、沈、施、卢、马、付、董、薛、韩、孙、骆、蒋、黄、包、袁、赖、傅等 34 姓。福建省泉州市鲤城区史志编委会许伙奴等考证，随王审知入闽的固始籍乡民有王、陈、林、刘、郭、杨、苏、邹、詹、薛、姚、吕、孟等50姓。"十八姓随王"之说，人数并不确定。宋代之后，"闽人称祖者皆曰自光州固始来"多与王审知兄弟入闽建立闽国有关，其间确有"冒籍"光州固始，或"托为"光州固始者。

3.明末清初光州固始后裔渡海迁台

依据闽台族谱所载，闽南（漳州、泉州、厦门）姓氏迁台始祖的迁台时间统计归纳，迁台历史进程可大致分为三个阶段：明末郑芝龙据台时期、清初郑成功复台以后的郑氏政权时期和清政府统一台湾以后的康雍乾时期。史学界把这三个时期出现的大陆人民大批迁移台湾进行开发的情况，称为三次移民高潮。其中第二次移民高潮为郑成功收复台湾之后。据载，郑成功第一次入台所率部众约计25000人，第二批随郑成功入台部众有5000人，另有郑经于康熙三年从厦门退回台湾时，所带领部众又有7000人左右。据史学家估计，当时自大陆的移民不下二十万之多。其中，随郑成功第一批入台之将士及家属约计五万之众，主要来自漳籍包括漳州府属各县和部分潮州籍移民；粤籍以广东客家人为主，包括闽西汀州府属各县；泉籍包括泉州府属各县，同安县籍移民与漳籍移民更为接近。故连横《台湾通史·风俗志》曰："台湾之人，中国之人也，又闽、粤之族也。"郭廷以《台湾史事概说》开宗明义："台湾的开发经营，几乎全为闽南漳泉人与粤省客家人之功。所谓闽南人与客家人，原均为中原人。"

此外，也有学者和地方文献把永嘉乱后"八姓入闽"，作为固始姓氏入闽迁台之起点。

如清顺治十七年《固始县志》卷七，《人物志·隐逸》，引明嘉靖《固始县志》主笔葛臣曰："固始衣冠南渡大较有三。按《闽中记》，永嘉之乱，中原士族林、黄、陈、郑四姓先入闽，今闽人皆称固始人，一也。"另如南宋著名学者莆田人方大琮在《跋叙长官迁莆事始》曰：囊见乡人诸姓墓志者，金曰自光州固始，则从王氏入闽似矣。又见旧姓在王氏之前者，亦曰来自固始。诘其说，则曰固始之来有二：唐光启中王审知自固始诸同姓入闽，此光启之固始也；前此晋永嘉乱，林、王、陈、郑、丘、黄、胡、何八姓入闽，亦自固始，此永嘉之固始也。

不过，永嘉乱后"八姓入闽"之"光州固始"属于姓氏后裔的追认，严格意义上是固始姓氏，而不是光州固始姓氏。

4. 光州固始"三圣王"

据古今学者郑樵、陈支平等研究，不仅自宋代就有"闽人称祖者皆曰自光州固始来"之始祖记忆，今天台湾前 100 大姓（1978 年之调查排序），历史文献明确记载其祖先来自河南光州固始者，有 66 姓，另有 10 姓（刘、江、钟、游、梁、翁、范、邓、温、卓），则自称来自河南光州。台湾学者将这一发现视为极其稀有难得的现象，以至于台湾人最为熟知的原乡泉州、漳州，竟不如固始一地。

伴随光州固始姓氏入闽迁台历史进程，开漳圣王陈元光、开闽圣王王审知、开台圣王郑成功，来自光州固始的"三圣王"，成为闽台地区守护神，千年祭祀。陈元光，光州固始人，归德将军陈政之子。唐初随父入闽平蛮獠啸乱，呈请设立漳州，首任漳州刺史，因有大功于人民，被尊为"开漳圣王"。王审知，亦光州固始人，唐末率中原子弟肇建闽国，在位期间，选贤任能、轻徭薄赋，促进福建经济社会发展，后世尊称"开闽圣王"。郑成功，先世自光州固始县入闽。1662 年郑成功收复台湾后，大兴文教、发展贸易，对台湾发展影响既深且远，被冠以"开台圣王"。目前，闽台地区祭祀开漳圣王、开闽圣王、开台圣王庙宇近百座，信众以数万计，祭祀活动风靡闽台，香火鼎盛。

（三）陈元光籍贯光州固始

关于陈元光籍贯，目前学界仍有争议。或曰河东，或曰广东揭阳，或曰光州固始；光州固始说更有光州固始与光州之别。陈元光籍贯问题，由此成为固始与闽台关系研究中一个颇具争议性话题。

谱牒文献所见，陈元光籍贯最早的记载是河东、光州二说并存。

"河东说"如唐林宝《元和姓纂》卷三《诸郡陈氏》："司农卿陈思门、左豹韬将军陈集原、右鹰扬将军陈元光、河中少尹兼御史中丞陈雄，河东人。"但《诸郡陈氏》收有吴舆《漳州图经序》曰："皇唐垂拱二年十二月九日，做玉钤卫翊府左郎将陈元光平潮州寇，奏置州县"及《全唐书》一函九册有言："陈元光，字廷炬，光州人。高宗朝，以左郎将戍闽，进岭南行军总管，奏开漳州为郡，世守刺史。"宋人王象之《舆地纪胜》，明嘉靖《龙溪县志》《长泰县志》，清《福建通志·名宦》、康熙《漳浦县志·方舆》，以及杜臻《粤闽巡视纪略》等明清代地方文献均持"河东说"。如宋王象之《舆地纪胜·古迹》之"威惠庙"条，引朱昱《威惠庙记》云："陈元光，河东人，家于漳之溪口。唐仪凤中，广之崖山盗起，潮泉响应。王以布衣乞兵，遂平潮州，以泉之云霄为漳州，命王伟左郎将守之。"据当世学者之研究，林宝在《元和姓纂》中提到的河东，"是郡望，系指河东郡，而不是河东道"。郡望一般是指某一姓在历史上的发祥地，未必是其当时实际居住地。换言之，河东是陈元光家族的郡望地，而非籍贯。

"光州固始说"以客家学者罗香林主张最力，他在《族谱所见唐岭南行军总管陈元光与漳潮开发等关系》中，引阮元纂修《广东通志·职官表二》（嘉庆二十三年至道光二年）所记"陈元光，字廷炬，光州人。高宗朝以左玉……"，出自《全唐文》卷一六四《陈元光传》唐·潘存实《陈氏族谱》记曰："漳南陈，乃河南光州固始之世家也"；"克耕（政父，洪字）者事尧为左玉钤卫大将军，传其子政，奉命戍闽，是为漳南望族陈氏之始祖"。广东揭阳宋人许君辅编《韩山许氏族谱》（旧抄本）序云：韩山许氏先祖，"再传至伯纪，为河南光州固始始祖，若干传至克华，封宣威将军。子陶，字尧甫，唐总章二年以父职同陈政奉敕平潮泉之寇。陶子天正辅政子元光，削平苗蛮，开漳州路，分镇南诏，世为漳州始祖"。陈衍等修《福建通志》卷二《名宦传·陈元光》，实据《八闽通志》《闽书》及《大明一统志》，《福建通志》，陈衍1916年起编修，5年后全稿完成，1938年出版。《八闽通志》，黄仲昭编纂《闽书》，始修于明成化乙巳（1485 年），成于弘治己酉（1489 年），刊行于弘治庚戌（1490 年）等亦持"光州固始说"。

"揭阳说"，起因于唐代笔记小说《朝野佥载》记有"元光燕客"故事。大意是说"周岭南首领陈元光设客，令一瓠蛮打酒。光怒，令拽出，遂杀之。须臾烂熟以食客，后呈其二手。客惧，攫喉而吐。"至明"元光燕客"故事进入广东地方文献，如明嘉靖《广东通志》卷五五《潮州府·人物》记曰："陈元光，揭阳人，先世家颍川。祖洪，丞义安，因留居焉。父政以武功著，隶广州扬威府。元光善用兵，有父风，累官鹰扬卫将军。"清顺治《潮州府志》、乾隆《揭阳县志》亦沿用"岭南首领说"。明清时期广东地方志书，亦沿用"揭阳说"。如明嘉靖黄佐《广东通志》卷二九二《陈元光传》："陈元光，揭阳人，先世家颍川。祖洪，丞义安，因留居焉。父政，以武功著，隶广州杨威府。元光明习韬钤，善用兵，有父风，累官鹰扬卫将军。"清乾隆《潮州府志》、刘勋业修《揭阳县志》、黄佐修《广东通志》亦称陈元光揭阳人。

历史文献所见陈元光籍贯，有"揭阳说""河东说""光州固始说"并存。其中，"揭阳说"源自唐人笔记小说《朝野佥载》所载"元光燕客"故事。"河东说"与"光州固始说"之间的关系，如明万历《漳州府志》之"秩官"及"陈元光传"所载："其先为河东人，后家于光州之固始，遂为固始人。"也有人据此解释为"陈元光先世山西河东，祖辈河南固始，后立籍揭阳，最后移籍漳州"。就是说"河东说"与"光州固始说"并不矛盾。

只是到 20 世纪 90 年代初，"光州固始说"又衍生出"光州说"。

"光州说"，初见于 1990 年肖林发表于《福建史志》的《陈元光籍贯窥探》，对学界争议之陈元光籍贯固始说、颍川说、河东说、揭阳说四种主张，均予否定，而另立"弋阳（光州）说"。史料依据，主要是清光绪《光州志》所载陈元光及其孙陈酆、曾孙陈咏、玄孙章甫四人列传。陈元光籍贯"弋阳（光州）说"的另一依据是，把"弋阳、光州、潢川视为同一地"。1991年初贝闻喜在《韩山师专学报》发表的《陈元光原籍考》，史料依据为《光州志》之《忠义列传》《士贤列传》及《宦绩列传》所载："陈元光，弋阳人。"陈元光孙"陈酆，字有芑，先世弋阳人，父珦，珦生酆。天宝六年，举秀才，授振州宁远令，在京见李林甫、杨国忠柄国，无意仕进，访弋阳旧地，川原壮丽，再新而居之数年"。陈元光曾孙"陈咏，授光州司马，寻加本州团练使。旧为光州人，因祖元光戍闽，遂为闽人"。"陈咏子章甫，字尚冠，建中初举明经……贞元十九年转光州司马，代父本州团练。"明万历初，漳州（龙溪）举人陈烨任光州太守，因勤政惠及百姓，后人宦祠祭祀，传云："其先人元光，本州人，有功唐代，世守闽。烨始居于闽，视光州之士绅黎庶犹其宗姻比党也。"为褒彰其勋业，在光州故地建"广济王祠"于学宫之左，以示纪念。同年，贝闻喜还在《揭阳文史》发表《潮汕历史文化的主要开拓者陈元光》，认为"陈元光籍贯，在河南光州与固始并提，是不准确的"；而"弋阳、光州、潢川为同一地"。由于肖林、贝闻喜等认为陈元光籍贯为光州（弋阳）、弋阳（光州）之"光州说"，核心是建立在"光州、弋阳、潢川为同一地"。同时，贝闻喜、肖林的文章均收录于2017年厦门大学举办的《第四届陈元光文化论坛论文集》之"光州文史资料陈元光专集"，"光州说"得到潢川的积极回应。陈元光籍贯"光州说"由此延伸为"潢川说"。

陈元光光州固始人，王审知光州固始人，在闽台人心目中是同为光州固始；光州固始是闽台家族的始祖记忆，他们心中的大槐树。闽台地区见诸文本的陈元光籍贯叙述如乾隆《龙溪县志》卷二十一《杂记》曰：

陈元光，光州固始人，王审知亦光州固始人，而漳人多祖元光，兴泉人多祖审知，皆称固始。按郑樵《家谱后序》云："吾祖出荥阳，过江入闽，皆有源流，孰为光州固始人哉！夫闽人称祖，皆曰自光州固始来，实自王绪举光、寿二州之众以附秦宗权。王潮兄弟以固始之众从之。后绪与宗权有隙，遂拔二州南走入闽。王审知因其众以定闽中，因申以桑梓故，独优之。故闽人至今言氏族，皆知固始。以当审知之时，贵固始也。

另如光绪《漳浦县志》卷十九《杂志·丛谈》曰：

陈元光光州固始人，王审知亦光州固始人，而漳人多祖元光，兴泉人多祖审知，皆称固始。按郑樵《家谱后序》云："吾祖出荥阳，过江入闽，皆有源流，孰为光州固始人哉！夫闽人称祖，皆曰自光州固始来。实自王绪举光、寿二州之众以附秦宗权。王潮兄弟以固始之众从之。后绪与宗权有隙，遂拔二州南走入闽。王审知因其众以定闽中因申以桑梓故，独优之。故闽人至今言氏族，皆知固始。以当审知之时，贵固始也。"自唐陈将军入闽，随行有五十八姓。至今闽人率称光州固始。考《闽中记》唐林谞撰，有林世程者重修，皆郡人。其言永嘉之乱，中原士族林、黄、陈、郑四姓先入闽。可以证闽人皆称光州固始之妄。

由是观之，若陈元光籍贯光州，王审知籍贯亦光州；陈元光籍贯光州固始之固始，系指光州固始县。

二、闽祖光州固始

"闽祖光州固始"，系"闽人称祖者，皆曰自光州固始来"之简称，作为中国移民上著名的始祖记忆，与"八姓入闽"一样，主要流传于闽台地区。由于宋高宗绍兴九年秋，著名史学家、莆田人郑樵为《荥阳郑氏家谱》作序时曾断言，"闽祖光州固始，相传之谬也"，致使"闽祖光州固始"一问世就带着原罪，古今学者方大琮、黄仲昭、陈振孙、陈支平、杨际平、谢重光、徐晓望多持此说，直至 2011 年第四届固始与闽台关系研讨会召开。可以说"闽祖光州固始"，是固始与闽台关系研究中争议时间最长的话题。

（一）所谓"闽祖光州相传之谬"

文献所见"闽祖光州固始"之说，源自宋高宗绍兴九年秋（1139年），福建莆田人、著名史学家郑樵，为莆田《荥阳郑氏家谱》写的序。宋人方大琮和明人黄仲昭等，误将郑樵所说"闽人称祖者，皆曰自光州固始来"，理解为闽人认为自己的祖先来自"光州固始"，并且作为佐证自己观点的文献依据，加以引用与发挥，结果是误解层累记忆。当今闽籍学者不仅接受了方大琮等闽籍先贤的见解，而且依据郑樵"荥阳郑氏家谱序"，解释或阐发"闽祖光州固始"之说，一度成为传统。在研究方法上，从纯粹历史学出发，追求所谓历史真实的客观与严谨，怀疑闽台地区民间口传资料、家乘谱牒资料及地方志书所记"光州固始"的可信度。如果我们将研究思路和关注重点由对"闽祖光州固始"历史文献信息的考辨，转向历史文献信息生成过程及文献作者与读者的互动关系，则可从古今闽籍学者对郑樵"荥阳郑氏家谱序"三个版本的引用、选择和解释中，发现闽人对"光州固始"的记忆与诠释，以及"闽祖光州固始"的本意、他意与今意。

"闽祖光州固始"之文本表述，初见于郑樵为《荥阳郑氏家谱》写的序，但第一次进入学者的视野，则是宋嘉定十四年（1221年），莆田著名文学家方大琮的《跋叙长官迁莆事始》及《跋方诗境叙长官迁莆事始》。时隔82年，可谓"未见其人，先闻其声"。至明弘治三年（1490年），莆田著名方志学者黄仲昭修纂《八闽通志》时，收录了郑樵《家谱后序》，终于发现"闽祖光州固始"之说，出自郑樵《家谱后序》，时隔351年。

方大琮《跋叙长官迁莆事始》曰："曩见乡人诸姓墓志者，佥曰自光州固始，则从王氏入闽似矣。又见旧姓在王氏之前者，亦曰来自固始。诘其说，则曰固始之来有二：唐光启中王审知自固始诸同姓入闽，此光启之固始也；前此晋永嘉乱，林、王、陈、郑、丘、黄、胡、何八姓入闽，亦自固始，此永嘉之固始也。非独莆也，凡闽人之说亦然。且闽之有长材秀民旧矣，皆曰衣冠避地远来，岂必一处，而必曰固始哉？况永嘉距光启相望五百四十余年，而来自固始前后吻合，心窃疑之。及观郑夹漈先生集，谓王绪举光、寿二州以附秦宗权，王潮兄弟以固始之众从之。后绪拔二州之众南走入闽，王审知因其众以定闽中。以桑梓故，独优固始人。故闽人至今言氏族者，皆云固始，以当审知时尚固始人，其实非也。然后疑始释，知凡闽人所以牵合固始之由。嘉定辛已，游宦江右，有清江同姓人携寺丞叔所辨长史自固始迁莆之非，曰此寺丞客清江日所传也。因念此编不得之族长而得之他乡，其为寡陋甚矣。益知长官因官莆，遂家于莆，犹在唐世，援据明白其为祛惑信矣，敬录于前。"

莆田"乡人诸姓墓志者，金曰自光州固始"、莆田"旧姓在王氏之前者，亦曰来自固始"，以及"非独莆也，凡闽人之说亦然"，可谓方大琮在《跋叙长官迁莆事始》中的三大发现。虽然（莆田）闽人自称，"固始之来有"光启之固始"与"永嘉之固始"，方大琮显然不以为然。当他发现郑樵《郑夹漈先生集》时，似乎有了依据，因为《郑夹漈先生集》的相关内容至少给他提供了三个层累递进的解释依据："闽人至今言氏族者，皆云固始"、"闽人至今言氏族者，皆云固始，以当审知时尚固始人"和"闽人至今言氏族者，皆云固始，以当审知时尚固始人，其实非也"。其中，"闽人至今言氏族者，皆云固始"，印证了方大琮发现的同一现象，并由此强化了"非独莆也，凡闽人之说亦然"的结论，即"闽人至今言氏族者，皆云固始，以当审知时尚固始人"，帮助方大琮找到了上述现象产生的原因，方大琮所谓"疑惑"随之解除；"闽人至今言氏族者，皆云固始，以当审知时尚固始人，其实非也"，原本为郑樵的主观判断，方大琮不仅接受了郑樵的判断，还据此推定清江方姓"长官因官莆遂家于莆"及清江方姓"自固始迁莆之非"。为此特别摘录《郑夹漈先生集》相关内容。虽然方大琮未注明摘录（引用）自《郑夹漈先生集》之具体篇目，从具体内容观之，应是郑樵《家谱后序》部分内容第一次被闽籍学人引用。方大琮《跋方诗境叙长官迁莆事始》亦有言曰："王氏初建国，武夫悍卒气焰逼人，闽人战栗自危，谩称乡人，冀其怜悯，或犹冀其拔用。后世承袭其说，世祀邈绵，遂与起初而忘之尔。此闽人谱牒所以多称固始也。"进一步解释了闽人谩称光州固始的原因，与郑樵解释的原因基本一致。

至明孝宗弘治年间（1488—1505 年），方大琮《跋叙长官迁莆事始》摘录《郑夹漈先生集》相关内容，终于找到了文献出处。明弘治三年（1490 年），莆田著名方志学者黄仲昭，修纂《八闽通志》时收录了郑樵《家谱后序》。《八闽通志》卷八十七，《拾遗·兴化府》记曰："郑樵《家谱后序》云：'吾祖出荥阳，过江入闽，皆有源流，孰为光州固始人哉？夫闽人称祖者，皆曰自光州固始来，实由王潮兄弟以固始之众从王绪入闽，王审知因其众克定闽中，以桑梓故，独优固始人，故闽人至今言氏族者，皆云固始，以当审知之时贵固始也，其实滥谬。'"《八闽通志》收录郑樵《家谱后序》表明，269 年前（1221 年至 1490 年）宋人方大琮《跋叙长官迁莆事始》摘录《郑夹漈先生集》的相关内容，出自郑樵《家谱后序》，时距郑樵为莆田《荥阳郑氏家谱》写序已 351 年（1139 年至 1490 年）。若方大琮的摘录无误，则郑樵《家谱后序》应收录在《郑夹漈先生集》。

与方大琮《跋叙长官迁莆事始》相比，黄仲昭《八闽通志》收录的郑樵《家谱后序》，出现了新增内容，即"吾祖出荥阳，过江入闽，皆有源流，孰为光州固始人哉？"若进一步将方大琮《跋叙长官迁莆事始》与黄仲昭修纂《八闽通志》对郑樵《郑夹漈先生集》（《家谱后序》）引用或收录的内容进行比较，则可发现，其用意均可理解为"借助经典文本或圣人语录强化自己的观念"：方大琮引用郑樵《郑夹漈先生集》相关内容，为的是解除所谓的"疑惑"，进而证明"称祖光州固始者，非独莆也，凡闽人之说亦然"，当然，也强化了郑樵"闽人称祖者，皆云自光州固始来"之观念。黄仲昭引用"新增内容"为的是以莆田郑氏源流，证明郑樵《家谱后序》之可信。郑樵《家谱后序》收入《八闽通志》之意义还在于，《家谱后序》由郑樵、方大琮等莆田地方学人的著述，进入福建地方之书《福建省通志》；《家谱后序》所记史事（现象）随之由莆田地方延及全省，无形之中，他们所指的家乡（莆田、闽南），变成了福建（闽人）。因此在"闽祖光州固始"记忆中，《八闽通志》推动了原本由莆田（闽南）人记忆的"光州固始"向闽人记忆的"光州固始"的转换进程。换言之，方大琮、黄仲昭等莆田学人，有意无意中促成了莆田（闽南）人记忆中的"光州固始"向闽人记忆的"光州固始"的转换。不过，"新增内容"出现后，方大琮《跋叙长官迁莆事始》随之隐去，被郑樵《家谱后序》所取代。此后闽籍学人论述"闽祖光州固始"时，均以郑樵《家谱后序》为依据，直到 1962 年郑樵《荥阳家谱前序》发现。

（二）"光州固始辩"

明世宗嘉靖末年，莆田著名学者洪受，作《光州固始辩》曰："夫闽祖光州，相传之谬也。盖亦有之，而未必其尽然也。予读五代史记……。夫审知未入闽之初，闽之人民盖亦众矣，是故有刺史焉，有观察使焉，所以治之也。及审知之既入闽也，至于漳浦始云有众数万，则前此之众未盛可知矣。今全闽郡县，上至大夫，下至黎庶，莫不曰光州固始人也，不亦诬乎？间有之者，亦审知之子孙与士卒之余裔耳，然保大之际且迁于金陵矣。如之何不稽其本始而谬相沿袭耶？故君子于其所不知盖缺如也。予慨夫时俗之不察，故书之以附于此。郑夹漈《家谱后序》云：'夫闽人称祖，皆曰自光州固始来，实由王潮兄弟以固始之众从王绪入闽，王审知因其众克定闽中。以桑梓故，独优固始人，故闽人至今言氏族者，皆云固始，以当审知之时始贵固始。'"

洪受《光州固始辩》再次确认"闽人称祖者，皆曰自光州固始来"之说，出自郑樵《家谱后序》。其开宗明义曰："闽祖光州，相传之谬也，盖亦有之，而未必其尽然也。"其中至少隐含两层意思：历史上确有不少闽人来自固始，"闽祖光州固始"有一定程度的真实性，如果"全闽郡县，上至大夫，下至黎庶，莫不曰光州固始人"，则是不能接受的。相较于方大琮、黄仲昭，洪受引用郑樵《家谱后序》时，不仅修改了郑樵所谓"闽人称祖者，皆曰自光州固始来"的预设，而且还略去了所谓"闽祖光州固始，其实非也（其实滥谬也）"的判断，赋予"闽祖光州固始"多元意涵。后世学者不察，将郑樵、方大琮、黄仲昭、洪受等福建（莆田）学人关于"闽人称祖者，皆曰自光州固始来"的论述放在一起，作为经典资源加以引用。比如洪受《光州固始辩》云："闽祖光州，相传之谬也，盖亦有之，而未必尽其然也"，后世学者往往引其前句，删其后句。此一趋势一直延续到 20 世纪 30 年代。

自郑樵为莆田《荥阳郑氏家谱》作序，首次提出"闽祖光州固始"之说，并予以否认；82 年后，即宋宁宗嘉定十四年，莆田人方大琮在《跋叙长官迁莆事始》首次引用郑樵《家谱后序》相关内容，明孝宗弘治三年，莆田人黄仲昭修纂《八闽通志》收录郑樵《家谱后序》，发现"闽祖光州固始"的文献出处；再约 75 年后，即嘉靖至隆庆年间（1565—1568 年），莆田人洪受作《光州固始辩》附录郑樵《家谱后序》，对郑樵"闽祖光州固始"作出多元诠释，直至民国十八年（1929 年）《民国同安县志》附录郑樵《家谱后序》，前后八百年，闽籍学人对郑樵《家谱后序》的引用、摘录和收录，及其内容选择，从"王审知定闽中，以桑梓故，独优固始人"，到"固始之来有二，光启之固始与永嘉之固始"，再到"漳人多祖元光，兴泉人多祖审知，皆称固始"，对"光州固始"记忆的变迁，浮现的是"光州固始"人三次入闽的历史事实。亦即闽人始祖，或西晋永嘉之乱时随八姓入闽，或唐初随陈元光父子入闽，或唐末随王审知兄弟入闽。在此八百年间，闽籍学人对"光州固始"的解释和发挥，或曰"闽人称祖者，皆曰自光州固始来"，或曰"闽祖光州，相传之谬也"，或曰"闽祖光州，相传之谬也；盖亦有之，而未必其尽然也"等，而不仅仅是，要么"闽人称祖者，皆曰自光州固始来"，要么"闽祖光州固始，相传之谬也"，如此对立的史事判断。实际情况是确有闽人始祖来自光州固始，也确有闽人冒籍光州固始。闽籍学人对"光州固始"的解释差异，说明"闽祖光州固始"之说，存在时代符号和区域情结等不同的历史记忆。

1962 年在郑樵家乡福建莆田又发现了郑樵"荥阳郑氏家谱序"，也就是《荥阳家谱前序》的第二个版本。从内容结构及其完整性看，《荥阳家谱前序》应该是郑樵"荥阳郑氏家谱序"的首度复原；最早出现的《家谱后序》只是《荥阳家谱前序》的部分内容。遗憾的是，复原后的郑樵"荥阳郑氏家谱序"，一直保持沉默，失语至今。1985 年，朱维幹《福建史稿》首次引用郑樵《荥阳郑氏家谱序》，意味着郑樵"荥阳郑氏家谱序"，出现了第三个版本。此后，闽籍学者对郑樵"荥阳郑氏家谱序"的引用，实际上存在版本选择问题，而且伴随版本选择形成两个解释路径：朱维幹、陈支平、杨际平、谢重光等，重拾郑樵、方大琮、黄仲昭等宋明学人对"光州固始"的历史记忆，至 20 世纪末呈现出文化学转向的趋势；汪毅夫、徐晓望、汤漳平等，则接续自明代学者洪受以来对"闽祖光州固始"的多元诠释，其中包括文化认同。

（三）"光州固始"研究的文化转向

重拾郑樵、方大琮、黄仲昭等宋明学人对"光州固始"的历史记忆，并较早开启文化学转向的当今闽籍学者，是魏晋南北朝、隋唐历史的著名学者杨际平、谢重光。他们对"闽祖光州固始"的关注始于陈元光籍贯"光州固始说"的辨伪，也是他们最早（1989 年）对陈元光籍贯"光州固始说"质疑。他们认为莆田籍著名史学家郑樵、文学家方大琮，最早发现福建人喜欢冒籍光州固始的弊俗，并著文揭露这种攀附伪托的恶习。按照郑樵、方大琮的分析，这种弊俗的起因，"在于羡慕帝王的荣耀，以及贪图取得帝王故里人的种种政治、经济特权"。可惜的是，"这种现象虽经有识者如郑樵、方大琮等揭露抨击，仍相沿不替，且越演越烈，明末以降，连唐初就在闽南建立了赫赫战功的陈元光及其一部分部将的后裔，也不能免俗，将籍贯改为固始"。至于《颍川陈氏开漳族谱》及福建晚近地方志书、谱牒资料所载陈元光籍贯"光州固始说"，则是宋代以来福建族谱、墓志"冒籍"或伪托"光州固始"的极端例证。总之，杨际平、谢重光的早期研究成果（1989—2000年），把陈元光籍贯"光州固始说"作为福建人喜欢冒充"光州固始"之弊俗，演至明末出现的典型传说，与古之闽籍学人郑樵、方大琮、黄仲昭等对"光州固始"的解释，可谓一脉相承。大约在20世纪末，谢重光在研究中国南方少数民族汉化进程及其规律时，认识到"固始现象"不是孤立的现象，有甚深的社会原因，蕴含着很复杂的文化意义，"要解释这个问题，不能用历史学的方法，而要用文化学的方法"。因此，谢重光把漳、泉的整合与福佬民系的正式形成在文化方面的表现，界定为儒风的振起和对中原文化向心力的增强，以及由此滋长起浓重的中原情结，"最突出的标志，是漳、泉人普遍认同祖上来自光州固始"。此时，谢重光认为，郑樵对"闽祖光州固始"的解释，只是原因之一，更深层次的原因，他未必能认识到。他认为更深层的原因，"就是不少土著的姓氏，除了想分享帝王老乡的各种优待外，更主要的是想借此把本族粉饰为中原人"。谢重光的研究结论是：福佬人皆言来自光州固始，与广府人追根南雄珠玑巷、北方汉人托始洪洞大槐树，以及整个中华民族自认炎黄子孙现象一样，"只是一种文化理念的建构，也是汉文化从中原向周边传播和扩展的模式"。简言之，"光州固始"就是福佬人的"图腾"。至此，无论是研究思路与方法，还是已经取得的研究成果，全面实现文化学转向，其显著标志是谢重光《客家、福佬源流与族群关系研究》的出版。虽然，时至2015年杨际平、谢重光仍然转引郑樵《荥阳郑氏家谱序》，佐证"相关陈氏族谱"所记陈元光来自光州固始是造假，但其研究重心已转移到"相关陈氏族谱世系"为什么造假的问题。其间，闽南师范大学的郑镛也认为，闽南的陈氏家族及其他相当一部分氏族，无论是否为唐初随陈政、陈元光入闽，大都在族谱上郑重标明是来自中原，来自光州固始，"并非全受唐末王潮、王审知入闽建国的时尚影响，而更重要的是反映一种典型的族群认同，更确切地说是对中华文化的认同"。

陈支平是继朱维幹之后，较早引用郑樵《荥阳郑氏家谱序》的当今闽籍学者。《福建族谱》（1996、2009）《客家源流新论》（1997）《福建六大民系》（2006）、《近五百年来福建的家族社会与文化》（2011）等涉及闽台姓氏族谱的三部专著，以及2015年之前的相关研究，均以郑樵《荥阳郑氏家谱序》为历史依据，《家谱后序》几乎不再出现，并从"福建民间家族在族谱中对于各自祖先溯源的追溯与合流"现象中意识到，"福建族姓在修纂族谱时把自家的入闽时间扯到唐末五代，或把自家的中原居地与河南光州固始联系起来"，"久而久之，许多家族逐渐忘却了自己真正的祖先，张冠李戴，模糊难辨，最终出现了祖先渊源合流的趋势"。光州固始因此成为福建人"比较集中的祖籍地"。对"光州固始"的解释路径，基本上保持了郑樵、方大琮、黄仲昭的历史记忆。2011年陈支平应邀参加"固始与闽台渊源关系学术研讨会"，在其主题演讲《从历史向文化的演进——闽台家族溯源与中原意识》中指出："至少从南宋以来，福建地区乃至整个南中国，在民间家族的溯源过程中，其历史的真实性与文本的显示表象之间存在着较大的差距"，而且，"从宋代以迄近现代民间家族溯源史的演变历程看，后代的福建以及台湾的民间社会，更关注的是文本的显示表象，而对于其先祖的真实历史，倒是比较无关紧要"。陈支平将中国南方家族溯源趋势，概括为"从历史事实向文化意识方向的演进"。他认为"民间家族组织的重构和族谱的编纂"是这一趋势的重要标志。陈支平据此建议："我们今天无论是家族史的学术探讨，还是现实中的家族联谊与根亲深情，更重要的是需要观察其中所隐藏的文化意识。而一味地试图要探索本家族的所谓纯正血统及其源流细脉的'真实历史'，既无必要也永远不可得到。"以此观之，陈支平的研究旨趣由对福建民间冒籍或伪托"光州固始"行径的批评和质疑，转向对隐含在冒籍或伪托现象背后的文化解释。2012年，上文正式发表时，作者进一步强调：光州固始成了闽台民间社会的一个家族溯源的永久性记号，"假如过于执着于历史文献的记述和所谓的'历史的集体记忆'的真实性，恐怕都将不知不觉地被引入到比较偏颇的学术困境"。因为闽台地区的"家族迁移史以及民族迁移史的真实状况，已经渐渐向文化意识的认知方向演进转化，甚至于为文化意识所掩盖"。陈支平还在中州文化与闽台文化的关联性研究中，进一步解释了文化学转向的理论依据。他认为"历史学追求的是历史的真实性，而文化则更多的是体现在人们的心理认同层面"。因此他主张，只有"超越地域的界限，超越历史的界限"探讨中州文化与闽台文化的关联性，才能"在更为广阔的空间来阐释黄河文明的伟大意义"。此后，陈支平以家族和族谱为例探讨"历史与文化的歧义与超越"之同时，最终确定为，"闽祖光州固始"是一个文化问题，不宜"过于执着于历史文献的记述和所谓的'历史的集体记忆'的真实性"。陈支平"闽祖光州固始"研究旨趣的文化学转向，始于 2011 年"固始与闽台渊源关系学术研讨会"，是否与会议主题有关，目前尚不清楚，但客观上由此开辟了跨区域文化研究的学术新路，特别是中州文化与闽台文化的关联性研究取得一系列创新性研究成果，是可以肯定的。

（四）"闽祖光州固始"的多元诠释

汪毅夫、徐晓望、汤漳平等闽籍学者也曾对郑樵《荥阳家谱前序》保持沉默，但没有延续郑樵、方大琮、黄仲昭等古代闽籍学人对"光州固始"的历史记忆，而是接续自明隆庆年间至民国初年洪受等人对"闽祖光州固始"的多元诠释，在试图恢复"闽祖光州固始"真实面貌之同时，更着重其文化认同意义的发掘。

闽台区域社会文化研究专家汪毅夫，曾在《台湾社会与文化》（1994 年）和《闽台社会札记》（2005 年）两文中，专题探讨"闽祖光州固始"问题。汪毅夫在谈到"台湾的客家人与闽南人"时，指出："闽南人修谱、志墓也多托言先祖迁自中原的河南光州固始，宋代学者郑樵、方大琮等人已考知其诬，明代学者洪受亦有《光州固始辨》。……实际上，相当一部分闽南人乃是古代闽粤人的后裔。蛇崇拜是闽粤人显要的文化特征。"汪毅夫此处并未注明郑樵、方大琮的"考证文章"，而是注明收录洪受《沧海纪遗·词翰之纪第九》的《光州固始辨》。看似并不反对郑樵、方大琮的"考证"结论，但更认同洪受《光州固始辩》的论述观点。针对学界关于"闽祖光州固始"的争论，汪毅夫认为"'闽祖光州固始'之说未宜率尔轻信，自宋代以来屡有学者对该说提出质疑"，并在《闽台社会史札记》一文中列举郑樵《荥阳郑氏家谱序》、方大琮《序跋长官迁莆事始》、陈振孙《直斋实录题解》、洪受《光州固始辩》、清乾隆《龙溪县志》，以及泉州《鑑城张氏族谱》、安溪《陈氏族谱》、晋江《吴氏族谱》对"闽祖光州固始"的质疑。但汪毅夫的结论是："在我看来，上记诸家之言，以明人洪受最为精当。福建在历史上经历过移民开发的阶段，来自中原的移民中当有光州固始者而'未必其尽然也'；今之福建居民的主体乃由古代中原移民的后裔与古代当地土著民的后裔构成。若'皆曰光州固始'，'不亦诬乎'？"

2011 年"固始与闽台渊源关系研讨会上"，汪毅夫先生向大会提交的《关于"中原与闽台关系研究"的若干思考》一文，专论"闽祖光州固始"问题。他说："郑樵和方大琮不认同的是'皆云固始'、陈振孙不认可的是'皆称光州固始'、洪受拒不认定的也是'莫不曰光州固始人也'；陈支平、杨际平、谢重光、徐晓望批评的则是历史上部分闽人'伪托'和'冒籍'为光州固始人的行径。古今学者郑樵、方大琮、陈振孙、洪受、陈支平、杨际平、谢重光、徐晓望一干人等对'闽祖光州固始'之说的批评和质疑是正当而合理的。"关于"闽祖光州固始"之含义，他说：以闽人称祖"皆曰光州"为前提的"闽祖光州"之说属于"相传之谬"；以闽人称祖"皆曰光州固始"为前提的"闽祖光州固始"之说当然亦属于"相传之谬"。闽人称祖"或曰"光州（包括光州固始），完全符合历史事实；闽人称祖"多曰"光州（包括光州固始）基本符合历史事实；闽人称祖"皆曰"光州（包括光州固始）则非"基本符合历史事实"。他据此建议豫闽两地学者，在"或曰""多曰"和"皆曰"，固始、光州和中原之间各取一语，以"闽人称祖多曰中原"为研究对象，开展"中原与闽台关系研究"领域合作研究。

明清史和福建地方史研究专家徐晓望，大约在1994至2004年间，从中原移民入闽、民族辨认和家族认同的角度，解释福建人为什么认同光州固始。比如，1994年，徐晓望在研究"河洛文化的南传与闽文化的崛起"时就指出，"晋、唐、宋时期，河洛人南下闽中，构成了闽人的主体"。而且中原南下移民以河南人居多。除了永嘉之乱后入闽的汉族主体是河洛人之外，唐末光寿二州移民入闽，其中主体也是河南固始县人。因此，"迄今为止，闽人族谱中自称祖籍固始的占多数，其中虽有冒充的成分，但总体而言是可信的"。接下来，徐晓望由中原移民延及文化传播，他指出，不仅闽人族谱有80%以上籍贯河南固始，"闽中历代名流，也有80%以上籍贯固始，即使其中有一半是可信的，也足以说明古代河洛文化对闽文化影响极大"。徐晓望详细考证"先后来自中原的移民也称原籍固始"、"闽人族谱误入固始籍贯"，以及族谱明确记载先祖来自光州固始的福州人、漳州人、泉州人和台湾人之后认为，"许多闽人来自固始，有相当程度的真实性"，"对闽人籍贯固始的记载，切忌轻易相信或轻易否定，不经过仔细研究，是很容易失误的"。同时，他还特别强调，"一个家族的认同，血缘是其次的，重要的是文化认同"；具体到闽南家族，"重要的不是某个闽南人家族是否真的从固始来，而是这个家族在文化上是否认同固始"。因此，"'闽祖光州固始'，是一个具有特别文化意蕴的社会现象，仅仅从血缘上辨证某个家族的祖先是否固始人，其实是没有意义的"。徐晓望甚至认为：由于北方移民入闽与其他闽人通婚、混血，原来的血缘结构早已打乱，可以说，"今日闽人没有一个是纯粹的固始人，但是谁又敢说哪一个闽人的血统中没有固始人的成分？一个闽人身上，至少有20%的固始血缘"。总之，闽南文化最大的特点之一是强烈的中原文化认同感，"从唐宋迄今，他们一直认为自己是中原土民的后裔。闽南人大多以固始为籍贯，说明他们将自己的根定在了北方的中原地区，这是对中原文化的认同"。

汪毅夫、徐晓望之外，闽籍学者中，漳州学者如汤漳平等一开始就怀疑郑樵关于"闽人称祖者皆曰自光州固始来"的预设。他认为"闽祖光州固始"之说，"虽首倡者为南宋著名史学家郑樵，但此说并无充分证据，也未作过认真考察，实为揣测之论"。后人应在调查研究的基础上再来判断其是非。当然，族谱冒籍现象不能说没有，但以偏概全则就掩盖史实的真相了。汤漳平还依据 2007 年出版的《漳州姓氏》统计，至 2005 年，漳州全市姓氏有 703 个。而 703 个漳州姓氏之入闽、肇漳及播迁逐姓调查表明，有 68 姓祖上来自光州固始。据此证明漳州姓氏祖上来自光州固始者大有人在。

其实"闽祖光州固始"之固始，有不同指代，漳州人所言固始，不同于泉州人所言固始，但都是固始。如方大琮《跋叙长官迁莆事始》曰："曩见乡人诸姓墓志者，佥曰自光州固始，则从王氏入闽似矣。又见旧姓在王氏之前者，亦曰来自固始。诘其说，则曰固始之来有二：唐光启中王审知自固始诸同姓入闽，此光启之固始也；前此晋永嘉乱，林、王、陈、郑八姓入闽，亦自固始，此永嘉之固始也。"另如清乾隆《龙溪县志》之《杂记》及光绪《漳浦县志》之《杂志·丛谈》所记："陈元光，光州固始人，王审知亦光州固始人，而漳人多祖元光，兴泉人多祖审知，皆称固始。"

我们承认陈支平所论"闽祖光州固始"是一个文化现象，但"闽祖光州固始"有永嘉固始、开漳固始、光启固始之别，也是历史事实。若有"冒籍"或"伪托"存在，"冒籍"永嘉固始者，多以中州衣冠为荣；"冒籍"开漳固始者，寓意先祖为开漳功臣；"冒籍"光启固始者，为炫耀皇亲国戚身份而已。

三、闽台祖地

光州固始姓氏南迁入闽，主要集中在唐代，自唐初光州固始人"58姓"入闽开漳，至明末清初唐代入闽之光州固始姓氏及其后裔随郑成功渡海迁台，前后持续一个世纪。尽管也有人认为"闽祖光州固始"之说存在"伪托"和"冒籍"的成分。但无论是肯定，还是否定，一千多年来，"闽祖光州固始"作为福建人的祖先记忆一直保存至今，并在 20 世纪 70 年代初，为台湾同胞寻根祭祖找到一条回家的路：寻根固始。

（一）五百年前是一家

自宋代福建地区盛行的"闽人称祖者皆曰自光州固始来"，转化为当代闽台同胞的始祖记忆及祖根地，始于 20 世纪 70 年代台湾民间社会的族谱编纂及大陆寻根活动。1971 年彭桂芳出版《台湾姓氏之研究》时，曾对台湾 100 姓氏之得姓、祖源、播迁、入台等追根究源，希望由姓氏之源流、繁衍，证明台湾与大陆血脉一体之事实。

1974 年台湾黎明文化事业有限公司初版彭桂芳编著的《五百年前是一家》通俗历史丛书，详细考证了根在大陆的台湾姓氏，作者在序言中说"大部分台湾人都是明末清初从大陆渡海迁台的，五百年前台湾和大陆是一家人"。台湾著名学者张其昀还在《台湾丛书序》中列举大量历史事实，证明台湾同胞大部分来自闽南与岭东，即今闽粤二省。1978 年 10 月 20 日，《青年战士报》刊登《"唐山过台湾"故事的启示》作为《〈唐山过台湾的故事〉代序一》，该序文称，这几天本报接到很多读者的来函，如台北市民族中学校长李忠廉、政大新闻研究所杨志宏、淡江文理学院杨文光、东吴大学李月娥等同学，以及署名"一群在校生"，都称许彭记者的这篇报道，有助于年轻人对祖先和对自己的认识。又如新竹吴友仁希望本报能将这篇报道出版单行本。可见敬宗睦族，求本寻根，是人同此心，心同此愿。

同年 10 月 27 日，《青年战士报》刊登《从寻根高潮到护根奋斗》作为《〈唐山过台湾的故事〉代序二》：自从本报陆续发表记者彭桂芳专栏"唐山过台湾的故事"之后，本省同胞都热心于寻根的工作。台湾光复节前后，台湾史迹源流研究会六十七年会友年会，在台北市举行，"中央图书馆"台北分馆亦在展览台湾文物图片资料，在在证明台湾的根在大陆。一时社会人士，都掀起了谈根、寻根、爱根、护根的高潮。《从寻根高潮到护根奋斗》还称，"唐山过台湾的故事"就是从血缘方面追寻本省同胞的根。就是要告诉台湾同胞"我们根在唐山"，并号召大家，从台湾人的姓氏、名字的排行，台湾的方言、民间风俗习惯，以及姓氏堂号、郡望等开展寻根活动。彭记者从姓氏源流、堂号郡望、族谱墓碑，乃至古老传说，分别替本省同胞，寻根究底，木本水源，条分缕析。龚定庵诗曰："导河积石归东海，一字源流奠万哗。"正是彭记者这篇报道"唐山过台湾"故事的宗旨。

20 世纪 70 年代初，台湾《青年战士报》连载彭桂芳《唐山过台湾的故事》，就是要告诉台湾同胞"我们根在唐山"，并号召大家，从台湾人的姓氏、郡望堂号、名字排行、各姓昭穆，台湾的方言、民间风俗习惯等，开展寻根活动。"在专栏连载期间，读者的反应非常热烈，雪片般的读者来信，反映出中国人是何等地重视自己的根源，更何等地要寻找到自己的根源。"在民间学者的推动下，台湾省各姓氏渊源研究学会 1977 年在台北成立，把《台湾源流》作为该会会刊，常设姓氏、谱牒、寻根等专栏，协助台湾同胞开展族谱展览、祖地寻根活动，帮助"生活在岛上的炎黄子孙，寻找自己在唐山老家的根"，在台湾社会产生极大反响。

（二）寻根母语到中原

台湾同胞的大陆寻根活动及发出"五百年前是一家"的呼声之后，很快引起大陆福建学者的回应。先是著名语言学家、厦门大学教授黄典诚，鉴于"在闽南、闽东和闽北，祖祖辈辈都说祖宗是从河南来的"，以及地方志、姓氏族谱记载的"中原人民成批流入福建简况"等历史信息，于 1981 年春，带领两名研究生到河南固始进行闽方言调查。他们在调查中发现，相隔千里、互不为邻的福建和河南之间有着极为密切的乡土关系，而且"至今客家话区人民还称闽方言为河洛话，称说闽语的人系'河洛人'"。他们由此认为"福建的方言是从河南带去的"。3月18日，在河南省语言学会成立大会上，黄典诚就此次闽方言调查发现发表演讲，4月19日《河南日报》发表黄典诚《寻根母语到中原》，该文根据《三山志》记载之"永嘉之乱，衣冠入闽者八族"、《河南光州府志》所记唐初光州固始人陈元光父子率58姓入闽开漳和《五代史》记载的光州固始人王审知兄弟率部入闽建立闽国的历史，以及全国人大常委会发表《告台湾同胞书》后，台湾同胞为响应统一祖国的号召，发起往大陆寻根的活动、出版《唐山过台湾的故事》等历史文化专著，认为"台湾同胞寻根的起点是闽南，终点无疑是河南"。《寻根母语到中原》的发表，印证了80%台湾姓氏族谱称其先祖来自"光州固始"的史实，从而唤起台湾同胞对"光州固始"的集体记忆。

黄典诚《寻根母语到中原》发表不久，1982年初，河南省信阳地区（今信阳市）文化局文物干部欧潭生，到固始县搞文物普查时，听时任县人大常委会副主任陈寿同谈到，1970年固始县汪棚公社发现有郑成功墓。欧潭生在县文化馆馆长詹汉清的陪同下，到汪鹏公社邓大庙大队宋大营生产队进行实地调查。欧潭生（1945年生于福建南安）既是福建人，又有考古学背景（1963至1968年毕业于北京大学考古学系）。他敏感地意识到：固始为什么会有郑成功墓？福建南安的郑成功墓难道是假的？联想到不久前，厦门大学方言学家黄典诚教授在《河南日报》发表的《寻根母语到中原》，决定打报告给信阳地区文化局，请求到泉州、厦门实地考察福建南安郑成功墓并查阅相关资料。欧潭生从福建调查回来，提交的调查报告《一千年前是一家——台闽豫祖根渊源初探》称，通过台湾同胞近几年的寻根活动，他们已经确认自己的祖根在福建闽南一带，因而发出"五百年前是一家"的呼声！"但是，在中华民族的悠久历史中，五百年仅是短暂的一瞬。台湾和福建同胞更早的祖根地在哪里？"欧潭生的调查报告从中原与福建的"四次人口大交流"、河南固始"郑成功墓"的新发现，以及固始当地方言中保留的中原古音，与千里之外的福建闽南方言读音惊人相似等，不仅确认了开漳圣王陈元光、闽王王审知是"光州固始"人，而且开台圣王郑成功的祖籍地也在河南固始县，据此判断"台湾同胞的祖根地五百年前在福建，一千三百年前在河南"。此后，欧潭生分别从闽台方言土语、河洛话发音特点、固始皮影与闽台皮猴戏等惊人相似之处发现，"固始民间习俗与闽台地区几乎相同"，"固始土特产传往闽台的痕迹亦清晰可见"，故而证明固始与闽台之间存在的渊源关系。

闽籍学者黄典诚《寻根母语到中原》、欧潭生《一千年前是一家》发表之后，为顺应台湾同胞返乡寻根谒祖热潮，推动闽台姓氏文化源流研究，1989 年，福建省姓氏源流研究会在福州成立，积极开展闽台姓氏文化研究与交流活动。1990 年 12 月，在福建漳州召开的"陈元光国际学术研讨会"上，陈在正依据闽台地区陈氏族谱资料，详细考察了陈元光后裔移垦台湾前的祖籍、所属派系，迁台后在台湾的分布及数量等，初步厘清了中原陈姓入闽迁台的历史脉络。至 1995 年，福建省姓氏源流研究会先后成立陈、林、黄、郑、芦、蔡、王、谢等 17 个姓氏专门研究会，并于 1995 年 11 月在福州召开"首届闽台姓氏源流研讨会"。18 位论文报告人以豫闽台三地作者为主体，福建代表 7 位，河南代表 4 位，台湾代表 3 位；另有菲律宾和我国山西等地代表 4 位。参加分组讨论的 89 篇论文，总体上叙述的是中原姓氏入闽迁台的历史。

（三）唐人故里·闽台祖地

为回应台湾、福建同胞的中原寻根活动，1995 年河南省中原姓氏历史文化研究会在郑州成立，并于 1996 年 9 月在郑州召开"首届豫闽台姓氏源流国际研讨会"。台湾各姓渊源研究会理事长林瑶棋、福建省姓氏源流研究会副会长卢美松分别率团与会并作大会发言。会议收到的 60 篇论文，"从不同角度论述了华夏姓氏的发展、演变，确认了闽、台、粤、桂姓氏，以及韩国、菲律宾等华侨、华裔同河南姓氏的历史渊源关系"。与会专家认为，历史上对闽台姓氏产生重大影响的迁徙活动，无论是晋末的"八姓入闽"，还是唐代的"58姓开漳"，以及唐末五代的"18姓随王"等等，无不与河南先民南迁福建有关，自古及今，闽台人一向有"根在中原"之说。"首届闽台姓氏源流研讨会"和"首届豫闽台姓氏源流国际研讨会"及其成果，标志着"固始与闽台渊源关系"，在豫闽台三地社会各界得到普遍认同。

在已有研究成果的基础上，河南省社会科学院等单位主办的"固始与闽台渊源关系学术研讨会"，2008年10月20日在固始召开。来自香港、台湾、福建、江西、广东、河南的专家学者欧潭生、王津平、宋豫秦、袁义达、何光岳、林瑶棋、程有为、尹全海、汤漳平、王大良、陈昌远、薛瑞泽、李乔、李龙海、徐勇、林伟功、顾涛、吴英明、陈学文、陈宽成、张待德、林雪梅、游嘉瑞、林永安、任崇岳、龚国光、蓝博洲、何绵山、廖庆六、林学勤、郑镛、许明镇、何池、黄英湖、王维宜、许竟成等学者300多人与会。大会主要围绕固始与闽台文化、固始与闽台人物、固始与闽台姓氏等几个主题展开。

关于固始与闽台文化关系问题。张新斌研究员在《"光州固始"的历史文化解读》一文中指出，在闽台人的心目中，"光州固始"就是原乡，就是中原，就是他们永远的根。王津平先生提出，要开创一个从"唐山过台湾"到"台湾返唐山"的新愿景，以祖国和平统一的大愿景、新思维推动"固始文化"的发扬光大。新加坡保赤宫主席陈宽成先生指出，光辉灿烂的圣王文化，开拓奋进的圣王精神，是海外华人的精神支柱和感情桥梁。林瑶棋先生指出，在台湾主祀开漳圣王的庙宇有380多座，要让更多的台湾人认识开漳圣王开拓漳州的丰功伟绩，从而产生更虔诚的信仰。林永安先生指出，绝大多数台湾人根在闽粤，源在河南，是历史的事实。汤漳平教授在《再论唐初中原移民入闽与闽南文化之形成》中指出，唐以前为闽南文化的孕育期，有唐一代是闽南文化的形成期。薛瑞泽教授在《闽国建立与河洛文化南传》中指出，王潮兄弟传播了黄河流域的政治理念，发展了海外贸易，发展了当地的农业经济，并重视文化教育事业的发展。龚国光研究员在《"光州固始"的儒学精神与客家民系传承》中指出，"光州固始"儒学精神，带给客家民系的是一份极其珍贵、用之不竭的精神财富。郑镛教授指出，"从洛学到闽学是中原文化播迁、演进的结果"。学术上的道统经历代知识分子的传播，转型成为闽南族群的"族统"认同，并强化了中原地区与闽南地区的文化联系。李乔在《"闽祖光州"并非相传之谬》中，对质疑"闽人称祖皆曰自光州固始来"的观点进行了反驳，认为"闽祖光州"不是以讹传讹，应基本符合历史事实。程有为研究员在《"光州固始"与中原汉人的南迁》一文中，从"光州固始"的由来及其自然人文环境、"光州固始"在中原汉人南迁中的地位等方面，对"闽人称祖皆曰从光州固始来"这一现象作了分析。

关于固始与闽台人物关系问题。陈昌远教授在《陈元光籍贯考辨》一文中驳斥了陈元光籍贯河东说、揭阳说、潢川说，认为从唐代当时的材料记载来看陈元光应是河南固始人。任崇岳研究员在《关于"开漳圣王"陈元光的几个问题》中也认为陈元光的祖籍为固始。何池教授在《论陈元光安边治政思想》一文中指出，陈元光安边治政思想主要表现在4个方面。固始根亲文化研究会会长陈学文先生充分肯定了王审知弟兄治闽的伟大功绩与历史影响。王维宜在《开闽"三王"流徽八闽》中从5个方面总结了王潮、王审邽、王审知弟兄治闽的历史贡献和经验。王大良教授在《王审知入闽与闽台人"光州固始"之根》一文中指出，随王审知入闽的应不少于万人，分别属于不同的姓氏，向有"十八姓入闽"或"十八将随王"之说。但当时入闽的姓氏远远不止18个，据研究至少有60个。何绵山教授在《王审知与闽国文化》一文中，以福建佛教和文学的兴盛为例，阐述了王审知对闽国文化繁荣的贡献。徐勇教授在《谈施琅与郑成功的关系及其历史评价问题》中，指出施琅与郑成功的矛盾有一个逐步积累的过程，两人最终决裂是曾德的被杀。施伟青教授在《施琅与闽台关系》中指出，施琅对统一台湾、密切两岸关系、促进闽台社会的进步都作出了重大的贡献。

关于固始与闽台姓氏关系问题。杨静琦和杨喝先生在《解读三地

族姓渊源 感怀两岸骨肉亲情》中指出，河南是杨氏的祖根地、发祥地、向外播迁地、牵挂地，福建是杨姓的创业地、屯垦地，走向世界的中转地，台湾是杨姓的拓荒地、建功立业地、回迁地。豫闽杨姓人是一家，与福建迁往台湾的杨姓人同根同源、血脉相连。刘翔南研究员在《豫闽台姓氏源流概述》中指出，在历代由北而南的人口大播迁过程中，闽越一带曾经是中原移民的主要接受地，台湾岛则是闽、粤地区渡海拓荒者的主要目的地，因此河南、福建、台湾三省自古以来就有着密不可分的亲缘、地缘和文化等方面的渊源关系。袁义达研究员在《中国姓氏的历史和文化寻根现象》中，揭示了姓氏的科学价值，高度评价了文化寻根的现实意义。指出，通过了解中华民族的姓氏文化，深入探讨姓氏寻根现象，能够增强全民族的凝聚力和民族自豪感、认同感。林伟功教授在《唐末随王由"光州固始"入闽各姓氏中的名门望族》一文中，把福建于唐末随王审知弟兄由光州固始入闽各姓氏中的名门望族的情况进行了汇总。固始根亲文化研究会许竟成先生在《移民万众与根着光州固始》中指出，唐末王审知带众入闽，实际上是一次万众大移民。李龙海博士在《李姓的起源及其向闽台地区的播迁与壮大》中指出，李姓向闽地的迁徙大致可分四个阶段，时间跨度历经唐初至宋元时期。黄英湖研究员在《从固始到福建再到台湾和海外》一文中，对闽清六叶祠黄氏宗族移民进行了探析。

关于固始寻根资源开发与研究问题。李立新在《姓氏寻根中的祖地认同刍议》中指出，固始开发姓氏资源应抓住陈政、陈元光父子，王潮、王审知兄弟，郑芝龙、郑成功父子，做一些看得见摸得着的东西，把存在于史书家谱和移民后裔心目中的"光州固始"变成触目可及、实实在在的诸姓寻根祭祖之所。尹全海教授在《固始移民与两岸三地寻根资源之整合》中指出，移民资源是固始移民的历史见证，姓氏资源是固始移民的特殊标志，信仰资源是豫闽台三地寻根活动持续至今、永续发展的内在动力。游嘉瑞先生在《弘扬"五缘文化"促进海外联谊》中指出，中国人喜欢讲缘分，亲缘、地缘、业缘、物缘、信缘"五缘文化说"是中华文化瑰宝的重要组成部分。今后，弘扬"五缘文化"要进一步与改革开放、经济建设、构建和谐社会结合起来。蔡干豪先生在《充分挖掘和科学运用姓氏文化资源开展闽台民间交往》中，对做好对台民间交往提出了5点建议。

10月22日上午11时，固始与闽台渊源关系研讨会举行闭幕式。河南省中原姓氏历史文化研究会常务副会长刘翔南先生宣读《固始与闽台渊源关系研讨会纪要》。《纪要》指出，经过专家学者的热烈讨论，会议就"台湾同胞的祖根，500年前在福建，1300年前在固始"达成共识。固始，不仅是台湾同胞的祖根地，也是大多数闽粤人和海外侨胞的祖根地，是名副其实的"中原侨乡""唐人故里"。

（四）固始与闽台关系研究三十年

2011年，为纪念《寻根母语到中原》发表三十周年，"第四届固始与闽台渊源关系学术研讨会"在固始召开。会议以历史、记忆、认同为主题，系统总结近30年（1981—2011）中原与闽台渊源关系研究成果。其间，汪毅夫、陈支平分别提交的论文《关于"中原与闽台关系研究"的若干思考》《从历史向文化的演进——闽台家族溯源与中原意识》，倡导中原与闽台渊源关系研究的认同取向，对缓解福建学者之前关于中原姓氏入闽存在的分歧，具有理论指导意义。关于古今学者对"闽祖光州"的理解和质疑，汪毅夫指出，郑樵和方大琮不认同的是"皆云固始"，陈振孙不认可的是"皆称光州固始"，洪受拒不认定的也是"莫不曰光州固始人也"；陈支平、杨际平、谢重光、徐晓望等批评的则是历史上部分闽人"伪托"和"冒籍"为光州固始人的行为。因此，他认为"闽祖光州固始"，应该是"闽人称祖者或曰光州固始"，而不是"皆曰光州固始"，建议以"闽人称祖多曰中原"为研究对象。陈支平的论文指出，"至少从宋代以来，福建地区乃至整个南中国，在民间家族的溯源过程中，其历史的真实性与文本显示表象之间存在着较大的差距"；而"从宋代以迄近现代闽台民间家族溯源史的演变历程看，后代的福建以及台湾的民间社会，更关注的是文本的显示表象，而对其先祖的真实历史，倒是比较无关紧要"。因此，陈支平进一步强调，既然光州固始已经成为闽台民间社会家族溯源的永久性记号，"假如过于执着于历史文献的记述和所谓集体记忆的真实性将不知不觉地被引入到比较偏颇的学术困境"；同样的道理，"探讨闽台家族与中原固始的渊源关系，假如非要一意孤行地寻找什么纯正的中原血统，其结果必然是适得其反而又纠缠不清"。会后，尹全海、余纪珍出版的《中原与闽台渊源关系研究 30 年（1981—2011）》，搜集整理30 年间海峡两岸专家学者发表的具有代表性学术论文 40 余篇，按照研究内容及研究取向，从历史、记忆与认同三个层面，梳理中原与闽台渊源关系的研究缘起、学术历程及研究视角的转换，可谓 30 年研究成果的学术总结，为日后学者提供一个基本的研究路径和话语体系。

四、根亲文化

根亲文化历史渊源，可溯至历史上固始姓氏入闽迁台和当代台湾同胞固始寻根活动，最终形成"台湾访祖到福建，漳江思源溯固始"独特的根亲文化现象。根亲文化一开始就不是单纯的移民文化，也不是单向的姓氏寻根，而是祖地与游子之间的双向认同。根亲文化建构活动，始于固始与闽台关系之研究。2008 年固始与闽台渊源关系研讨会的最大成果是，闽台姓氏族谱上的"光州固始"，福建姓氏始祖记忆中的"光州固始"实现了当代转化和现实复活，河南固始县被固化为闽台同胞的祖根地——"闽台祖地"，为"固始根亲文化节"的成功举办奠定了历史依据和学术支撑。

（一）中国固始根亲文化节

2008 年"固始与闽台渊源关系研讨会"及研究成果，确认和强化了固始为"海内外知名的唐人故里·闽台祖地"地位。以此为基础，中华全国归国华侨联合会（简称中国侨联）、中华全国台湾同胞联谊会

（简称全国台联）主办的首届"唐人故里·闽台祖地 中国固始根亲文化节"，2009 年 10 月 25 日至 27 日，在河南固始隆重举行。中国侨联副主席乔卫、全国台联会长梁国扬、全球客家崇正联合会总执行长黄石华、台湾侨联总会理事长简汉生等出席开幕式。

我们从 2009 年"唐人故里·闽台祖地 中国固始根亲文化节"欢迎辞中可以发现固始以"闽台祖地"优势资源，打造"中国固始根亲文化节"的创新思路。主办方"欢迎辞"之大意包括：

固始县是海内外知名的"唐人故里·闽台祖地"。从晋唐到两宋，固始先民多次大规模南迁，而徙入闽地者尤众。唐初固始陈政、陈元光家族奉朝廷之命，率 84 姓近万名将士赴闽粤之地息乱安邦，开发闽南，创建漳州，民颂其德，史铭其功，历代朝廷累加封敕，宋代追封的"开漳圣王"流传最为深远；唐末固始乡贤王审知兄弟率 5000 多乡民义举入闽，造福闽疆，王审知被后梁封为"闽王"。历代徙居南疆的固始籍民，带去了先进的中原文化、农耕文明，加速了我国东南边陲的开发建设和社会发展；同时也促进了徙居地人口的大幅增长，逐渐成为闽粤人口主体。星移斗转、岁月沧桑，包括郑成功、施琅、陈嘉庚等在内的南徙固始移民后裔，渐次播迁台湾、南洋及欧美各地。固始因此成为闽台同胞、海外侨胞、世界客属的祖根地，欧美和东南亚"唐人街"的一大血缘源头。千百年来，根在固始的闽台同胞、海外侨胞，把祖地这个难忘的故土记忆写进家谱，刻进祠堂，融入时代延传的血脉中。近 30 年来，他们或三五结伴，或规模组团，不远千山万水，不畏山高海阔，深情地扑向魂牵梦绕的故乡怀抱，亲吻他们的精神家园、血脉之根，拥抱他们心中永远的"大槐树"。

固始，作为唐人故里、闽台祖地，和众多闽台同胞、海外侨胞、客家亲人，有着祖同根、血同缘、文同脉的历史渊源。为了利用这一根亲纽带，加强相互间的联谊交往，进一步密切亲情乡谊，增强文化认同感和民族凝聚力，为推进祖国统一大业、实现中华民族的伟大复兴而携手并肩；同时，为了宣传河南，推介信阳，展示固始，使他们进一步了解祖地历史文化和当今风貌，为开展文化交流、经贸合作创造条件、提供契机、构建平台，近年来，县委县政府大力实施"让根亲文化扬名固始"工程，并于去年成功举办了"固始与闽台历史渊源关系研讨会"，在海内外产生积极影响。在此基础上，今年特申办"中国固始根亲文化节"，此次文化节得到全国侨联、台联和省政协的大力支持，并作为共同的主办单位，在上级各领导机关、领导同志的深切关怀和主办、协办、承办单位的共同努力、各界人士的鼎力支持下，文化节如期在固始隆重举行。

这是唐人故里·闽台祖地——固始县的一大盛事。也是文化界、史学界研究移民文化、姓氏播迁及相关领域专家学者的一次盛会，将对固始利用唐人故里、闽台祖地的姓氏迁徙资源，构建寻根朝觐基地、发展姓氏人文旅游，深入开展"让根亲文化扬名固始"的宏伟工程，具有里程碑意义。

作为中国固始根亲文化节系列活动之一，由国台办《两岸关系》杂志社与信阳师范学院历史文化学院等单位共同主办的"第二届固始与闽台渊源关系研讨会"，以唐代固始移民与移民文化为主题，主要集中在固始移民史、闽南文化、客家人与客家文化三个主题，以及与之交叉的人物研究、专题研究。台湾中研院台湾史研究所许雪姬教授、九州出版社总编辑王杰教授、华中师范大学博士生导师罗福惠教授，以及美国加州大学戴福十教授也应邀参加了研讨会。

固始移民史研究，如罗福惠《古代河南的四次政治性外迁移民及其影响》、唐金培《固始在唐代中原移民中的历史地位》、陈建奎《固始移民集散地的确立》、尹全海《关于唐代固始移民史的研究取向》和孙炜《从陈政陈元光"开漳"看唐代移民特点》，等等，既有宏观系统描述，又有理性客观分析，基本上奠定了固始移民史的研究框架和研究域限，即固始移民入闽及其后裔迁台的历史，时间自西晋末年永嘉之乱至明末清初，空间涵盖河南、江西、福建、广东和台湾等，移民所经过的地区。

闽南文化及其传播，如汤漳平《关于陈元光与闽南开发研究的几个问题》、何池《论固始移民对闽南文化形成及传播的影响》、郑镛《论"开漳圣王"信仰体系的特点》、汤毓贤《"开漳圣王"文化与圣王巡安民俗研究》、张嘉星《闽南方言歌谣的产生年代及其在闽台地区的流变》和梁炯辉《台湾闽南语言源流与特征》等，对闽南文化的形成与发展，及其在台湾的传播，都有精到而细致的分析研究。研究结果表明，"光州固始"符号，贯穿闽南文化发展与繁荣之全过程。其中唐初陈元光父子"开漳建漳"，奠定了闽南文化的根基，再经王审知兄弟"王闽治闽"，以及宋元时期中原移民相继入闽，最终形成闽南文化、闽东文化与客家文化区。

客家人与客家文化，如崔振检、戴吉强《客家形成过程中的固始符号》、何来美《两岸客家源流与文化交流》、罗秋昭《客家人的光荣——台湾抗日英雄罗福星烈士》、萧开平《不辱客家先祖的台湾佳冬萧家》和吕芳雄《"台湾第一才子"吕赫若的家事》等，他们的研究进一步证明了固始是闽南人和客家人的共同祖地。台湾学者提供的论文，还为我们展示了更多台湾客家人的光辉业绩和感人事迹。

人物研究，主要集中在移民领袖陈元光和在台客家人，如汤漳平《关于陈元光和闽南开发研究的几个问题》、许晶《论陈元光对泉潮地区开发的贡献》、许进良《唐朝开国别驾许天正对开发漳州的贡献》和毛阳光《闽台方志中所见之陈元光及其事迹探讨》等，其中，许进良对开漳将士的研究，拓展了固始移民史的研究领域，毛阳光则是力图从方志资料中勾勒出接近历史真实的陈元光。

专题研究，包括固始寻根、淮河流域方国和姓氏资源的开发利用等。其中，固始寻根研究，如宋效忠《根在信阳》、李志坚《近三十年来固始寻根研究综述》等淮河流域方国研究，如金荣权《周代蓼国地理与历史综考》、刘博《古豫国迁播初探》等移民资源及姓氏资源的开发利用，如戴庞海《固始县移民文化资源开发利用初步设想》、袁延胜《唐代固始移民资源简论》等。专题研究的展开，表明固始移民史研究更加深入，同时还将为姓氏迁移与寻根提供可靠的史源依据。

根亲文化概念在 2006 年前后，已出现在信阳各种媒体；"中国固始根亲文化节"，最亮眼的符号是固始根亲文化，但固始根亲文化内涵当时并没有明确表达。

（二）中原（固始）根亲文化节

"固始与闽台渊源关系研讨会"和"中国固始根亲文化节"成功举办，在海内外产生积极影响，得到河南省委省政府的重视。为落实"固始根亲文化不仅属于固始，还应属于河南省"的指示精神，唐人故里·闽台祖地 第二届中原（固始）根亲文化节，于 2010 年 10 月 25 日至 27 日，在河南固始隆重举行。

"第二届中原（固始）根亲文化节"欢迎辞，不仅介绍了中国固始根亲文化节上升为中原（固始）根亲文化节的现实背景，还进一步界定了根亲文化的具体内涵，主办方欢迎辞之大意包括：

固始和众多闽台同胞、海外侨胞、客家亲人，有着祖同根、血同源、文同脉的历史渊源。为开展文化交流、经贸合作创造条件、提供机会、构建平台，近年来县委县政府充分挖掘放大根亲文化资源优势，大力实施"让根亲文化扬名固始"工程，先后在 2008 年、2009 年成功举办"固始与闽台渊源关系研讨会""中国固始根亲文化节"，起到了宣传河南、推介信阳、展示固始的作用，在海内外产生了积极影响。固始根亲文化工作得到省委省政府的重视，省委书记卢展工提出要打好根亲文化"河南牌"的指示精神后，信阳市委市政府，固始县委县政府，决定将"中国固始根亲文化节"提升为"中原根亲文化节"，在办节的理念、思路、内涵和机制上进一步进行提升。由中国侨联、河南省政协和全国台联共同主办的第二届中原（固始）根亲文化节于 2010 年 10 月 25 日至 27 日在固始隆重举行。

固始县是海内外知名的"唐人故里·闽台祖地"。从晋唐到两宋，固始先民多次大规模南迁，而徙入闽地者尤众。唐初固始陈政、陈元光家族奉朝廷之命，率84姓近万名将士赴闽粤之地息乱安邦，开发闽南，创建漳州，民颂其德，史铭其功，历代朝廷累加封敕，宋代追封的"开漳圣王"流传最为深远；唐末固始乡贤王审知兄弟率5000多乡民义举入闽，造福闽疆，王审知被后梁封为"闽王"。历代徙居南疆的固始籍民，带去了先进的中原文化、农耕文明，加速了我国东南边陲的开发建设和社会发展；同时也促进了徙居地人口的大幅增长，逐渐成为闽粤人口主体。星移斗转、岁月沧桑，包括郑成功、施琅、陈嘉庚等在内的南徙固始移民后裔，渐次播迁台湾、南洋及欧美各地。固始因此成为闽台同胞、海外侨胞、世界客属的祖根地，欧美和东南亚"唐人街"的一大血缘源头，造就了"台湾访祖到福建，漳江思源溯固始"独有的根亲文化现象。

（三）中原固始之固始

光州固始或中原固始，是历史上中原汉人南迁形成的两大族系闽南（福佬）人和客家人及其后裔对祖地的记忆或认同，学界多表述为"福佬、客家同源，祖述中原"。

福佬人都认同光州固始，但泉州福佬人自称是光州固始人王潮、王审知之后；漳州福佬人自称是光州固始人陈元光之后；潮汕福佬人则既祖述陈元光，也祖述王审知。所以，闽南（福佬）人"祖述中原"，主要是对光州固始的记忆或认同。客家人"祖述中原"则较为宽泛，按照客家学首创者罗香林的研究，客家先民的中原祖地，北起并州上党，西界司州弘农，东达扬州淮南，中至豫州新蔡、安丰。即汉水以东，颖水以西，淮水以北，北达黄河以至上党，皆为客家先民的居地。上党在今山西长治县境，弘农在今河南灵宝县南四十里境上，淮南在今安徽寿县境内，新蔡在今河南新蔡县，安丰在今河南潢川（唐以后又改称光州）、固始等县附近。客家学研究者，一般认为，客家、福佬是汉人南迁过程中形成的两个族系，他们的祖先都来自中原，进入闽粤赣交界区域之后才有客家、福佬之分野。因此，有人把闽粤赣交界之宁化石壁视为客家人南迁的中转站，或"客家祖地"。

从固始根亲文化到中原根亲文化，"中原"与"固始"合称，表面上看去是为了回应社会期待，其实也是固始与闽台关系研究中的一个热点话题。从光州固始到中原固始，在学术研究领域，除历史上"客家、福佬同源，祖述中原"、"闽台家族溯源中的中原意识"，当代人呼吁"寻根母语到中原"、以"中原与闽台关系研究"为选题，豫闽两地学者开展合作研究之外，主要是由于当代中原地区河洛文化研究的深入，光州固始进入河洛文化的研究范畴所致。

从光州固始到中原固始，一个关键性事件是，为总结河洛文化研究成果，扩大河洛文化的影响力，1994年3月，洛阳市地方史志办在《文史知识》开设"河洛文化专号"，发表朱绍侯《河洛文化与河洛人、客家人》一文，重新界定了河洛文化区域范围，河洛人与客家人等河洛文化研究的核心概念，并首度提出河洛文化圈概念。他说河洛区域范围，指"以洛阳为中心，西至潼关、华阴，东至荥阳、郑州，南至汝颖，北跨黄河而至晋南、济源一带地区"；河洛文化圈，"超越河洛区域范围，涵盖目前河南省全部地区"。"河洛人，是由台湾传回来的称谓"，台湾人对由福建迁居台湾，而其祖籍在河南的人称为"河洛人"或"河洛郎"；客家人，是指北方人迁居南方（闽、浙、湘、赣、两广）后，没有和当地土著人融合、通婚，而保存汉族血统、文化和习俗的人。由于河洛区域在历史上所处的特殊地位，在每一次北方人南迁的潮流中，河洛人都占绝大多数，并成为客家人的重要组成部分，"客家人根在河洛"之说，盖源于此。

朱绍侯对河洛文化核心概念的解释，特别是"河洛文化圈"概念的提出以及以河洛文化圈为概念工具的河洛文化研究，使唐代之后的陈元光父子入闽、王审知兄弟建立闽国等重要移民事件，都被纳入"中原河洛先民南迁"的研究范围，客观上拓展了"中原河洛先民南迁"的历史叙述范围和研究对象。

中原固始之说，在固始与闽台关系研究视域内，以"客家、福佬同源，祖述中原"为历史依据，以"中原河洛先民南迁"为引线，在河洛人、客家人、闽南（福佬）人三个概念交叉融合中，固始由光州固始而延展为中原固始，应该说是固始与闽台关系研究中发出的中原之音。中原固始一定程度上扭转了固始与闽台渊源关系研究中中原学者的弱势地位；但就中原区域内的河洛文化、根亲文化研究而言，可能根亲文化研究又面临河洛文化的强势或挤压。

（四）根亲文化概念生成

根亲文化之生成，先后经历三个阶段：2002 年至 2006 年，根文化、寻根文化、根亲文化三组概念，同时使用或交替出现；2006 年至 2010 年，在信阳市所属范围统一使用根亲文化概念；2010 年，以第二届"中原固始根亲文化节"举办为标志，在河南省以中原根亲文化替代了根亲文化概念。2011 年，根亲文化进入国务院印发的《关于支持河南省加快建设中原经济区的指导意见》。

根亲文化概念之生成，经历了寻根及寻根文化、根及根文化、根亲及根亲文化三组概念，从先后出现，到并行使用或交替使用，最终统一为根亲文化。其中，1987 年至 2002 年，台湾同胞固始寻根活动，包括台湾同胞发出的"五百年前是一家"寻根呼声、闽台同胞共同确认的"寻根的起点是福建（闽南），终点无疑是中原（固始）"的最初判断，为根亲文化产生的社会基础。固始乡亲在接待或面对台湾同胞祖地寻根活动时，首先考虑的是根在哪里，于是根及根文化概念，紧随寻根活动之后而出现。2002 年至 2006 年，固始县地方政府和姓氏宗亲在接待台湾同胞固始寻根期间，同时或交替使用的寻根及寻根文化、根及根文化、根亲及根亲文化等概念，为根亲文化的提炼与选择阶段。最终于 2008 年在信阳市辖区统一使用的根亲文化，称之为狭义根亲文化，特指固始根亲文化，既是对"闽祖光州固始"始祖记忆的再现，也是对固始作为"闽台祖地"的确认。

自 2010 年固始举办"第二届中原（固始）根亲文化节"，以及

2011年9月28日国务院印发《关于支持河南省加快建设中原经济区的指导意见》提出，"充分保护和科学利用全球华人根亲文化资源，培育具有中原风貌、中国特色、时代特征和国际影响力的文化品牌，提升文化软实力，增强中华民族凝聚力"，打造华夏历史文明传承创新区，在河南省及全国范围内使用的根亲文化概念，称之为广义根亲文化，即中原根亲文化，包括"中华姓氏之根""人文始祖故里故都""全球客属圣地""闽台同胞祖根地"等。

在根及根文化、寻根及寻根文化、根亲及根亲文化三组概念中，由于寻根及寻根文化是一个单向度概念，更多表达的是全球华人祖地寻根活动，以及"慎终追远"的文化传统，不能反映中原人民对海外赤子反哺祖地的期待。根及根文化是古已有之的静态概念，几乎没有当代意义。而根亲及根亲文化，蕴含有"游子寻根"与"祖地恳亲"的双向度意义，是连接姓氏祖地与海外赤子之间的渠道和纽带，更符合中原人民建设"全球华人根亲文化圣地和心灵故乡主要承载地"的美好期待。因此，根亲文化概念之生成，既不属于回顾性概念，也不是展望性概念，而是中原祖地人民在接待全球华人中原寻根的实践中，不断总结提炼而成的选择性概念，是一种文化再造，也是中原人的文化自觉。

（五）根亲文化价值重估

根亲文化的传播与发展，逐渐得到社会各界的普遍认同。2011年10月，固始被河南省台办授予"河南省对台交流基地"，2012年3月中央电视台制作的《闽台祖地——中国固始》三集电视纪录片，在中央电视台连续播出。中央电视台、《人民日报》等中央媒体，先后以"固始举办根亲文化节""血脉亲情吸引台商投资""根亲文化节增进两岸血脉亲情"，报道固始根亲文化节盛况。2012年，"河南固始根亲博物馆"公布为第四批海峡两岸交流基地和全球华人最向往的根亲文化圣地。固始还是中国华侨国际文化交流基地、海峡两岸民间交流基地。

中原固始根亲文化节，成为海内外华人中原寻根的重要纽带。但根亲文化的价值仍可从以下三个方面进行重估与提升。

第一，从根亲文化到中原根亲文化，从"闽台同胞的祖根地"，延伸为"华夏文明之源、炎黄子孙之根"，全球华人根亲文化圣地，根亲文化担负了国家赋予的特殊使命。

2011年9月28日，国务院《关于支持河南省加快建设中原经济区的指导意见》（国发〔2011〕32号）指出：中原地处我国中心地带，是中华民族和华夏文明的重要发源地。建设中原经济区五大战略定位之一，建设华夏历史文明传承创新区。通过传承弘扬中原文化，充分保护和科学利用全球华人根亲文化资源；培育具有中原风貌、中国特色、时代特征和国际影响力的文化品牌，提升文化软实力，增强中华民族凝聚力，打造文化创新发展区。

2016年10月31日，河南省委、省政府印发《华夏历史文明传承创新区建设方案》，明确了建设华夏历史文明传承创新区的总体要求、主要任务和保障措施，进一步加快文化资源优势向文化发展优势转变，走出一条历史文化资源大省向文化强省跨越、文化促进经济社会发展的新路子。《方案》指出，河南是中华民族和华夏文明的重要发源地，华夏历史文明传承创新区是中原经济区五大战略定位之一，是国家赋予中原经济区的重大文化使命。建设华夏历史文明传承创新区，对传承弘扬中华优秀传统文化，建设中华民族共有精神家园，提升国家文化软实力，对推进文明河南和文化强省建设，促进中原文化大发展大繁荣等具有重大现实意义。

实施全球华人根亲文化圣地建设工程。发挥华夏文明之源、炎黄子孙之根的资源，规划建设根亲文化主题基地，依托新郑黄帝故里、淮阳太昊陵、内黄颛顼帝喾陵、商丘燧皇陵、桐柏盘古之乡、泌阳盘古圣地、西华女娲城、濮阳帝舜故里等文化遗迹，建设人文始祖拜谒地，规划建设中华姓氏文化园。组织开展根亲文化节会活动，着力打造一批富有乡愁家味的文化节会活动。进一步提升黄帝故里拜祖大典、中国洛阳牡丹文化节、中国开封清明文化节和菊花文化节、郑州国际少林武术节、中国·商丘国际华商节、唐人故里·闽台祖地中原（固始）根亲文化节、嵩山论坛、中国洛阳河洛文化旅游节的影响力。积极打造"老家河南"根亲文化旅游线路，精心建设世界文化遗产游、中原古都文化游、丝绸之路起点游、华人寻根祭祖游、文字起源发展游、诸子文化遗迹游等精品旅游线路。

第二，根亲文化作为具有中原风貌、中国特色、时代特征和国际影响力的文化品牌，实现了中华文化慎终追远优秀传统的当代转化和地域性呈现，成为易于为国际社会所理解和接受的中华文化精神标识。2016 年 5 月 17 日，习近平总书记在哲学社会科学工作座谈会上的讲话指出："哲学社会科学的特色、风格、气派，是发展到一定阶段的产物，是成熟的标志，是实力的象征，也是自信的体现。我国是哲学社会科学大国，研究队伍、论文数量、政府投入等在世界上都是排在前面的，但目前在学术命题、学术思想、学术观点、学术标准、学术话语上的能力和水平同我国综合国力和国际地位还不太相称。"

习近平总书记在讲话中还特别强调："发挥我国哲学社会科学作用，要注意加强话语体系建设。在解读中国实践、构建中国理论上，我们应该最有发言权，但实际上我国哲学社会科学在国际上的声音还比较小，还处于有理说不出、说了传不开的境地。要善于提炼标识性概念，打造易于为国际社会所理解和接受的新概念、新范畴、新表述，引导国际学术界展开研究和讨论。"

第三，实践层面上，根亲文化成为内陆地区以时间换空间对外开放的优势资源。中国改革开放史，已成为当代中国史研究的历史单元。当我们满怀喜悦地总结改革开放成就与经验时，总是把注意力投放到改革开放前沿、沿海地区，这固然不错，但这不是中国改革开放历史的全部。比如，改革开放之初，先是沿海大开放，然后是西部大开发、东北等老工业基地振兴；中原地区在一度面临被边缘化的压力下，依然能够把全球华人"根在中原"作为对外开放的优势资源，深度挖掘中原历史文化蕴含的当代价值，积极探索内陆地区对外开放战略及其取得的成就，就很值得总结与研究。

结语

根亲文化，是从历史上光州固始姓氏入闽迁台及当代台湾同胞固始寻根双向认同中提炼出来的，反映中原风貌、中国特色、时代特征和国际影响力的标识性概念。

根亲文化有广义、狭义之别。狭义的根亲文化，特指固始根亲文化，即"台湾访祖到福建，漳江思源溯固始"独有的文化现象；广义的根亲文化，泛指中原根亲文化，除由"闽祖光州固始"始祖记忆当代转化为台湾同胞祖根地在中原固始外，还包括中华姓氏根在中原、炎黄子孙根在中原、全球客家根在河洛等，寓意全球华人根在中原。

作为河南人、信阳人、固始人的文化创造成果，根亲文化虽是一个当代概念，本质是中华民族慎终追远文化传统在中原的地域性呈现，具有区域性；根亲文化作为凝聚全球华人文化认同的纽带，肩负有国家统一、民族复兴的文化使命，从而被赋予国家话语；实践层面上，根亲文化又是内陆地区以时间换空间对外开放的优势资源。

（作者尹全海，信阳师范大学教授。主要从事根亲文化与两岸交流研究、中原历史文化学科化研究。本文系作者在 2023 信阳根亲文化论坛上的发言；2023 河南兴文化工程文化研究专项〔2023XWH035〕研究成果）

Ⅱ 专题报告

固始姓氏播迁源流研究

台湾与河南同根同源：以祖籍姓氏堂号信仰为探讨

林永安

胡锦涛主席曾高瞻远瞩地指出："中华文化源远流长、瑰丽灿烂，是维系两岸同胞民族感情的重要纽带。中华文化在台湾根深叶茂，台湾文化丰富了中华文化内涵。两岸同胞要共同继承和弘扬中华文化优秀传统，开展各种形式的文化交流，使中华文化薪火相传、发扬光大，以增强民族意识、凝聚共同意志，形成共谋中华民族伟大复兴的精神力量。"[①] 值得探讨的是，胡主席所言"中华文化在台湾根深叶茂，丰富了中华文化内涵"，是有历史依据的。如本文将探讨的，台湾人建宗祠、姓氏、郡望与堂号、宗教信仰等，绝大多数是传承自闽粤，源流始于河南，而传承到台湾后又发扬光大。尤其台湾人因不忘木本水源，建宗祠、建民族英雄庙的普及性，比之大陆原乡似有过之而无不及。

一、寻根起点是闽南，终点是河南

台湾历史学家林衡道研究指出，台湾为中国东南之一大海岛，在远古时代和大陆相连，所以在殷朝尚未成立之前，台湾已经是中华民族祖先的生活空间。古代华北各省的黑陶文化和彩陶文化的遗物，在

---

① 胡锦涛:《纪念〈告台湾同胞书〉发表 30 周年座谈会上的讲话》，新华网 2008.12.31。mp://big5. xinhuanet. com/gate/big5/news, xinhuanet. com/newscenter/2008 -12/31/contem_10586479_1。

台湾各地都有发现过，这是明白的证据。①

台湾族群的历史源流，连雅堂《台湾通史》开辟记载："历更五代，终及两宋，中原板荡，战争未息，漳、泉边民，渐来台湾。……蒙古崛起，侵灭女真，金人泛海避乱，漂入台湾。宋零丁洋之败，残兵义士，亦有至者，故各为部落，自耕自瞻，同族相扶，以资捍卫。"连氏之言，或可代表台湾对族源的认知。

中国方言学专家黄典诚教授，在其《寻根母语到中原》中论述历史上闽台人民与中原包括河南固始一带的"四次人口大交流"，此中尤以第三、四两次南迁的人口最多、影响最大，而且都以河南固始人为首。②值得一提的是，黄氏强调：台湾同胞"寻根的起点是闽南，终点无疑是河南"。这句话成为寻根探源研究者的名言，其实这句话不只是对台湾人而言，应是对全球各地的华人后裔一体适用。

从上引述，绝大多数台湾人根在闽粤，源在河南，乃是历史的事实。唯在台湾，因政治上统"独"意识强烈分歧，导致台湾人族源认同也产生歧义，这是两岸迈向和平发展的重要课题。2010 年河南台湾月举办两岸姓氏文化探源活动，笔者以"浅析台湾人与中原同根同源——以祖籍姓氏堂号宗教为探讨"为题做探讨，期有助于研究两岸历史渊源关系之参考。

二、台湾人建宗祠以不忘祖源

自古以来台湾就是个移民流入地，台湾的少数民族其实也是从外地移过来的，只是移民得更早。明、清时期大量汉民族的移民，则来

---

① 林衡道;《台中市的历史与风物》,《台湾胜迹采访册》第四辑，台湾省文献会 1979 年版，第 413—416 页。林衡道（1915—1997）：林衡道是台湾省台北县板桥林本源长房后裔。历任台湾省通志馆顾问、台湾省文献委员会委员、台北市文献委员会主任委员、台湾省文献会主任委员。其间尚兼任台湾大学、高雄医学院、淡江、东吴、东海等大学教职。毕生潜研台湾历史与民俗，并极力提倡，著有《台湾历史百讲》等书 50 余部。

② 黄典诚为厦门大学退休教授。黄典诚:《寻根母语到中原》,《河南日报》,1981 年 4 月 22 日。

自大陆闽、粤两地，移民始于明末（尤其是随郑成功来台者），至清朝康熙、雍正、乾隆、嘉庆年间达到高峰。之后，一直到20世纪，1949年才再有另一批的移民高潮，则是随国民党撤退来台的军民，大约有200万人。

台湾诸多姓氏，历来在全省遍地建立祠堂，供奉祖先，大则称为宗祠、家庙，小则称为祖庙、祖厅、公厅，以表不忘木本水源，与大陆之情形完全无异。如台中市国光路林氏宗祠、台北市宁夏路陈氏大宗祠、云林县西螺镇的廖氏宗祠等。其规模之壮丽、其体制之整备，与祖籍之祠堂比较，似乎稍有逊色。此外，台北市环河南路的黄氏家庙、黄氏燕山祖祠、高氏大宗祠，新竹县新竹市的郑氏家庙，台中市西屯区的张廖家庙、张氏祖庙、赖氏大宗祠，彰化县彰化市的王氏家庙，彰化县永靖乡的陈氏祖庙、江氏家庙，台南市的陈氏宗祠、王氏宗祠、吴姓大宗祠，屏东县屏东市的曾氏大宗祠，屏东县里港乡的陈氏宗祠等，皆以殿宇之宏壮，或建筑之精巧而闻名于世。

日据时期，台湾人在日帝企图消灭中国文化之暴政下，仍铭刻祖籍于神位或墓碑之上，乃至编修族谱、建立祠堂时，亦极力阐明其祖籍之所在，以示其眷念祖籍之情怀。此种情形，向令中外人士感动而敬佩。①

三、台湾人姓氏的特性与隐忧

台湾俗谚说："陈、林半天下。"又说："陈林黄张蔡，天下占一半。"虽然前者有些夸张，后者却已近实情。根据台湾"内政部"2007年6月统计，台闽地区（含金门、马祖）人口22896250人，姓总量1542姓，前十大姓依序为陈、林、黄、张、李、王、吴、刘、蔡、杨，前十大姓的人口数占有全台湾人口的52.79%，超过全台人口的一半。前一百大姓的人口数，则占有全台湾人口的96.54%，明显人口集中于大

---

① 林衡道：《祖籍、姓氏、堂号》，《台湾胜迹采访册》第七辑，台湾省文献会1982年版，第342页。

姓。前一百大姓以外的 1442 姓，仅占台湾人口的 3.46%。

（一）大姓人口特别多，小姓数量特别多

台湾第一大姓"陈"姓人口数计有 2546360 人，占全台人口总数的 11.12%，其次"林"姓 1899698 人，占 8.30%，陈、林两姓是台湾的超级大姓，而前十大姓中最少者为"杨"姓 608718 人，也占有 2.66%。

台湾的姓氏另有一个特色，即小姓非常多，尤其是超级小姓特别多，例如：一个姓氏仅 1 人者，达 167 姓，占总姓量 10.83%；仅 2 人者，有 85 姓，占总姓量 5.51%；累计人口 10 人以下的姓氏，共有 538 姓，占总姓量 34.89%。这些小姓大多是 1949 年随国民党撤退来台的老兵姓氏，这些老兵原居住在大陆各省区，因此台湾的总姓氏才会变得这么丰富、多彩多姿。只不过小姓多也有隐忧，因为小姓容易凋零。

台湾早期的移民，以农垦为主，移民多以同乡同宗之谊入垦同一村落，因此现今台湾的乡镇，仍留有同姓高密度的聚落情况。譬如"吴"姓在云林县四湖乡的人口比例高达 42.57%，其次"黄"姓在彰化县线西乡的人口比例达 35.82%，"林"姓在云林台西乡的人口比例达 33.69%，"廖"姓在云林县二仑乡的人口比例达 33.49%，"陈"姓在南投名间的人口比例达 32.84%，其他各大姓在台湾各农业乡镇占有比例达 20%、10% 者，仍有很多。[①]

（二）台湾姓氏宗族制度的隐忧

华人重视家族制度，近年来台湾社会形态急速地改变，女权意识高涨，有些女权运动者强势要求男女平权，游说立法机关改变子女从姓的修法，并于 2007 年 5 月经"立法院"修法通过。新法采用子女从姓双轨制，子女不必强制从父姓，可从父姓也可从母姓。

---

① 林水安、许明镇：《姓氏探源》，大康出版社 2009 年版，第 30 页。

2007 年通过的"民法亲属编修正案"，其中姓氏，过去的"子女强制从父姓"改为"子女姓氏应以父母书面约定"。换言之，以后的子女可从父姓也可从母姓。

修改的姓氏登记制度，新生儿采父母书面约定方式，可登记为父姓，也可登记为母姓。若父母约定不成，由户政机关抽签决定该子女依父姓或母姓登记。假设以一对夫妻生育二子，约定分别为父姓母姓，则第二代可能有二姓，第三代可能有四姓，第四代可能有八姓……

虽然有妇女团体表示，这是民法亲属编一大突破，打破父权迷思，让两性平权更跨出一大步。其实乃是女性狭隘的自我观念，看似创新尊重女权，并未考虑世界各国姓氏登记的通例，及"近亲不婚"的习俗与法律限制"近亲结婚"的规定。此一新制，经过多代后可能破坏台湾人的父系宗族制度、是值得隐忧的。

四、台湾郡望与堂号来自大陆

（一）"郡望与堂号"是中华独特的姓氏文化

郡望一词，原意是指一郡当中的望族，引申为某地区的著姓大族；反之，著姓大族又纷纷以秦、汉时期的"郡号"，作为本姓的标志与代号。逾至"堂号"的普遍兴起与采用，堂号的内涵更为丰富多彩，不单采用各种郡望，更加入"自立堂号"的名号，包括和本姓声名显赫的先世之德望、功业、科第或嘉言懿行有关系者的堂号。

中国百家姓，各有其丰富多样的"郡望"与"堂号"。根据学者的初步计算，北宋"百家姓"的前八大姓："赵钱孙李、周吴郑王"，其中王、李、周三姓，其郡望与堂号的总数均超过 100 个，另外吴、郑、赵三姓则超过 50 个，孙、钱二姓则超过 20 个。这前八大姓"自立堂号"的数目，又皆远远超过"郡望"堂号，足以显现各大姓先贤名士事迹伟业的丰富众多、光辉灿烂。中国人巧妙设计的"郡望"与"堂号"，具有历史上的意义印记与光彩荣耀是中华民族独特的姓氏

文化。^①

（二）台湾人多数的祖籍源头是中原或固始

据 1979 年《台湾区姓氏堂号考》曾对占台湾总人口 96.42% 的前一百大姓的姓氏起源、"播迁"及"渡台始祖"做了考证^②；其祖先来自光州固始者，计有 66 姓，另有 10 姓记载泛来自中原或光州固始。^③从该书引证数据，台湾人多数的祖籍源头是中原或光州固始，应是毋庸置疑的。

就台湾陈姓为例，绝大多数的陈氏族谱，也都以 1600 多年前东汉桓帝时的名士陈实公为始祖，并以"颍川堂"作为共同的郡望。依据各姓族谱及《台湾陈大宗祠德星堂纪念特刊》一书分析，其后子孙繁衍分支台湾各地，支派与渊源虽然很多，但大体言之，仍以开漳圣王派、太傅派、南朝派为三大主流。^④

五、台湾宗教信仰与河南之渊源

台湾人是信神的民族，台湾人之所以信神，不仅是民族文化使然，也是基于历史情感，在开发与拓垦、成庄立社与社会发展的过程中，他们认为神明陪着先民一路走来，开垦的艰辛、疾病的克服、丰收的欢乐、成功的喜悦等种种历史的轨迹，神明皆悉见证。神明也成为人们精神的依托、民众的教化者，并给予人们平安和疗愈的盼望。^⑤

明末清初，台湾汉人移民的宗教信仰都来自闽粤两地原乡。不同移民族群为了奉祀原籍乡土神明，不仅依祭祀圈兴建寺庙，并且成立神明会、祖公会，轮流祭祀原乡神明，并借此凝聚同乡移民的向心力。宗教信仰往往是拜同姓的神明或是历史上文治武功显赫的同姓英雄人

---

① 林永安、许明镇：《姓氏探源》，大康出版社 2009 年版，第 23 页。
② 杨绪贤：《台湾区姓氏堂号考》，1979 年版，第 15 页。
③ 杨绪贤：《台湾区姓氏堂号考》，1979 年版，第 177—372 页。
④ 陈永瑞：《台湾陈姓渊源》，《台湾源流》，第 37 期，2006 年版，第 22—28 页。
⑤ 林美容撰稿：《台湾大百科全书》网站，"宗教"，"神明信仰"，"总论"，http://taiwan-pedia, culture.tw/web/ content。

54

物，也有拜自己家族中的开台祖或唐山祖和原乡守护神等各种类别。① 如台湾人信仰的"开漳圣王"陈元光、"辅顺将军"马仁，就是来自大陆闽南原乡守护神，其源头来自河南固始。明清时期闽南人移民台湾后传承原乡的"开漳圣王庙""辅顺将军庙"奉祀。

（一）台湾"开漳圣王庙"概述

唐高宗总章二年（公元669年），江南道泉州、潮州之间山民骚乱，高宗诏朝议大夫陈政统领岭南行军总管事，率府兵3000名，军校123员，前往闽南镇抚。陈政率部入闽初战获胜，后因将士不服水土，寡不敌众，退守九龙山且耕且守，同时向朝廷请增援兵。次年，陈政兄陈敏、陈敷、陈政之子陈元光奉诏招募"五十八姓"军校5000余众增援。陈元光祖母魏氏也随军前往。陈政领府兵与援军相视山原，开屯建堡，平定骚乱，奠皇恩于绝域，军兵及眷属就地安家，不还故里。仪凤二年（公元677年）陈政去世后，陈元光袭父职，在当地传播中原文化和生产技术，开发建设闽南。为了使社会安定发展，他还创立州县，于垂拱二年（公元686年）开建漳州，首任刺史，极大地促进了当地经济文化的发展。元光宣猷布化，纲纪四方，兴利除弊，物阜民康，敬业乐群，远近传扬，称号漳州为乐土，被后人誉为"开漳圣王"。②

高宗总章之前，漳州之地，荒芜未辟，是以建筑城堡，设置村庄，实自陈归德将军（陈政）始，并开创文物典章之制度。陈政之子元光继承之后，发扬而光大之，从此扩大疆土，设置州郡。礼乐明备，德泽广被于海邦，功业彪炳，辉光照耀于千古。各地民众同感陈元光大德，尊崇其为开疆辟土之民族大英雄，而仰其神武，崇高报德，纷纷

---

① 杨莲福：《台北地区同安陈氏舍人公会（辅顺将军）之研究》，《闽台文化交流》总第22期，2010年，第21页。

② 豫台视窗，《开漳圣王陈元光与闽台》，http://big.huaxia.com/ytsc/xywh/gzhl2008/07/1043652.html。

立庙奉祀。①

台湾的庙宇中，主祀陈元光的开漳圣王庙，约有 87 座，其中超过半数在台湾北部，如：宜兰县 22 座、桃园县 14 座、台北县 10 座，明显是漳州移民垦殖的地区。台湾主祀开漳圣王庙宇，还组织了"台湾开漳圣王庙团发展协会"②。此作为充分显示台湾人对开漳圣王在中华民族地位的肯定与尊崇。

台湾漳州移民后裔，为感念开漳圣王对原乡的恩泽立庙奉祀，300多年来一直传承不断，这是台湾人认同根在大陆、"两岸同根"的象征性标志。

（二）台湾"辅顺将军庙"概述

据《陈元光开漳史篇》载："马仁，河南光州固始人，唐玉珍卫校尉。总章二年，马仁随陈政、陈元光父子戍闽。时值流寇犯境，马仁率轻骑围剿，大败贼兵于盘陀。"

漳州置郡，陈元光任刺史，授马仁为州司马。后蛮獠首领苗自成、雷万兴再次作乱，在岳山战斗中，陈元光陷入敌军重围，马仁飞马冲入敌阵，掩护主帅突围。后因寡不敌众，马仁被砍死而其身任坐在马上不倒，神勇无比。宋代，他追封为辅顺将军。漳郡百姓，敬仰马仁刚强威猛，荡寇安民，开拓漳州，造福庶民，各地建庙敬祀，尊称其为"马王公""马公爷"。宋时，东园（今漳州市芗城区）一带民众念马仁威武神勇，惩恶扶善，诛奸灭邪，绥靖四境，以专庙祀之，祈求保佑乡土平安，奉其为本境保护神。

东园马公庙始建于宋建中靖国元年（1101 年），为"辅顺将军庙"开基祖庙。明清时期漳州人移民台湾各地，亦从原乡分香火立庙奉祀，作为乡土的保护神，并认定漳州东园"马公庙"为台湾各辅顺将军庙

---

① 碧山岩开漳圣王庙网，http://www.pkcswt.com/l,htm。

② 竹山社寮武德宫开漳圣王庙，htp://home.tinp.net,tw/mypage/00071672/wodor1738/index.Html。

的庙祖。

　　台湾以辅顺将军为主神登记在案的庙宇有 12 座，北到南分布分别为宜兰、台北、台中、彰化、台南、高雄等地，都是前漳州移民所盖的。另私有的辅顺将军神坛则不计其数。其中台南市"马公庙"，始建于明郑时代，为跟随郑成功来台南的漳州移民所盖，建庙已 348 年，是台湾兴建最早的"辅顺将军庙"。

　　笔者住地台中市的辅顺将军庙（俗称"马舍公庙"），1800 年（清嘉庆五年）始建于大墩街（今台中市中区），可推论大墩街是漳州人较多的当时在庙落成之际，彰化知县胡应魁获知此一讯息，为了安抚地方民心，特别题"民和降福"的木制匾额悬挂于庙内，匾额迄今仍保存。该匾文记载：

　　　拣东一带漳、泉、汀粤之人聚而居焉，籍名虽异而志合一，年丰屡告、良有由也，传云：民和而神降之福。不信然乎，采其语为额，以昭神观，且以定民志云。

　　匾额及附文，明显是知县胡应魁期许原乡不同籍移民能够和睦相处，始能获得神明降福。据《台中文献》第六期载：虽然"民和降福"是知县的愿望，唯当时台中地区虽有漳、泉、客不同族群移民，并没有发生过太多的冲突，但台中的泉、客语系移民在面对漳州移民为主流的社会中，无论在语言、风俗上都逐渐被漳州人所"同化"。[①]

　　笔者于 2009 年 11 月 18 日曾与台中市"辅顺将军庙"董事长陈英郎专程到漳州祖庙寻根，由漳州文史会主任涂志伟、漳州师院段凌平教授，带领到漳州市芗城区岳口街"辅顺将军庙"开基祖庙做考证。该"辅顺将军庙"始建于宋建中靖国元年（1101 年），明洪武元年（1368 年）重修，后屡有修葺，1990 年、1998 年由台湾各地辅顺将军

---

　　① 　台中市政府：《台中文献》第六期，1992 年，第 16 页。

庙捐资再次修建。可惜庙里原有的文物，在"文化大革命"期间遭到破坏，现仅存明崇祯辛未（1631 年）青石雕长方形香炉一只。殿门两侧原有一副木刻联已破坏，现以红纸书写原来联句："勇平蛮獠敕封辅顺将军，掩护主师突围忠烈千秋。"其余文物已无可查询。

六、结语

台湾由于政权变动频繁，且统治者之国族有异，对台湾人之人格塑造与文化发展影响极大，不仅造成台湾人国族认同的分歧，在台湾历史上，台湾与大陆的关系也始终是分分合合。台湾在国民党主政 50 多年也没例外，尤其 80 年代成立的民进党，强调国民党当局是"外来政权"，该党第二任主席姚嘉文即公然声称"没有任何力量可以禁止台湾独立"。因之，台湾 300 多年来，一直在统"独"争论中度过悲情的岁月，不仅使台湾政体定位模糊，甚至造成台湾不知何去何从的窘境，这就是台湾国族认知的差异特性。[①]

台湾汉人有闽南语系的漳州人、泉州人；有客家语系的四县人（长乐县、兴宁县、镇平县、平远县），海丰、陆丰人等。这些人，从福建、广东，陆续来到台湾以后，开垦出一个以汉人为多数的社会。他们从台湾的南部向北部推移，西部向东部拓展，成为岛屿上主要的族群。自 1945 年，从大陆迁来的人，台湾称之为外省人，或者说是新的移民，这些人也相继拓展台湾。所以，从少数民族到汉人，各个族群先后来到台湾，都付出心血，使台湾成为今日的形貌。以上所说的这些人，都是外来者，原乡都不是台湾，因之，台湾是由各种不同的族群、不同梯次的移民，所开垦出来的社会。[②]

回顾台湾人的祖先，渡大海移民到台湾，为争取生活空间，虽不

---

① 林永安：《浅论台湾人与固始的渊源关系》，《固始与闽台关系研究》，人民出版社 2009 年版，第 103 页。

② 张宪炎：《台湾历史发展的特色》，htp://content. edu.tw/local/changhwa/dachu/main.htm。

免因利害矛盾而发生汉蕃冲突；又因原籍地之相异，如闽客、漳泉械斗等；为争耕地、田界、水源、田租等利益而冲突，乃是台湾早期移民的困境宿命。然而，台湾的发展是早期闽客汉人奠下的基础，并发扬光大，也是历史不可否定的事实。

综结本文，探讨台湾人祖籍、姓氏、堂号、宗教信仰等源流，绝大多数台湾人原乡在闽粤，源头在中原。虽两岸在政治上尚存有分歧，但血缘文化一脉相承，是无法分割的。诚如温家宝总理所言："不要因为五十年的政治而丢掉五千年的文化。"① 笔者期望两岸共同继承和弘扬中华文化优秀传统，继续往和平发展的道路上迈进，共谋进步，共享繁荣，中华民族是幸。

【作者简介】林永安为台中市教育计较基金会董事，《台湾源流》杂志顾问。

【文献来源】录自 2010 年固始与闽台渊源关系研讨会论文。

---

① 新华网 http://news.xinhuanet.com/tw/2010-03/14/content_13171768.htm。

陈、林、黄、郑四姓入闽及其在闽台的兴盛

陈建魁

一

陈、林、黄、郑四姓都是起源于河南的姓氏，但是在当今福建和台湾人口中，陈、林、黄、郑四姓和比例要高于全国，更高于河南。这种局面的形成与中原陈、林、黄、郑四姓人口在历史上最早南迁入闽有极大的关系。

历史上，中原士民曾四次大规模南迁，而陈、林、黄、郑四姓为每次南迁都包括的姓氏，且是最早入闽的一批姓氏。陈、林、黄、郑四姓经过这四次南迁入闽，对当今福建、台湾人口姓氏特点的形成起到了举足轻重的作用。

西晋末年，中原士民第一次大规模南迁。唐林谞《闽中记》载，永嘉之乱，中原士族陈、林、黄、郑四姓先入闽。陈、林、黄、郑四姓为最早入闽四姓。南宋泉州晋江人梁克家撰《淳熙三山志》记载："爰自永嘉之末，南渡者率入闽，陈、郑、林、黄、詹、邱、何、胡，昔实先之……隋唐户口既蕃，衣冠始集。"其中也把陈、林、黄、郑列在最早入闽八姓的前列。乾隆《福州府志·外记》中引路振的《九国志》也有同样记载。今天中国大陆所形成的陈、林、黄、郑四姓在分布上南多北少的基本格局，其根源便是由此引起的。

唐总章年间，中原士民第二次大规模南迁。唐朝初期，陈政、陈元光父子带兵入闽平定"蛮獠啸乱"，奉朝准建置漳州及属县。据统计，陈元光父子入闽所带府兵将士与眷属共有 84 个姓氏，其中包括

陈、林、黄、郑四姓。

唐代末年，中原士民第三次大规模南迁。唐朝末年，中原动乱，固始人王潮、王审知兄弟带领乡民义军入闽，除暴安民。昭宗诏授王审知福建威武军节度使。后梁太祖进封王审知为闽王。随从"三王"入闽，开发建设闽地的光州固始籍民 5000 多人。据《八闽祠堂大全》等资料记载，随从"三王"入闽的姓氏有 83 个，陈、林、黄、郑四姓也均在其中。

北宋末年，金军占领开封，中原士民第四次大规模南迁。在这次著名的"宋室南渡"过程中，大批皇亲国戚、官吏、平民向今天的浙江、福建、江苏、江西、湖南、广东等地迁移。陈、林、黄、郑四姓为官者与家属及四姓其他平民许多人迁至福建。

陈、林、黄、郑四姓经过四次入闽，尤其是第一次入闽，对福建人口姓氏特点的形成起到了关键作用。唐代这四姓的两次入闽，又对这四姓人口在福建的持续增长创造了条件。明清以后，福建人许多渡海入台。现在的台湾人有 80% 来自福建，这也使福建的姓氏人口特点带到了台湾。在福建和台湾，陈、林、黄、郑四姓中，陈、林、黄三姓均排在姓氏人口的一、二、三位，只有郑姓略有差异，福建的郑姓排第 7，台湾的郑姓则排第 13 位。在福建和台湾，有"陈林半天下，黄郑排满街"之说，就是闽台姓氏人口特点的生动写照。而在陈、林、黄、郑四姓的起源地河南，这几个姓氏所占的人口比例则大大低于福建和台湾，这就是历史上中原人南迁带来的结果之一。

下面是福建及福建三个城市排名前 10 位的姓氏：

福建：陈、林、黄、张、吴、李、郑、王、刘、苏。

泉州：陈、林、黄、王、李、吴、张、郑、蔡、苏。

莆田：陈、林、黄、郑、吴、张、李、杨、刘、蔡。

福州：林、陈、黄、郑、王、张、李、吴、刘、杨。

而台湾十大姓是：陈、林、黄、张、李、王、吴、蔡、刘、杨。

请看下表：

姓氏	陈姓	林姓	黄姓	郑姓
全国人口排序及比例	5（4.63%）	17（1.07%）	7（2.48%）	21（0.9%）
全国人口排序	5	19	7	21
河南人口排序	7	89	18	20
福建人口排序及比例	1（11.06%）	2（9.4%）	3（5.5%）	7（3.3%）
福建人口排序及比例二	1（11.51%）	2（10.17%）	3（5.64%）	7（3.25%）
台湾人口排序及比例	1（11%）	2（8%）	3（6%）	13（2%）

因文章篇幅所限，本文不再对陈、林、黄、郑四姓的入闽及其在闽台的兴盛情况进行一一考证，而仅结合黄姓家谱所载，就历史上黄姓南迁及其在闽台的发展和兴盛情况略作考述。

二

源于河南的黄姓是从中原较早南迁的姓氏之一。黄姓南迁之后，在福建获得了极大发展，并播迁台湾等地，成为当今闽台名列前茅的大姓。

黄姓的主源有两支，均系以国为氏。一支出于金天氏少昊。上古时少昊的裔孙台骀被封在汾水（在今山西省汾水流域），其子孙后来分别建立了沈、黄等几个小国。其中的黄国在春秋时为晋所灭，黄国的子孙以国为姓，奉台骀为黄姓始祖。另外一支出于嬴姓伯益。伯益在虞舜时为东夷部落的首领，因帮助大禹治水有功，被舜赐姓嬴氏。相传伯益的后裔有14支，合称嬴姓十四氏。其中的黄氏在商末周初在今河南潢川建立黄国。有的姓氏书中说这支黄姓是陆终的后代。陆终也是嬴姓，陆终的后代，受封于黄（今河南潢川）。公元前648年黄国为楚所灭，子孙以国为氏。查考古书，伯益是颛顼的玄孙，陆终也是颛顼的玄孙。因此，无论这支黄姓出于伯益还是出于陆终，都是帝颛顼的后代，属以国为氏之姓。而据何光岳先生《东夷源流考》，出处山西的黄国为河南黄水迁水的，因此。黄姓之根在河南的潢川。

源出台骀的黄姓，起初主要分布于山西一带，许多人在晋国任职。公元前 6 世纪中叶，在晋国的一次宗族斗争中，这支黄姓的代表人物黄渊被杀，此后，这支黄氏日渐衰落，而源出河南潢川的黄姓却一直子孙兴盛，当今绝大多数黄姓人都是这支黄姓的后裔。今河南潢川发现春秋时期黄国多件带有铭文的青铜器，如黄君簋、黄父盘、叔单鼎等，说明当时黄国文化已经达到相当水平。

三

黄国灭亡后，有一部分黄国遗民仍然留在潢川故地。他们由原黄国王族沦为楚国臣民后，经过 300 年痛苦中的挣扎，终于获得一种新生，开始以普通平民族姓的身份去生产和生活，通过征战、仕途、经商、讲学等方式，重振黄姓宗族的声威。其余多散居今湖北省境，并仕于楚国，今湖北的黄冈、黄陂、黄安、黄梅等地名，盖因黄姓人迁居而得名。战国晚期，在异军崛起的黄姓家族中，黄歇家庭即是这种奋发进取的新黄姓宗族之代表。宋人邓铭世在《古今姓氏书辩证》中说："楚灭黄，其族仕楚，春申君黄歇即其后。"元代黄姓著名文人黄溍在《族谱图序》中也说："黄国为楚所灭，子孙仕楚者有黄歇。"各家黄姓族谱，也无不说黄歇是古黄国的后代，但关于黄歇的家世、生平、后裔情况，则各种传说不大相同。

太史公司马迁在《史记》中只说黄歇是楚国人，未指明到底在楚国什么地方，史称黄歇徙封江东，而故宅乃在黄，《广舆记》记载："黄歇宅即光州治"，清代于此设立春申镇。由此可见，黄歇是那支留居故地的黄国遗民后代。

黄歇最后挂印封侯，称雄诸侯，成为战国四君子之一。他官至楚相，封春申君，封地原在黄国故地淮北 12 县。后来黄歇改封于江东吴国故墟，即今江苏常州、苏州至上海一带。黄歇子孙众多，又散处各地，他们在政变后，确实有大部分被满门抄斩灭族，但也应有许多幸存者，他们或逃于外，或隐姓埋名，顽强地生存延续下来。据载，春申君的子孙，至少有五支幸存并传衍下来：一支为东吴派，如吉安双井谱所记的黄歇之子黄堂。第二支避乱隐居江夏县黄鹤乡，传说是黄歇长子黄尚的这一支，此支形成后来的江夏黄氏。第三支即迁居黔中府。第四支传说迁往中原阳夏。第五支为楚王熊捍一支，实为春申君的私生子。

有关黄歇的遗迹布于河南、安徽、上海、江苏、浙江、湖北等地。除前面介绍的河南潢川春申君黄歇之墓外，湖北武汉有黄歇墓，安徽淮南有春申君墓，上海有春申君祠，江苏苏州有春申君庙，江苏江阴有君山、黄山，江苏无锡有春申涧，浙江湖州有下菰城遗址，湖北监利有黄歇口，湖北沙洋有黄歇村，这些遗迹和地名都与春申君黄歇有关。春申群黄歇死后，黄姓的发展陷入低潮。但原黄国子民及春申君后裔一直在各地默默生存，至两汉时期，多支黄姓大族竞相迸发，开启了黄姓发展史上新的时代。黄极忠、黄霸、黄石、黄香、黄琼、黄盖、黄忠、黄宪、黄承彦等，都是这些黄姓家族中的佼佼之士。

两汉黄姓大族多出于江夏郡望和淮阳阳夏郡望，淮阳阳夏黄姓的代表人物是"循吏"黄霸。

黄霸，字次公，淮阳阳夏（今河南太康）人。大多数黄姓家谱都认为黄霸是春申君的直系后代，出自黄歇长子黄尚之子黄广。黄霸的后裔非常兴盛，分支众多，第五子黄刘一支留居于淮阳阳夏，一支分居陕西云陵（今淳化），另一支徙居杜陵县（今陕西西安东北），还有一支则在其封地建成侯国（今河南永城市）居住，也有一部分居住在他的成名之地颍川（今河南长葛市）。史载，黄霸"子孙为吏二千石者五六人"，可见黄霸的后裔，不仅人丁兴旺，而且家族荣显发达。东汉时期，汝南慎阳黄氏因出了个才倾天下的大才子黄宪而名扬于世。据多种族谱记载，汝南黄宪家族是淮南黄霸的后裔分支，它出自黄霸八个儿子中的第二子黄宏一支。

四

关于黄姓的郡望，魏晋门阀制度初兴之时，黄姓的郡望已有江夏、会稽、零陵、巴东、西郡、江陵、晋安等七八个之多。

隋唐时期，随着世家大族的衰落和门阀制度的变化，黄姓的郡望也有变化。总计自魏晋至宋代黄姓的郡望共有江夏郡、会稽郡、零陵郡、巴东郡、西郡、江陵郡、洛阳郡、晋安郡、濮阳郡、东阳郡、松阳郡、南安郡等 12 个。

在黄姓历史长河中，地位最尊、影响最大、族姓最繁的宗族，无可争辩地要推汉魏之世的江夏黄氏。这支黄姓宗族世居江夏安陆（今湖北云梦东南），代为冠族。至孝子黄香，才倾天下，黄琼、黄琬，位至三公，名震宇内。时人誉称"江夏黄氏，无下无双"。今天海内外数千万黄姓子孙，都无不追宗江夏，认江夏为黄姓的郡望与发源地。

江夏黄氏虽然在东汉时期即已形成，但江夏黄氏为天下所知还要归功于黄香，所以当今黄姓人多以黄香为江夏黄姓始祖。几乎所有的族谱不约而同地认为黄香的江夏黄氏是西汉丞相黄霸的后裔分支。黄香传记见于《后汉书》《东观汉记》《楚国先贤传》等书，他被尊为后世天下黄姓江夏大始祖。

五

随着江夏黄氏宗族的繁衍壮大，家族中一些富有开拓性的优秀子孙，便离开家园故土，到异地去另谋新的发展。汉魏之际的南阳黄氏，便是较早从江夏黄氏中分离出来的一支。

南阳黄氏的开基始祖为黄琼的长子黄守亮。邓名世《古今姓氏书辩证》称：黄子廉，名守亮，为尚书令黄香之孙。黄守亮官任南阳太守，他的家室也随迁至此，子孙落籍南阳，遂形成后来的南阳黄氏。

黄忠死后被追谥为"刚侯"。其子名叫黄叙，很早就去世了，因此没有后代。

黄忠弟弟黄贡生两子：长子和璞，次子自滇。黄自滇徙君豫章南昌县洗马池，临终时对诸子留下遗言，称丰城山水青秀，死后要葬在这里。黄贲死后，子孙果遵遗嘱将他葬在江西丰城，并徙居此地以守墓庐，后裔遂繁衍成今江西丰城黄氏的一支。黄贲长子黄和璞则继续留居南阳。黄和璞生一子黄觉，字先和。黄觉的子孙，在南北朝时的大动乱中也多迁居江南。

南阳黄氏是江夏黄氏最为著名的分支，由南阳黄氏产生出来了零陵黄氏，另外，淮南的黄祖家族也是南阳黄氏的分支之一。

今河南南阳有黄忠故里，位于河南南阳市宛城区新店乡夏响铺村，现有"季汉后将军刚侯黄忠故里"石碑一通，此外，还有演武厅、饮马池、灌花井等遗迹。

据《三国志·黄盖传》注引（吴书）："（黄盖）故南阳太守黄子廉之后也，枝叶分离，自祖迁于零陵，遂家焉。"可见，黄盖是后汉南阳太守黄子廉之后，而黄子廉则是南阳黄氏开基始祖。这就说明，江夏黄氏分支南阳黄氏枝大叶茂，从中分出了零陵黄氏，而零陵黄氏的代表人物就是三国吴名将黄盖。

六

汉代以后，主要由于任官的原因，黄氏分别向大江南北迁徙，北迁至河南固始、南阳等地，南迁至江西、湖南、四川等地。西晋末年，是中原人南迁的一个高潮，由于"八王之乱""永嘉之乱""苏峻、祖约为乱于江淮"，中原人结族南迁，到达闽、粤等地。

关于晋末黄姓人南迁，有这样一个传说。

五胡乱华，中原残破，干戈挠混，民不聊生。有黄姓弟兄数人，各自逃难时，分其祖产后，剩一大锅置于灶上，不宜分享，怎么办？老大提议给幺兄弟，因其年幼，应予关顾。老幺不接受，并说大哥年高，维持家业，辛苦劳累，应该由老大享受。相互推让，一不小心，大锅掉地，"当"的一声，破成数块，众兄弟均叹惜不已。大哥感叹曰："釜破不能复圆，正像我们兄弟逃难各奔东西一样，此乃天意。"

虽成碎片，乃是先祖血汗之物，不能丢弃，各捡一块为纪念，有捡边者，有捡底者。故有得边者为"锅边黄"，得底者为"锅底黄"之谣传。

黄氏也是从晋代开始大批入居福建。《闽中记》载："永嘉之乱，中原士族林、黄、陈、郑四族先入闽。今闽人皆称固始人。"《闽书》载："永嘉二年（308），中原板荡，衣冠始入闽者八族，所谓林、黄、陈、郑、詹、丘、何、胡是也。"关于"八姓入闽"的史实，台北县深坑乡《黄氏族谱》称：世居光州固始。至晋，中州板荡，南迁入闽，固始黄氏族人黄元方，为官晋安太守，后定居福建，成为福建历史上最早的黄氏望族——晋安黄氏。据说，后来的莆田黄氏、侯官黄氏等，都是黄元方晋安黄氏的后裔。谱志所载，不但与西晋末年中原士民南迁的史实相吻合，而且移民的时间与当时福建设置"晋安郡"的时间也是一致的。

还有黄姓族谱称：当时河南光州固始有个黄舜夫，其子叫黄道隆，为避乱由光州入闽，初居仙游，后居泉州。不久，北方稍为安定，道隆又回光州，后来动乱，他的孙子元方与大批游民入闽，居福州乌石山，即今日的黄巷。黄元方为开闽黄氏始祖。

当然，诸姓入闽并非始于永嘉之乱，而是在此之前。王充《论衡》云："越在九夷……今皆夏服，褒衣履舄。"这就是说，在东汉时期，闽越人已经开始汉化。《三国志·吴书·贺齐传》记载，东吴第一次出兵闽中之时，福建豪强詹强、何雄的武装力量大到足以抵抗孙家军。其时福建居民结构已是汉越交融，以汉为主。地方志书也对永嘉之乱以前汉人入闽有详细记载。例如《惠安县志》载："锦田黄氏，泉之世家著姓。始祖隆公，为东汉会稽令。东汉末乱甚，于建安，弃职避世入闽。"又云："黄兴，吴孙权将也，与妻曹氏入闽，居邑之凤山。"

莆田黄氏是黄姓中著名支系。黄氏族谱称，黄知运、黄元方父子是晋安黄氏和莆田共黄氏的开基始祖。黄知运在两晋之际任永嘉（今浙江温州市永嘉县）太守，有子黄元方（即黄彦丰），任晋安（今福州）太守。因为当时中原战乱频繁，于是在晋怀帝永嘉二年（308），举家入闽，卜居侯官乌石山，黄知运也随子入闽。史称黄元方"历官廉明，政尚慈惠，封开国公"，他"资质异人，轩秀魁梧，博览群籍，工草书，尝以道学倡闽，有万卷书楼在榴花洞"。黄氏在福州建万卷书楼，因号其楼曰"黄楼"，号其巷曰"黄巷"（今福建省福州市东街口南后街）。黄元方（字彦丰）因此成为晋安黄氏入闽始祖。这支黄氏，到唐朝初年，又分出两大支：一支由黄元方第 11 世孙黄崖迁居泉州，后裔形成著名的泉州五安黄氏，又称紫云黄氏。这支黄氏在唐中期出了一个著名的人物，就是捐建福建开元寺的黄守恭。

黄元方后裔中也有人由福州迁泉州，至唐朝渐显。黄守恭为巨富，名闻遐迩，人称黄长者。他一生乐善好施，曾献桑园宅建开元寺。现在守恭子孙，都以开元寺中的檀越祠为祖宇，"紫云"为堂号。相传黄守恭献宅建寺后，为了让子孙开拓发展，将五子分居五安：长经居南安，次纪居惠安，三纲居安溪，四伦居同安，五纬居诏安，称为"五安黄"。历经 1300 余年，如今紫云后裔，广播闽、浙、赣、粤、港、澳、台，并侨居海外新、马、泰、菲，印度尼西亚、欧美等地，瓜瓞绵长。

另一支由黄元方 11 世孙桂州刺史黄崖迁居莆田涵江区黄巷村，后裔形成著名的莆田黄氏。莆田黄氏为黄氏望族，自唐至清出有进士 250 余人，传下派系有前、后黄，东里黄，巩溪黄，广东南雄朱玑黄（岗州派）等，人口达数百万。莆田黄氏因产生了唐末著名学者黄璞、黄蟾、黄滔，而成为最早繁荣发达的福建黄氏宗支。莆田黄氏在宋元明清时期也十分辉煌，出现了黄公度、黄仕俊，黄凤翔、黄锡衮等名重一时的人物。

广东深圳最早的黄姓居民也是在晋代南迁的。据清代《新安县（即今宝安区）志》的记载，黄舒被奉为宝安黄姓始祖。黄舒之父辈在晋代时迁至宝安县。黄舒服侍双亲全面体贴入微。后双亲去世，黄舒守孝三年孝感天地。黄舒的孝名传出后，宝安县里的人将他比作春秋时孝子曾参，他居住的地方也称为"参里"（今沙井中学一带）。他的事迹经过当时的宝安县令上报朝廷，晋帝钦旌他为孝子，死后祀为乡贤。如此一来，黄舒成了古代深圳最早成名之人。

据资料记载，黄舒子孙众多，今深圳黄姓大都是他的后裔，黄姓也是目前见载最早开发深圳的姓氏之一。现在福田沙头上沙村、上默林村、福田村、南山北头村、宝安上合村等黄氏的历史都和黄舒有关。今广东东莞市有黄孝子特祠。黄孝子即晋朝黄舒。黄舒尽孝的事迹后来受到官府的旌表赞扬。后人建立祠庙，把黄孝子作为神来祭祀。明代大剧作家汤显祖还撰有《东莞县晋黄孝子特祠碑》。

七

唐代以后，由江夏黄氏分出的金华黄氏与邵武黄氏名震天下，开辟了黄姓历史的新篇章。

唐代期间，曾有两次中原人口大规模南迁。一次是高宗总章年间，陈政、陈元光父子入闽。

据学者研究，随陈政、陈元光父子入闽者有中原将士及家属近万人，分属84个姓氏，黄氏即为其中之一。台湾《紫云黄氏历代世系表》亦有这方面的记载：有名黄守恭者，于唐高宗总章年间随陈政、陈元光入闽，垦荒致富，其子孙蕃昌兴旺，成为闽南大族。

一次是唐末王潮、王审知入闽。唐僖宗光启元年（885年），寿州人王绪率农民军攻陷光州，固始东乡人王潮、王审知奉母董氏率乡民5000人从义军入闽。据《台湾省通志》，这数万人有27姓（后人考证为34姓），其中有黄姓。中原黄姓特别是固始黄氏纷纷渡江南下入闽，前往投奔。如宋人黄椿，其祖先"光州固始人也，五季之乱，从王审知入闽为判官，因家焉。后析而为三：一居福清之嗒林，一寓闽邑之黄巷，一居长乐北乡之黄垅"。再如黄振龙，"九世祖自光州固始从王氏入闽，因仕焉居，言路有直声，后迁至中丞"。据宋人何澹《黄公（永存）墓志铭》记载，福建邵武峭山派始祖黄惟淡，也是唐末从光州固始徙邵武的，河南光州固始，是黄氏入闽的一个重要"源头"或途径。唐末，洛阳人黄子棱随父入福建，事后梁太祖朱全忠义子，累官侍御史，后避乱居于建阳之东。今福建建阳西南有考亭。相传为五代南唐时黄子棱所筑，以望其父（考）墓，因名望考亭，简称考亭。南宋朱熹晚年居此，建沧州精舍。宋理宗为崇祀朱熹，于淳祐四年（1244年）赐名考亭书院。此后因以"考亭"称朱熹。

魏晋隋唐时期，黄姓给人的总印象是处于运动之中，经过这一时期的蛰伏之后，将是黄姓的繁荣，后来极为荣耀的金华黄氏与邵武黄氏都与这一时期黄姓的南迁有关。

金华黄氏的开基祖是东晋人黄苾，黄香第10代孙。

江夏黄氏自始祖黄香之后，传到第九世时，有黄积者，曾任新安太守，在晋室南迁之时从江夏迁至新安郡歙县黄家墩（今安徽省歙县黄墩）。东晋初年，新安始迁祖黄积的次子黄苾又徙居婺州金华府浦阳县开基，后裔形成江夏黄氏的最大分支之一金华黄氏。金华黄氏的主要散播地为浙江、江西一带，而邵武黄氏则广播福建各地。

八

邵武黄氏根在固始。邵武黄氏是与金华黄氏齐名的黄姓巨族。邵武黄氏有许多支，最初都是由江夏北迁至中原光州固始，然后再折而向东，于晋末及隋唐之时再迁居于福建邵武。

如果说东汉时期黄道隆入闽只是黄姓入闽的开始，那么两晋之际则是中原，特别是固始黄姓迁入福建的第一个高潮。据记载，这次中原士族入闽浪潮中，有多支黄氏入闽，而其中落籍邵武的也有黄裳一支。

黄裳，字以绣，号锡传，是固始始祖黄侃7世孙。黄琬之子黄侃自湖北江夏迁入固始。黄侃6世孙黄必福在晋室东渡后，亲自进京献策，请求恢复社稷之计。得到晋元帝赏识，被任命为江州刺史，后屡建战功，死后封为平远侯。他育有三子，即裳、张、聪。黄裳，于两晋之际为避战乱，率领家庭迁入福建邵武县和平乡鹳薮林（即邵武市和平镇坎头林黄家林），成为福建邵武禾坪黄氏的一支开基始祖。据说后世峭山派就是其后裔。

邵武黄氏发展至第 22 世孙时，出了中国黄姓历史上最富有传奇色彩而至少仍为黄氏族姓家喻户晓的大始祖黄峭山公。今日，无论是大陆各地还是台湾、港澳以至国外的黄姓，绝大多数都自称是峭山公的后裔。

九

在唐代，从河南固始进入福建邵武的主要有两支：一为黄惟淡后裔峭山派（禾坪黄氏），一即黄膺派（邵武仁泽派）。黄惟淡原籍河南光州固始，后带领家庭随王潮、王审知兄弟迁徙至福建，初居建州浦城（今福建浦城），不久迁居邵武，占籍邵武平洒乡（今邵武市水北乡旧县村），成为后世闻名的邵武黄氏一派始祖。邵武黄峭派《禾坪黄氏大成宗谱》载，为海内外黄姓万派共宗的邵武黄氏大显祖黄峭山，是邵武黄氏始祖黄惟淡之孙。

邵武仁泽派黄氏入闽始祖黄膺，也是与兄长黄敦一起随王潮、王审知兄弟领导的农民起义军入闽的。建立闽国后，兄长黄敦移居闽清盖平里凤栖山，成为虎丘黄氏入闽始祖，弟弟黄膺初居长乐青山，成为青天山派黄氏入闽始祖，后迁居邵武仁泽，又成为邵武仁泽派黄氏入闽始祖。

唐朝末年（893 年），黄敦带着弟弟黄膺参加王潮、王审知领导的农民起义军进入福建。弟弟黄膺奉命率部镇守今邵武、顺昌断后，哥哥黄敦随王审知率领的一支农民起义军从河南一路南下，转战到福建，最后攻克福州并在福州建立闽国。后来人们把留在闽北的弟弟黄膺后裔这一支称作"江夏黄"，将后来迁居到闽清的黄敦后裔这一支称作"六叶黄"。闽国建立后，黄敦辞官归隐，隐居在闽清县塔庄镇秀环村凤栖山，结庐躬耕，生有六子：黄宗、黄礼、黄凝、黄勃、黄启、黄余，世称"六叶"。闽清六叶祠就是六叶后裔为缅怀入闽先祖黄敦"筚路蓝缕、奠定基业"伟绩所立，该祠位于闽清县坂东镇干上村松柏林下。

由于战乱、经商、致仕等原因，六叶后裔从唐末五代十国始，就开始从闽清纷纷外迁全省和南方各省各地，有的还漂洋过海迁移到我国台湾、港澳及东南亚和世界各地。这在宋朝时尤为显赫，黄裳、黄洽等为其显者。近代民主主义革命家黄乃裳，甲午海战中牺牲的民族英雄、"致远"号副乐带黄乃模等，也是六叶后裔。

黄峭山，为海内外黄姓万派共宗的邵武黄氏大显祖。其名，其事，虽不见于经传史志，但在黄氏族人中、在黄氏家乘中，他事迹独特，名望尊显，流传久远，几乎无人不知，无人不晓。

据禾坪谱，黄峭山是唐末五代人，是邵武黄氏始祖黄惟淡之孙。黄惟淡学富五车，传说他以五经教子，五子各通一经，时人因称他为"黄五经"。其第三子黄知良由邵武平洒乡分居邵武和坪乡（今邵武市和平镇坎头村），成为邵武黄氏和坪分支的始祖。黄知良曾任贵溪县令（今属江西），生有五个儿子，长子就是黄峭山。黄峭山名黄峭，字峭山，又名岳，字实登，号十郎。

而据宝安坪山谱和鹳薮谱记载，黄峭山是固始入闽始祖黄裳的第22世孙，父黄锡，祖父黄贵华。黄峭山，名岳，字仁静，号青岗，又名峭，号峭山。

黄峭山于唐懿宗咸通十三（871年）农历四月十五日生于邵武禾坪里鹳薮，卒于后周广顺三年十一月初十日（953年），享年82岁。

黄峭山娶妻三位，三位夫人各生七子，其后繁衍出100个孙子，13个孙女，334个曾孙，116个曾孙女。随着邵武黄氏黄峭山公家庭的迅速发展壮大和人口的急剧繁殖增长，分家逐渐提到议事日程。

五代后周广顺元年（951年）正月初二日，正处在新春佳节的喜庆之时，年已80岁的黄峭山公置酒备席，广邀亲友，大宴宾客。席间，黄峭山公将21房子孙召集齐全，并当众宣布了一个重大的决定：将黄家数十代积累的祖产——铜钱80万贯，金银800余两，一并均分为21份，除官、吴、郑三位夫人名下各留长子一房奉养老母外，其余18房子孙，不许恋此一方故土，令其各自信步天下，择木而栖。今黄峭山 21 房子孙徙居之地遍及福建，也有在江西等地者。

邵武黄氏有许多著名分支，宁化客家黄氏即是其一。

宁化客家黄氏是黄峭山的支裔，其开基始祖是黄峭山的第九子黄化。嘉应州即今天广东省的梅州市一带，是全国著名的侨乡，也是当今客家人最为集中的地区，被誉为客家之乡。据黄氏族谱记载，嘉应客家黄氏是宁化客家黄氏的一个重要分支。

嘉应州黄氏自始祖黄僚传十余代到明朝末年，有裔孙名叫黄文蔚，又从梅州分出，定居于嘉应州城东攀桂房，称为攀桂房人，以别于嘉应州黄氏。攀桂房黄氏后来出了一位非常杰出的人物，他就是中国近代史上著名的诗人、思想家和外交家黄遵宪。

明代有大儒黄道周，是宁化客家黄氏开基祖黄化的后裔。黄遵宪是宁化客家黄氏分支攀桂房黄氏始祖黄文蔚的第 8 世裔孙。

十

北宋末年，中原人随高宗南迁者众多，其中也有黄姓大族。

据民国《川沙县志》卷二《户口志》记载，川沙黄氏始祖黄彦，字符一，宋南渡时为康王府侍卫亲军。随驾至浙江临安。致仕后，黄彦隐居嘉定之滕阳，再迁青浦县。历六世至黄文明，昆仲三人，文明居长，今高行宗祠即奉其为始祖。又八传而至黄学禄，与兄侍泉同迁上海高行镇。黄文明 18 世孙黄典谟，即黄炎培的祖父，清光绪初年迁居川沙城厢"内史第"，是为黄氏川沙城厢支始祖。居今川沙高行镇东北的一支，为黄文明 19 世孙黄琮的后裔。黄氏另有一支则迁居九团。

黄氏今已发展成为上海市的大姓，居全市第 8 位。浦东新区（即川沙县）黄氏为第 4 大姓，以黄姓为地名的有黄家浜、黄家宅、黄家湾、黄家楼、黄家竹园等等。现浦东高桥地区，黄姓人数居首位。民国时期民主人士黄炎培就是川沙黄氏后裔。

十一

黄姓由闽入台多在明清时期。

今台湾台北有黄氏大宗祠，位于台北淡水潘湖渡头村。据福建《金墩黄氏宗谱》记载，晋江黄姓系唐开国公黄岸之裔。黄岸裔孙黄光渊等于清康熙年间到台北淡水潘湖渡头定居，被认为是该地黄姓之始祖。在康熙到嘉庆的158年间，晋江潘湖黄姓就有3万人迁居台湾。

福建石狮市宝盖镇塘后村是有名的黄姓村落，塘后黄姓为唐代黄守恭的后裔，号称"紫云衍派"，约在南宋时期就迁居此地。清代，石狮先民大量迁居开发台湾，据《黄氏家谱》记载，早在300多年前的清康熙年间，塘后村黄姓中一位名叫黄钟的元祖就是其中的移民之一；此外在台湾经商并定居的还有生于1733年的黄廷佛、生于1742年的黄廷文等支派，他们主要聚居在台南、彰化、淡水、新竹等地。在清代正式开放与鹿港对渡后，更多人迁居台湾，他们不仅保留祖籍地使用的"辈分排行"，还把老家敬奉的"集福堂"信仰文化带入台湾，并集资在台南建造庙宇。为了表明一本同源之情，直接使用老家"集福堂"的名称，即现在的"集福宫"前身。集福宫位于台南市西区信义街83号。

台湾移民大部分从闽迁出，《福建省志·人口志》指出："宋代以前，以北方人口迁入为主，宋代以后逐渐变为向国外和台湾省迁出人口为主。"1953年台湾户籍统计，户数在500户以上的100个大姓中，有63个姓氏族谱记载其先祖来自河南固始，其人口共670512户，占当年台湾总户数828804户的80.9%。1955年台湾史学家陈绍馨在《台湾的人口变迁与社会变迁》中指出："福建移民多以菲马与台湾为其目的地，故至今台湾与菲马之华人百分之八十籍贯属福建省。"1979年台湾公布，全台1740万人中汉族共1710万人，占98%，其中80%是由福建去台湾的河洛人。

黄姓今已遍布台湾各个地方，目前，台湾的黄姓人接近180万人，约占台湾人口总数的6%，是岛内仅次于陈姓（占11%）和林姓（8%）

的第三大姓。与黄建黄姓占其总人口的比例（5.5%）近似。

【作者简介】陈建魁，河南省社会科学院历史与考古研究所副研究员。

【文献来源】2008 年固始与闽台渊源关系学术研讨会论文，2008年 10 月。

中原姓氏入闽迁台研究缘起与方法

尹全海

信阳师范学院，是全国最早开展台湾同胞祖根问题研究的地方高校，1982 成立的信阳地区台湾同胞祖根问题研究会，秘书处设在信阳师范学院。2008 年至 2015 年，信阳师范学院联合全国各级涉台部门及两岸高校，先后参与举办"固始与闽台渊源关系学术研讨会""中原根亲文化节""两岸青年中原文化研习营"等两岸学术文化交流活动，组建中原姓氏与闽台寻根研究中心、发起成立河南省台湾研究会。2016 年获批中国史硕士学位授权一级学科下设海峡两岸关系史研究方向（专门史）、同年与闽南师范大学联合培养闽南文化与两岸交流"服务国家特殊需求博士人才"，2018 年"根亲文化与两岸交流研究中心"获批为河南省高校人文社科重点研究基地。至 2022 年，信阳师范学院"根亲文化与两岸交流"研究团队进入不惑之年。四十年走过，大致经历涉台学术研究、两岸学术文化交流及其成果应用于"服务国家特需人才"培养三个阶段，其学术资源均来自 20 世纪 80 年代初闽籍学者在闽方言及民俗学调查时的新发现。

一、新发现的新学问

20 世纪初，王国维分别在《库书楼记》《最近二十年间中国旧学之进步》和《最近二三十年中中国新发见之学问》中，反复强调"古来新学问起，大都由于新发现"。如 1925 年暑期，王国维应清华学生会邀请为留校学生做《最近二三十年中中国新发见之学问》公开演讲时称："古来新学问起，大都由于新发见。有孔子壁中书出，而后有汉以来古文家之学；有赵宋古器出，而后有宋以来古器物、古文字之学。"王国维还把孔子壁中书、汲冢书、殷虚甲骨文字、敦煌塞上及西域各处之汉晋木简、敦煌千佛洞之六朝及唐人写本书卷、内阁大库之元明以来书籍档册等，称为"自汉以来中国学问上之最大发现"。其中，殷墟甲骨文字、敦煌塞上及西域各地之简牍、敦煌千佛洞之六朝及唐人所书卷轴、内阁大库之书籍档案等，称为"最近二三十年发见之材料，并学者研究之结果"①。

　　中原姓氏入闽迁台进入学界视野，亦缘自 20 世纪 80 年代初，闽籍学者黄典诚、欧潭生等在闽方言及民俗学调查时的新发现。先是著名语言学家、厦门大学教授黄典诚，依据"在闽南、闽东和闽北，祖祖辈辈都说祖宗是从河南来的"，以及闽台地方志、姓氏族谱记载的"中原人民成批流入福建简况"等历史信息，于 1981 年春，带领两位研究生到河南固始进行闽方言调查②。他们在调查中发现，相隔千里、互不为邻的福建和河南之间有着极为密切的乡土关系，而且"至今客家话区人民还称闽方言为'河洛话'，称说闽语的人系'河洛人'"。他们由此认为"福建的方言是从河南带去的"。3 月 18 日，在河南省语言学会成立大会上，黄典诚就此次闽方言调查发现发表演讲，4 月 19 日《河南日报》发表黄典诚《寻根母语到中原》，详细报道了黄典诚团队的新发现。该文根据《三山志》记载之"永嘉之乱，衣冠入闽者八族"、《河南光州府志》所记唐初光州固始人陈元光父子率 58 姓"入闽开漳"和《五代史》记载的光州固始人王审知兄弟率部入闽肇建闽国的历史，以及全国人大常委会发表《告台湾同胞书》后，台湾同胞为响应统一祖国的号召，发起往大陆寻根活动等，坚定"台湾同胞寻根

---

　　①　王学典.20 世纪中国史学编年（1900—1949）[M].北京：商务印书馆，2014，第 342 页.

　　②　据林寒生回忆说，黄典诚先生"叫我们其中两位研究闽语的研究生到固始寻根，另一位研究客家话的，则到河南灵宝寻根；他本人因郑州会议不便脱身便就近找来固始籍学生访谈"，见尹全海、余纪珍编《中原与闽台渊源关系研究三十年（1981—2011）》，九州出版社，2012 年，第 28—34 页。

的起点是闽南，终点无疑是河南"①。《寻根母语到中原》的发表，印证了台湾姓氏族谱记载其先祖来自"光州固始"的史实，唤起台湾同胞对"光州固始"的集体记忆。

黄典诚《寻根母语到中原》发表不久，1982 年初，河南省信阳地区（今信阳市）文化局文物干部欧潭生，到固始县搞文物普查时，听时任县人大副主任陈寿谈到，1970 年固始县汪棚公社发现有郑成功墓。随即在固始县文化馆馆长詹汉清的陪同下，到汪鹏公社邓大庙大队小营生产队进行实地调查。欧潭生既是福建人，又有考古学背景②，他敏感意识到固始为什么会有郑成功墓？福建南安的郑成功墓难道是假的？他联想到不久前，在《河南日报》看到黄典诚发表的《寻根母语到中原》，决定到泉州、厦门实地考察福建南安郑成功墓③。欧潭生从福建调查回来，提交调查报告《一千年前是一家——台闽豫祖根渊源初探》称："通过台湾同胞近几年的寻根活动，他们已经确认自己的祖根在福建闽南一带，因而发出'五百年前是一家'的呼声！"但是，在中华民族的悠久历史中，五百年仅是短暂的一瞬。台湾和福建同胞更早的祖根地在哪里？欧潭生的调查报告分别从中原与福建的"四次人口大交流"、河南固始"郑成功墓"的新发现，以及固始方言中保留的中原古音与千里之外的闽南方言惊人相似等，不仅确认了开漳圣王陈元光、闽王王审知是"光州固始"人，而且开台圣王郑成功的祖籍地也在河南固始县，他据此判断"台湾同胞的祖根地五百年前在福建，一千三百年前在河南"④。此后，欧潭生分别从闽台方言土语、河洛话发音特点、固始皮影与闽台皮猴戏等惊人相似之处发现，"固始民间习

---

① 黄典诚. 寻根母语到中原 [N]. 河南日报，1981-4-19（3）.

② 欧潭生，1945 年生于福建南安，1963 年考入北京大学历史系考古学专业。1968 年毕业分配至河南工作，1976 年调至信阳地区文化局从事文物考古工作。

③ 尹全海，余纪珍. 中原与闽台渊源关系研究三十年（1981—2011）[C]. 北京：九州出版社，2012，第 65—67 页.

④ 尹全海，余纪珍. 中原与闽台渊源关系研究三十年（1981—2011）[C]. 北京：九州出版社，2012，第 35—42 页.

俗与闽台地区几乎相同"①。

闽籍学者黄典诚闽方言调查和欧潭生民俗学调查结果，分别得出"台湾同胞寻根的起点是闽南，终点无疑是河南"和"台湾同胞的祖根地五百年前在福建，一千三百年前在河南"的结论，首先引起"光州固始"所在地河南省信阳地区和固始县等各级政府的高度关注。信阳地区随即于 1982 年 4 月 2 日召开"台湾同胞祖根问题座谈会"，听取专家学者的意见后，决定成立信阳地区"台湾同胞祖根问题研究会"，并于同年 6 月 28 日，为纪念郑成功逝世 320 周年，在郑成功祖籍地固始县召开"台湾同胞祖根地问题学术研讨会"。1982 年河南省第二届社科联代表大会在郑州召开时，会上散发了"台湾同胞祖根问题研究会"成立简报（第 1 期），受到与会的中国社会科学院副院长、著名历史学家尹达的高度重视，并约见《一千年前是一家——台闽豫祖根渊源初探》作者欧潭生。会后，尹达把"会议简报"及欧潭生的调查报告发表在《中国史研究动态》（1982 年第 7 期）。次年，全国台联主办的《台声》（1983 年第 6 期）、香港《文汇报》（1983 年 10 月 30 日）和《中州今古》（1983 年第 5 期）分别以"寻根溯源到中州"和"寻根溯源到中原"，转载了欧潭生的调查报告，引起学界及海内外华人的极大关注②。当学界在寻找"相隔千里、互不为邻的福建与河南之间为何存在如此密切的乡土关系"以及为何"固始民间习俗与闽台地区几乎相同"的答案时，历史文献记载的中原姓氏入闽迁台史事便浮出水面，很快成为两岸学者的热门话题。

闽籍学者在闽方言及民俗学调查中发现的中原姓氏入闽迁台史事，在学术生成意义上，可谓新发现。据赵世瑜研究，因新发现而造就某种新史料，进而造就某种学，已有百余年历史。如"甲骨学、敦煌学

---

① 尹全海，余纪珍.中原与闽台渊源关系研究三十年（1981—2011）[C]. 北京：九州出版社，2012，第 70—77 页.

② 尹全海，余纪珍.中原与闽台渊源关系研究三十年（1981—2011）[C]. 北京：九州出版社，2012，第 65—69 页.

等，近数十年来一直方兴未艾的秦汉到三国简牍也属此类"①。但并非所有新发现都能成就新学问。王国维本人在强调"古来新学问起，大都由于新发现"，列举殷墟甲骨文字、敦煌千佛洞卷轴及西域各地之简牍、内阁大库档案等五种新发现，成就新学问之同时，也曾追问"何以西晋汲郡竹书不能激荡起学术波澜？"其实，1930 年陈寅恪为陈垣《敦煌劫余录》作序时已回答了王国维的疑惑。陈寅恪在序文中称："一时代之学术，必有其新材料与新问题。取用此材料，以研求问题，则为此时代学术之新潮流。治学之士，得预于此潮流者，谓之预流。其未得预者，谓之未入流。此古今学术史之通义，非彼闭门造车之徒所能同喻者也。敦煌学者，今日世界学术之新潮流也"②。陈寅恪的意思是说，只有以一时代之"新材料研究新问题"，才能成为一时代"学术之新潮流"，即新学问。

20 世纪 80 年代初，黄典诚、欧潭生等在闽方言及民俗学调查时的新发现，正值 1979 年 1 月 1 日，全国人大常委会发表《告台湾同胞书》，殷切期望台湾早日回归祖国，尽快结束"自一九四九年台湾同祖国不幸分离以来，我们之间音讯不通，来往断绝，祖国不能统一，人民不能团聚的痛心局面"③。1980 年 1 月 16 日，邓小平在《目前形势和任务》讲话中，又把"台湾回归祖国，实现祖国统一"，作为 80 年代要做的三件大事之一"④。黄典诚、欧潭生的"新发现"，不仅发现了台湾同胞"寻根的起点在闽南，终点无疑是河南"，呼应台湾同胞发出的"五百年前是一家"至呼声，引导台湾同胞大陆寻根方向，还发现了"寻根不是寻常事，唤取台胞祖国还"，回应"台湾回归祖国，实现祖

① 赵世瑜.在空间中理解时间：从区域社会史到历史人类学 [M].北京：北京大学出版社，2017，第 494 页.

② 陈寅恪.金明馆丛稿二编 [M].北京：生活·读书·新知三联书店，2018，第 266 页.

③ 全国人大常委会.告台湾同胞书 [N].人民日报，1979-1-1（1）.

④ 邓小平.邓小平文集（第二卷）[M].北京：人民出版社，2008，第 239—240 页.

国统一"的时代主题和社会期待①，当为 20 世纪 80 年代初中国学术之新潮流、新学问。

二、亲历亲见之学

我本人结缘于中原姓氏入闽迁台之研究，可谓天时、地利、人和三者俱全。本人之前的研究方向是在制度史视角下，探讨历史上中央政府对台湾管辖方式，研究对象和研究范围属于两岸关系史。2007 年博士论文《清代渡海巡台制度研究》通过答辩，回到信阳师范学院时，福建、河南学界正接续黄典诚、欧潭生的调查发现，积极推动固始与闽台渊源关系研究，并于 2008 年 10 月 20 日，在固始召开首届"固始与闽台渊源关系学术研讨会"，来自海峡两岸及新加坡、菲律宾、加拿大、澳大利亚等 300 多名学者，围绕固始与固始文化、固始与闽台姓氏、固始移民与闽台人物等主题展开讨论②。

首届"固始与闽台渊源关系学术研讨会"上，涉及中原姓氏入闽迁台之研究者，如张新斌在会上宣读的《"光州固始"的历史文化解读》，分别从史料文献和家乘谱牒角度解读"光州固始"。如据史料显示，唐高宗时期固始人陈政、陈元光父子入闽开漳，促使闽南经济社会发展进入一个新阶段；唐末王潮、王审知兄弟肇建闽国，为福建的发展奠定了基础。因此，"陈氏父子和王氏兄弟所代表的光州固始，实际上是中原文化的象征"。而闽台地区家乘谱牒所见的"光州固始"，特指随陈氏父子入闽的 87 姓和随王氏兄弟入闽的 83 姓，两次入闽的固始姓氏达 116 个。因此张新斌认为在闽台人的心目中，"光州固始就

---

① 黄典诚在河南省语言学会成立大会上即兴赋七律一首："河洛中原是故山，永嘉之乱入闽南。谋生更遍南群岛，击楫全收淡水湾。莫谓蛮人多舌，须知母语在乡关。寻根不是寻常事，唤取台胞祖国还。"

② 张新斌，金平. 固始与闽台渊源关系研究 [C]. 北京：人民出版社，2009，第 625—630 页.

是原乡，就是他们永远的根"①。汤漳平在《再论唐初中原移民入闽与闽南文化之形成》中特别强调，唐初中原移民入闽，与前后几次中原移民入闽相比，有三大明显特点：一是由朝廷直接下令，是有组织有计划的向南移民，而且目的明确，就是平定"蛮獠啸乱"；二是人数众多，首批由陈政率领的入闽府兵 3600 人及部将 123 人，第二批援兵 58 姓，人数更多，两批合并 87 姓，总人数不下万人；三是影响时间长，自陈元光首任漳州刺史，此后陈氏五代治漳，时间长达 150 年之久②。本人因系本地高校教师而有幸与会，也做了《关于唐代固始移民的研究取向》大会发言。拙文鉴于当下唐代固始移民史成果多浮于表面，且多与河洛文化、闽南人、客家人等历史文化现象之界限模糊不清，而提出唐代固始移民史纵向延伸性研究和横向精细化研究两个取向，据此确立固始移民在中国移民史上的独特地位。其中，唐代固始移民的延伸性研究，就是将历史上固始移民入闽及其后裔迁台，视为一个整体，用整体史观书写固始移民通史，在完成固始移民入闽迁台史实重建之后，考察固始移民对福建社会的直接影响和对台湾社会的间接影响，如此可彰显中原姓氏入闽迁台的历史意义和现实意义③。

2008 年首届"固始与闽台渊源关系学术研讨会"召开，时值地方高校为因应全国性评估，纷纷借助地方资源，培育核心竞争力，寻求特色发展之路，避免与重点大学同质竞争。当时本人已经意识到，固始与闽台之间的渊源关系，虽然是地方性学术资源，但关系祖国统一大业，有望上升到国家战略，承担国家重大使命，服务国家特殊需求，蕴含着强大竞争力和潜在的学术生长空间。更因首届"固始与闽台渊源关系学术研讨会"上，我有幸结识了前来参会的欧潭生先生，并获

---

① 张新斌，金平.固始与闽台渊源关系研究 [C].北京：人民出版社，2009，第1—9 页.

② 张新斌，金平.固始与闽台渊源关系研究 [C].北京：人民出版社，2009，第76—87 页.

③ 尹全海.关于唐代固始移民的研究取向 [J].信阳师范学院学报 .2010（6）：92—96.

赠"台湾同胞祖根问题研讨会"第一期简报和"信阳地委副书记杨峰同志在台湾同胞祖根问题座谈会上的讲话"原稿①。我据此判断,这两种文献当是中原姓氏入闽迁台研究的学术起点及最早的文献资料。基于此,便主动融入固始与闽台渊源关系之研究,并联合三国台联办的《两岸关系》杂志社、河南省台办、河南省社会科学院等,于2009年10月在固始举办"第二届固始与闽台渊源关系学术研讨会"②。至此,本人的研究方向逐渐从制度史视角下的两岸关系,转移到运用豫闽台三地地方志书、姓氏族谱及移民史料,在姓氏迁移与文化传播视角下,呈现中原姓氏入闽迁台的历史面貌,通过闽台大姓氏之姓氏起源、入闽迁台进程、寻根联谊等微观描述,复原中原姓氏入闽迁台史。

第二届"固始与闽台渊源关系学术研讨会"之后,由本人参与的"中原姓氏入闽迁台研究"及相关学术活动,大致沿着两个方向展开。一联合河南省社会科学院、闽南师范大学、固始县人民政府等,承办一年一度的"固始与闽台渊源关系学术研讨会"、协办"中原根亲文化节"。其中,2011年为纪念《寻根母语到中原》发表三十年而举办的"第三届固始与闽台渊源关系学术研讨会",本人在整理中原与闽台渊源关系研究三十年取得的成果时发现,中原姓氏入闽迁台不仅是移民史事,更是一种文化现象、两岸认同。而且作为一种文化现象,不同时期有不同的表现形态。如20世纪80年代之初,这一文化现象表现为台湾同胞强烈的寻根意识和汹涌的寻根活动,90年代则表现为两岸学者积极开展旨在为寻根活动提供家族记忆依据的学术研究活动,进入21世纪明显表现为海峡两岸的血脉、文化和国家认同。30年间,中原姓氏入闽迁台之研究大致走过寻根、记忆与认同三个阶段;三个阶段不仅前后相继,还互有重叠,比如寻根活动不因记忆的出现而退

---

① 尹全海,余纪珍.中原与闽台渊源关系研究三十年(1981—2011)[C].北京:九州出版社,2012,第66—69页.

② 尹全海,崔振俭.固始移民与闽台文化研究[C].北京:九州出版社,2010,第343—347页.

出，记忆也不因认同成为主题而淡化。本人认为，在文化认同成为中原姓氏入闽迁台研究基本取向的背景下，历史上的中原姓氏入闽迁台，无论作为历史事件还是历史记忆，所传达的信息具有同样的价值。据此设计了本届研讨会的三个主题"历史·记忆·认同"①；三个主题也因此成为本人推动中原姓氏入闽迁台研究的三个基本层面。

二是联合台湾师范大学、彰化师范大学等台湾高校，以中原姓氏入闽迁台孕育而成的根亲文化资源为主题，举办一年一度的"两岸青年中原文化研习营""两岸儒学论坛暨研习营"等豫台大学生双向交流活动。其间在与台湾青年学生交流时发现，他们会说客家话、懂闽南话，也知道祖上来自福建闽南，但并不清楚各自族谱上为什么写着先祖来自"光州固始"，以及"光州固始"在哪里？更难理解30年前黄典诚、欧潭生等为什么分别做出"台湾同胞寻根的起点是闽南，终点无疑是河南"和"台湾同胞的祖根地五百年前在福建，一千三百年前在河南"的判断。此等认识代表了一部分人对海峡两岸历史与现实之间关系的误解，认为历史就是发生的过去，与现实没有关系。本人由此意识到中原姓氏入闽迁台研究，当在确认中原姓氏入闽迁台历史史事的前提下，通过入闽迁台姓氏及其后裔的家族记忆建立起历史与现实之间的内在联系，从而回答家族记忆是如何保存至今的，以及家族记忆在当下的反映。使同学们明白两岸关系的现状，是两岸历史（过去）的延伸，包括同学们所说的闽南话、可知可见的家乡地名，以及各自族谱记载的"光州固始"等，就是保存两岸历史或家族记忆的有效载体。如此，可有效避免把两岸历史与现实割裂开来的错误认识或误解。

学术研究层累递进，总需有学术先进积累"已知"成果，后进者方能因袭与创获，推动学术事业代代相传；学术创新也总是孕育于对现实问题的发现与解决，回应现实社会的期待。现实问题的发现往往

---

① 尹全海，余纪珍.中原与闽台渊源关系研究三十年（1981—2011）[C].北京：九州出版社，2012，第1—4页.

从自己身边开始,在日常生活中发现,然后众人参与其中,或由一家之学成为百家之学,或由地方学术上升为国家学术,甚或一代之学,如敦煌学、徽学之成长最具典型意义①。或有学者执着于"大学问"或"大课题",舍近求远,结果是事倍功半。岂不知学问就在我们身边。从历史、记忆与认同三个层面研究中原姓氏入闽迁台,一是来自"固始与闽台渊源关系学术研讨会"对以往30年的学术史总结,二是来自近10年"两岸青年中原文化研习营"等两岸青年学术文化交流中发现的现实问题,两者都是发生在自己身边的学问,以亲历与亲见为研究对象,所谓亲历亲见之学。

三、生态史研究法

把中原姓氏入闽迁台史、中原入闽迁台姓氏及其后裔的家族记忆,以及家族记忆在海峡两岸当代认同,一并作为研究对象,纳入中原姓氏入闽迁台的研究范围,作为一种存续状态,分别对应于中原姓氏入闽迁台的初始状态、过渡状态和现实状态,从而将中原姓氏入闽迁台历史和现实有机联系起来,此种研究思路与方法,或称为生态史研究法②。

(一)中原姓氏入闽迁台史

中原姓氏入闽迁台史,相当于中原姓氏入闽迁台的初始状态,是真实发生的历史(事件),确有其人,确有其事,属于事件史。事件史研究中的历史事件,是指那些能够导致历史变化的事情,在意义建构上参与到历史的诞生中。历史事件的意义是通过建构实现的,即历史认识主体借助一定的逻辑结构或理论框架,将若干分散的历史史实组

---

① 尹全海.学术就在我们身边——兼及《豫台大学生双向交流研究》的选题取向[J].信阳师范学院学报,2015(5):134—136.

② 生态史研究法强调的是历史的连续性、历史与现实之间的关系。生态史概念在史学界尚未出现,新闻界已有"史态类新闻"之说,如扬琴把"已经成为历史的新闻,当年新闻背后的历史"或史态类新闻,见扬琴《激流中的文化记忆与精神守望——史态类新闻勃兴现象透视》(《当代论坛》2007年第5期)。

成一个有头有尾、有意义的叙述。

再现中原姓氏入闽迁台史，属于传统从移民史研究，考察的是中原姓氏入闽迁台的历史进程，包括姓氏迁徙背景、迁徙过程，迁徙空间分布，迁移终点及其对移入地的影响等。具体到中原姓氏入闽迁台移民事件，包括西晋永嘉乱后"八姓入闽"、唐初光州固始人陈政、陈元光父子率"58姓入闽开漳"、唐末光州固始人王审之、王审邦兄弟率部入闽"肇建闽国"，以及明末清初中原入闽姓氏及其后裔由闽南渡海迁台等。依据中国传统移民史理论[①]，此等移民活动，在空间或距离意义上，属于北人南迁，从黄河流域中原地区至东南沿海闽台地区的迁移；次区域省际空间涉及今天河南、福建和台湾三省；时间范围，起自永嘉乱后中原士民南迁，止于清朝嘉道年间福建沿海闽南人、客家人大批入台，前后约计1500年；迁出地相当于罗香林界定的客家先民东晋以前的中原居地[②]。因此，中原姓氏入闽迁台，在中国移民史上，与闯关东、走西口、湖广填四川一样，是一个独立的移民事件和独立的移民史研究单元。

再现中原姓氏入闽迁台史，本质上是还原中原姓氏入闽迁台移民事件。但任何移民事件作为已经发生的往事，如同长江之水，一去不复返，无法直接呈现在我们面前，只有在历代正史、姓氏族谱、地方志书及墓志碑刻中才能感知、感觉。所谓再现中原姓氏入闽迁台移民事件，实际上是通过移民活动留下的痕迹得以呈现。移民活动留下的痕迹，无论作为文献史料、实物史料，还是口传史料，都是不会说话的，需要我们发现、叙述与解释。先是对零散无序的移民史料，进行甄别、辨伪和考证工作，求得真事实；然后依据移民史理论与方法，将单个的历史史实形成一个合理的、有头有尾的历史叙述，即中原姓氏入闽迁台的历史。

---

① 葛剑雄.中国移民史（第一卷）[M].福州：福建人民出版社，1997，第23—37页.

② 罗香林.客家源流考[M].北京：中国华侨出版社，1989，第13页.

（二）中原入闽迁台姓氏及其后裔的家族记忆

我们仍然能够感知的中原姓氏入闽迁台史，主要是通过中原入闽迁台姓氏及其后裔家族记忆得以保存至今的，此种家族记忆为中原姓氏入闽迁台的过渡状态，属于记忆史。家族记忆在时序上是移民事件的逆向再现或恢复；与历史事件的发生相比，记忆活动具有强烈的情感色彩和选择性特征。

就历史与记忆的关系而言，"历史记忆不仅记忆的对象是历史事件，记忆本身也是一种连续不断历史过程，这个连续不断的过程本身也构成历史"①。姓氏迁移历史最初往往是通过口传记忆得以保存，口传记忆积累到一定程度，自然会以文字形式保存在家乘谱牒、庙宇楹联、碑刻墓志及私人著述等传世文献中。其中，家族谱牒资料所承载的姓氏迁移信息最为集中。比如闽台族谱中的"谱序""先世考""传记"等类目，记载的就是一个姓氏的家族渊源、迁徙源流和血脉传承等历史信息②，或有关祖先的来历、迁移和定居经历等，是一个家族的记忆③。一旦一个家族有人获取功名或在本地产生了影响，家族的历史将会随之进入地方文献，成为地方或官方叙事，其真实性和可靠性进一步增强。因此，包括河南、福建和台湾旧方志之人物志、风俗志和艺文志等地方文献，也是保存中原姓氏入闽迁台历史进程的重要载体。

除海量的传世文献之外，中原姓氏入闽迁台的历史记忆，还会通过诸如方言习语、民间传说、风俗信仰等非物质文化遗产的形式保存在普通百姓日常生活中。此等集体记忆，虽不及文献记载的历史事件宏大完整、影响深远，但其是亲历者对历史事件的确认和认同，是一种最基本、最持续、最易发现和观察的保存形式，与历史事件相比充满情感，有声有色。正是由于黄典诚、欧潭生的闽方言和民俗学调查发现，才引申出文献记载的中原姓氏入闽迁台史，就是一个很生动的

---

① 王明珂. 反思史学与史学反思 [M]. 上海：上海人民出版社，2016，第 149 页.

② 陈支平. 福建族谱 [M]. 福州：福建人民出版社，1996，第 27—32 页.

③ 王鹤鸣，马远良，王世伟. 中国谱牒研究 [C]. 上海：上海古籍出版社，1999.

例证①。历史人类学研究还表明，许多家族记忆是从人造物象所造成的感官经验中获得的②。人造物象保存家族记忆之"物"，可以是人为造成的物象，如庙宇、祠堂、姓氏堂号，以及当代意义上的纪念物、博物馆等，也可以是被时人赋予社会意义的自然物，如陈元光入闽平乱时留下的磨刀石、演武亭、娘子寨等遗址、遗迹等。另有附着于开漳圣王庙宇及家族祠堂上的楹联，如安溪白濑下镇陈氏宗祠楹联："由固始而来，一脉相传蔓延葛蕊根同庇；居南山之下，五星环聚罗列峰峦气独钟"。唐末追随王审知兄弟入闽的黄、许、陈、卢、刘五姓，为纪念先祖在闽清县唐板村塘边建的聚庆祠堂楹联："同源固始，蕃衍福地，五姓千家亲兄弟；共建凤池，开拓前程，十村继代乐尧舜"③等，同样承载着一个家族的记忆。

（三）中原姓氏入闽迁台家族史记忆的当代认同

中原姓氏入闽迁台的家族记忆，不仅是中原姓氏入闽迁台的现实状态，也是当代人经历的历史，属于当代史。比如，2000 年以来兴起的"海峡两岸中华文化研习营"等两岸交流活动，在纯粹时间意义上，确实发生在我们身边，若没有两岸历史文化共同记忆，何以以中华文化为研习对象，于是有人把海峡两岸中华文化研习活动，称之为两岸同胞共同记忆的当代复活，或当代复活的历史④。此等当代复活的历史，与事件史和记忆史相比，已经不是沉默、缄口的文献和实物，而是更加灵动、触手可及，存在于我们身边的现实生活。

中原姓氏入闽迁台家族记忆的当代认同，是一种双向认同，而且

① 尹全海，"层累地造成"的中原与闽台渊源关系 [J] 中原文化研究，2014（3）：109—115.

② 王明珂.反思史学与史学反思 [M].上海：上海人民出版社，2016，第 115 页.

③ 李乔."闽祖光州"现象研究 [M].郑州：中州古籍出版社，2011，第 293、304 页.

④ 尹全海，"层累地造成"的中原与闽台渊源关系 [J] 中原文化研究，2014（3）：109—115.

在两岸互动中，逐渐形成了体现阶层特点的代表性载体。如民间社会的双向认同，一方面反映在台湾姓氏到中原祖地，如陈姓祖地淮阳、林姓祖地卫辉、黄姓祖地潢川、李姓祖地鹿邑、王姓祖地洛阳、郑姓祖地荥阳的寻根活动；另一方面反映在中原地区借助举办淮阳"中华姓氏文化节"、固始"中原根亲文化节"和新郑"黄帝故里拜祖大典"等，以群体仪式活动欢迎台湾同胞中原寻根，寓意两岸同为中华儿女、中华姓氏根在中原①。两岸知识精英的双向认同，蕴含在两岸学术交流活动中，如台湾同胞祖根地"五百年前在福建，一千三百年前在中原"等重要判断，就是在"固始与闽台渊源关系学术研讨会"等研讨活动中形成共识的。由中国河洛文化研究会主办的"河洛文化国际研讨会"，不仅在河洛先民的迁移线路重要城市如赣南、福州、厦门、台北等相继举办，还于 2009 年确认河南偃师为中原客家先民首次南迁出发圣地，两岸学者共同确认闽台客家始迁河洛，福佬、客家祖述中原②。台湾青年学生对中原祖地的认同，主要体现在台胞青年千人夏（冬）令营及其全国各省分营，以及信阳师范学院与台湾师范大学联合举办的两岸青年中原文化研习营、闽南师范大学与台湾师范大学联合举办的两岸青年闽南文化研习营等两岸青年双向交流活动中③。

结　语

王国维在 20 世纪初反复提示"古来新学问起，大都由于新发现"，强调的是学术创新路径，以及作为学术、学问或学科研究对象的独特性，甚至唯一性。类似于我们今天所说的"史料创新"。问题是，新发现对大多数人而言，是可遇不可求的，多数人终其一生也未能遇上新发现；少数人即使是有幸遇上新发现，但并不是所有新发现都能成就

---

① 尹全海．"根在中原"的结构过程 [J]．中州学刊，2020（8）：137—144．

② 陈义初．河洛文化研究十年 [M]．郑州：河南人民出版社，2013，第 176—181 页．

③ 尹全海．两岸青年中华文化研习营研究 [J]．中原文化研究，2015（3）：67—71．

新学问，按照陈寅恪的解释，只有新发现能够回应社会期待，为解决现实问题提供有效答案时方能成就新学问。吾人为学切不可坐等发现新史料，当沿着钱穆、汤用彤、陈寅恪等前辈大师为学之路，在没有机会接触到新史料的情况下，也能够从"人人所能看到的史料"中，说出"人人所未说出的话"①。

把中原姓氏入闽迁台史、中原入闽迁台姓氏及其后裔的家族记忆，以及家族记忆在海峡两岸的当代认同，一并作为研究对象，纳入中原姓氏入闽迁台的研究范围，一方面是来自"固始与闽台渊源关系学术研讨会"等学术实践，更重要的是在 2011 年以来两岸高校联合举办"两岸青年中原文化研习营"等两岸大学生双向交流活动中，发现有台湾学生虽然会讲客家话、闽南话，但并不清楚为何自家族谱上记有始祖来自"光州固始"这一现实问题。通过再现中原姓氏入闽迁台的历史，同学们明白了他们根在哪里，如何、何时来到台湾。以他们所讲的客家话、闽南话、家乡地名，及其族谱所记"光州固始"等，说明两岸关系现状是历史的延伸，而不是截然分离的。两岸青年共同参与"两岸青年中原文化研习营"活动，本身就是对两岸历史与现状的双向认同。在此意义上，学术就在我们身边，亲身经历的学术实践，现实生活中的真实发现，是学术创新的源泉和不竭动力。

海峡两岸关系之生态史研究法，学理层面体现了历史在时间上兼容过去与现在的二重性特征，最易表达历史的永恒性②。当然，生态史研究中的事件史、记忆史和当代史都是相对的，一直处于循环转化之中，如同大江大河川流不息，"今天的新闻就是明天的历史"。在实践层面上，生态史研究法，既可还原海峡两岸实实在在发生的往事（事件史），同时还可回答实实在在发生的往事，是如何保存至今的（记忆史），以及保存至今的往事与当下的内在联系（当代史）。生态史研究

---

① 严耕望. 治史三书 [M]. 上海：上海世纪出版股份有限公司，2016，第 22—23 页.

② 王学典. 史学引论 [M]. 北京：北京大学出版社，2008，第 6—7 页.

法，在理论和实践层面回应了海峡两岸历史与现实之间的内在联系和不可分割性；生态史视域下的两岸关系史，是由两岸同胞共同创造的依然活着的历史。

【作者简介】尹全海，信阳师范学院历史文化学院教授。

【参考文献】本文录自《信阳师范学院学报》2022年第6期。

闽台"三圣王"研究

论开漳圣王信仰体系的特点

郑　镛

陈元光，出生于唐显庆二年（657年），字廷炬，号龙湖，唐代河南光州固始人。陈元光自幼聪颖，好读书，喜骑射。通儒术，精韬略，文武双全。唐总章二年（669年）其父归德将军陈政率中原子弟兵入闽平乱。唐仪凤二年（677年），陈政逝世，21岁的陈元光继承父亲的职务，率领部将平定叛乱。唐垂拱二年（686年）朝廷准陈元光将军之奏批复建置漳州，陈元光担任首任漳州刺史，励精图治，"畿荒一德"，为闽南的开发和发展立下了不朽的功勋。景云二年（711年），陈元光与少数民族"蛮獠"酋首蓝奉高于岳山交战时中伏殉职。

一、陈元光开发建设闽南的贡献

陈元光的主要贡献在于采取有力而得当的措施，开发建设闽南。

（一）寓兵于农，发展生产。因为闽粤离中原遥远，不实行寓兵于农，进行屯田，就无法维持这支近万人队伍的给养，所以，陈政父子把部队开进"梁山之云霄镇"后，就着力进行屯田，创建第一个村落——火田村。他把军队分为上、中、下三个营。上营部署在火田村附近的岳坑；中营在西林；下营云霄。发动部下辟草莽，开阡陌，建宅第，开展大规模生产建设活动。士兵们"平居则狩猎，有役则战守"。这就是所谓的"且战且耕""以养以教"的耕战政策。垂拱二年建州后，陈元光在州的行政机构中设司仓、司户等四参军事，掌管军中农事。同时，陈元光把六朝以来故绥安、兰水的无主地、荒地按照民户人丁进行分配。闽、粤、赣的穷苦农民都被吸引而来，故有"负耒耜者皆望安仁而来"之说。所以，漳州人口一时增加很多，涌现出大批的自耕农，有力地推动了漳州农业生产的发展。

（二）轻徭薄赋，惠工通商。陈元光认为"善政在于养民，养民在于宽赋"。在辖区内实施轻徭薄赋，减轻百姓负担。对待来归附的"蛮獠"，不仅"不役不税"，还大力推广中原先进的犁、耙、压等农业生产技术，改变他们"刀耕火耨"的古老耕作习惯。部分土著因此得以安定，缓和了与南下汉人的矛盾。此外，陈元光还十分重视兴修水利，筑陂坝灌溉农田。如今云霄火田村西北二公里处的漳州上游横江残存的一段约三十米的滚水坝（俗称"军陂"），就是陈元光重视水利建设的见证。他还"兴陶铸，通贸易，因士民诱而化之，渐成村落，拓地千里"。几十年间，漳州社会经济面貌焕然一新，平原地带普遍种上双季水稻，至于像荔枝、龙眼、柑橘、香蕉、甘蔗以及花卉等经济作物，人们已广为种植，成为农家经济补充。手工业也初具规模，近海多从事晒盐、捕捞、航运；内地则从事制茶、烧瓷和织染。西林城既是政治中心，也是商业重镇，坐商、行旅、摊贩聚集一起，每日正午击鼓开市，日落鸣钲收市，经营有方，官民称便。

（三）建立台所，保境安民。唐初闽南地旷人稀，陈元光将军的军事管辖区方圆数千里，地连闽、粤、赣三省，如果措置无方，很可能变成动乱之渊薮。要保境安民，非建立行台和堡所不可。所以，就在创置州县伊始，陈元光便奏请朝廷在四境建立四个行台。"一在泉之游仙乡松州堡，上游直抵苦草镇；一在漳之安仁乡南诏堡，下游直抵潮之揭阳县；一在长乐里佛潭桥，直抵沙澳里太母山止；一在新安里太峰山回入卢溪堡，上游直抵太平镇而止"。此外，还先后在境内要塞地段建三十六个堡所。陈元光不仅分兵戍守巡哨、四境和所有堡所，还经常亲自巡视，"教诲捍御"，于是乎"北距泉建，南逾潮广，东按岛屿，西抵虔抚，方数千里"，几十年间"无桴鼓之警"。

（四）安抚"蛮獠"，和集百越。陈元光适时建立"唐化里"，实行区划自治，积极地推行民族融合政策。对待居住在西北诸峒"蛮獠"，因道路险阻不相通，陈元光便"开山取道，剪除荆棘，遣士人诱而化之"。陈元光还积极鼓励部下与"蛮獠"通婚。他在《侯夜行师七唱》中，把自己的这一心声吟了出来："男生女长通蕃息，五十八姓交为婚。"由于陈元光积极推行民族融合政策，汉人与"蛮獠"的关系得到了迅速的改善，时有诸如"化蛮獠之俗为冠带之伦""变椎髻而复伦序""辞国来诸属，于兹缔六亲""土音今听惯，民俗始知淳"的种种咏唱。

（五）兴学重教，传播文化。当时漳州这一带文化教育落后，"左衽居椎髻之半"，"民风丑陋"。所以陈元光把兴儒教、办学校视为"救时之急务"，倡导建置乡校，并在州治行政机构中设专司教育文学一职，以主持乡校事宜。还筹办了松洲书院，聚诸生而教之，使"缦胡之缨，化为青衿"，中原文化迅速传播。故千百年来闽南民众感念其功德，奉为神明。

二、陈元光将军的神化

据《陈氏家谱》称：陈元光战殁之后，"百姓闻之，如丧考妣，相与制服哭之，画像祀之"。这是民间奉祀陈元光的开始。陈元光遇难的消息传到京师长安。次年，唐玄宗先天元年（712年），朝廷就诏赠陈元光为"豹韬卫镇军大将军兼光禄大史中书左丞，临漳侯，谥忠毅文惠"，并赐享庙祀。及安葬完竣时，陈元光的塑像入祀于专建的祠庙中。从此，陈元光将军的庙祀一直香火不断。一般地说，民间信仰的神灵，往往是先出于民间信奉，其中有的继而得到官府认可，而开漳圣王信仰，则是先官民同祀，官祀重于民祀。尔后，民祀又重于官祀。

历代帝王对陈元光先后有21次追封。唐开元四年（716年）州治迁至李澳川（今漳浦县城），朝廷追封陈元光为"颍川侯"，赐建"盛德世祀"坊。据《陈氏家谱》称："有诏重修庙宇，并赐彤箫、器皿及'盛德世祀'六字以旌。"而有司遂以"民间捏像之庙"，经过重修成为州官奉祀之庙。又据康熙《漳浦县志·祀典》"威惠庙"答称："始建于云霄（大崎原），后随邑治迁今所（指今漳浦西庙）。"条称："庙下有绰楔，题曰：'盛德世祀之坊'，唐时诏立。"唐贞元二年（786年）州治再北迁龙溪（今漳州市区）。据《陈氏家谱》称："议以公之体魄捏塑于崎原，不免轻亵之，殊非礼重崇祀之意。"于是奉敕改葬州治之北的松州堡高坡上。南宋建炎四年（1130年），建漳州北门外威惠庙。据《宋会要辑稿》载：威惠庙"在漳州漳浦县。神宗熙宁八年六月封忠应侯，徽宗政和三年十月赐庙额'威惠'，宣和四年三月封忠泽公。高宗建炎四年八月加封'显佑'二字，绍兴七年正月又加"英烈"二字，十二年八月加封英烈忠泽显佑康庇公，十六年七月进封灵著王，二十三年七年加封"顺应"二字，三十年又加"昭烈"二字。王父政，母吐万氏。绍兴二十年六月封父曰助昌侯，母曰厚德夫人。王妻种氏，建炎四年八月封恭懿夫人，道四年九月加封灵著顺应昭烈广济王；考祚昌侯加封开佑侯；妣厚德夫人加封厚绍兴二十年六月加封"肃雍"二字。王子珦，绍兴二十七年四月封昭觊侯。灵著顺应昭烈王，孝宗乾德流庆夫人；妻恭懿肃雍夫人加封恭懿肃善护夫人；子昭觊侯加封昭觊通感侯；曾孙永封昭仁侯；谟封昭义侯；訏封昭信侯。"闽南理学名家陈淳云："惟威惠庙，为死捍患于此邦，国朝之所封锡，应礼合制，号曰忠臣义士之祠，邦人之所仰。"明太祖洪武二年（1369年）封昭烈侯神宗，七月明万历七年（1579年）封为"威惠开漳陈圣王"，清乾隆四年（1739年）封为唐高封祀典开漳圣王。又相传乾隆五十五年（1790年）蔡新返乡时带回皇帝敕赐皇灯一对，御书"唐高封祀典开漳圣王"。

入宋，有关陈圣王的神话开始多了起来。北宋余靖《武溪集》卷二十中《宋故殿中丞知梅为陈公墓碣》文中载陈坦然曾于天圣年间（1023—1031年）任漳浦县令。"邑西有陈将军祠者，郡图云：仪凤中，勋府中郎将陈元光也，年少强魂，邦人立庙享祠甚谨，日奉牲币无算。岁大旱，遍走群望弗雨。公乃斋洁诣祠下，祷云：'政不修者令之负，祷无验者神之羞。国家崇祀典，所以祈民福也。祀苟不应，何用神为？'即鐍扉与神约曰，七日不雨，此门不复开，从祠为烬矣。行未百步，霾风拔巨树，仆于道。俗素信鬼，及是，吏民股战神之怒。公徐曰，民方嗷，何怒之为？乃援锸截树而去。果大雨，田收皆倍。邑人刻词以纪其异。"这一史料说明北宋初漳浦即有官府祭祀的陈将军祠，且香火鼎盛，信众甚多。"宋庆历中有郡寇自汀虔抵邑，居民皆窜匿，令吕璹许祷于神（指漳浦西庙陈元光神像），俄而空中有金鼓之声，贼徒敛手就缚者三百七十余人，自言四顾皆神兵，无路以逸。绍定间，汀、郡寇犯县境，居民竟奔走哀告于神。俄而庙有大蜂千百为群，飞集道路，盗不敢过，邑赖以全。"更有明人所记开漳圣王唐末在闽北的"神迹"。《明一统志》"延平府·祠庙"云：威惠王庙在"府城外西南，其神未详，庙有古碑云：唐广明中（880—881年），黄巢兵经延平，有风雷雨雹自庙而出，贼大恐，引去。其庙宋天圣中（1023—1031年）修"。而粤东在南宋嘉定年（1208—1224年）间早就建有威惠庙，《潮州赵希蓬重修威惠庙题记》可为明证。威惠庙不但闽南、闽中、闽北及粤东等地士民皆祭祀之，而且还时有"祥瑞"。据《八闽通志》载"绍兴四年（1134年）春，威惠庙燕堂中山茶叶上下吐两花如龙爪，一本五出，一本八出，青绿色而有异香"。至迟在南宋淳熙年间（1174—1189年），漳州地方官府就定例在威惠庙春秋二祀。南宋淳祐八年（1248年），浙江金华人章大任以朝散郎知漳。到任解决的一件事就是有关威惠庙春秋二祀的开支费用问题，之后撰写了《威惠庙记》。文曰："灵著顺应昭烈广济王庙食于漳，历年数百，祭皿未尝一日干也。然丰杀视情，不度于礼，或者尊奉之典犹有所未备，狃于俗欤？淳祐乙巳，郡侯方公因祠者之请，于是定为春秋二祀。其行事也，以仲月之吉，春曰祈歌载芟，秋曰报歌良耜，如周人之祀社稷焉。又取黄、汪二公祀神曲次第歌之，笾豆簠簋，粢醴牲币，即仿诸古，其有宜于今者，亦不尽废。礼视州社而微杀焉。行之四年，余适守是邦。贡士萧桂芳与其众请曰：'礼之始行，费以缗计者百，桂芳给其半，余则预庙事者其助之。嗣是以哀资为例，惧弗克久。项白于郡，将出众力置田助祭，使奉祀者遁掌其租入，以给厥事。即得之而余，桂芳复捐田以助，计其费幸可以无乏。盍识之以遗后人？'余谓漳介泉潮间，其初惟荒徼如也。自王惠绥兹土，始创为州，夷群盗之薮，聚邑居之繁，屹然为闽壮藩。建邦启土之功，诚不在社稷下。至于以死勤事，使圣人复生，亦当以杀身成仁归之。然则方侯俾邦人以祀社稷者祀王，宜矣。夫自古礼不存，世之人惮于周旋登降之劳，而习于侈美游观之饰。其祀神也，以渎为恭，岂理也哉！方侯当为从臣，是举诚知所本也。后之人其毋忘经始之艰云。"文中追记淳祐乙巳年（五年，1245 年）以集英殿修撰衔知漳州的方来应县尉陈首龙及众善信之请定威惠庙春秋之祀。这时官府所祀之庙应是漳州城之北门外威惠庙。因感念陈将军"辟疆开郡"之功，"漳人处处尸祝之"。南宋以降，漳州各县的威惠庙越建越多。诏安良峰山的威惠庙建于元代，漳浦赤湖威惠庙，云霄十二峰保威惠庙、西门威惠庙都建于明代。清代龙溪、海澄、漳浦、云霄、诏安五县农村到处都有威惠庙，以云霄、漳浦最为集中。据 1984 年普查资料，在云霄历代建造的开漳圣王庙约 200 座，当时香火鼎盛的开漳圣王庙仍有 70 多座。漳浦大小开漳圣王庙也有102 座。陈元光庙祀还遍及闽南，如泉州的安溪、南安、金门，厦门，闽西的龙岩、漳平，莆田的仙游，福州的福清，南平，广东的潮州、饶平、南澳，惠州的海陆丰，浙江乐清、苍南等地均有威惠庙。

三、开漳圣王信仰体系的形成

明清时期是开漳圣王信仰的盛行阶段。这时闽南人口骤增，村社繁衍，兼之寇警时有发生，百姓希望有安邦护土的神灵保佑，于是各村社相继建起了符合自己心理需求的祠庙。人口较多、氏族观念较强的村社则把随从陈元光入漳的开基始祖奉为"神明"，单独立庙。如李姓奉祀"辅胜将军"李伯瑶（俗称"辅胜公"），沈姓奉祀"武德侯"沈世纪（俗称"沈祖公"），马姓及邻近杂姓奉祀"辅顺将军"马仁（俗称"马王公"），许姓奉祀"顺应侯"许天正（俗称"许元帅"），但也有单独奉祀陈元光夫人种氏或其女儿"柔懿夫人"的。

宋代朝廷封锡陈元光将军五代，女则不见封锡。至明末，地方志载，朝廷封锡陈将军七代，泽及女儿"女，柔懿夫人"。《颖川陈氏开漳族谱》载之更详，爰及僚佐。

陈克耕　陈元光之大父，唐开国元勋，追封济美嘉庆侯。

魏　氏　陈元光之大母，追赠为济顺嘉淑夫人。

陈　政　陈元光之父，追封祚昌开祐侯。

司空氏　陈元光之母，追赠为厚庆启位夫人。

陈元光　追封为开漳主圣王，加谥忠毅文惠王。

种　氏　陈元光之妻，追赠为恭懿肃雍夫人。

陈　珦　陈元光之子，荫封为昭贶通感文英公。

陈怀珠　陈元光之长女，荫封为柔姬广济夫人。

陈怀玉　陈元光之次女，追封为柔懿慈济夫人。

陈怀金　陈元光之季女，追封为柔徽克济夫人。

卢伯道　陈元光之长婿，荫封为轩辕司崇仪使郡马都元帅。

戴君胄　陈元光之季婿，荫封为轩辕司崇仪使郡马都元帅。

许天正　追封为殿前都统太尉翊忠昭应侯。

马　仁　追封为殿前都检使威武辅胜上将军。

张伯纪　追封为殿前亲军副指挥使威武辅应将军。

沈世纪　追封为殿前亲军副指挥使威武辅牖大将军，赠武德侯。

欧　哲　追封为殿前亲军副指挥使威武辅德上将军。

康熙间漳州城内已有专祀陈将军部将的祠庙，"又有灵侯祠、祁山庙、沈（世纪）李（伯瑶）二公庙，俱祀将军裨将"。其中，奉祀辅胜（一作辅顺）将军马仁的马公庙，始建于洪武间，名声远播。明清时期，民间信仰已杂糅释道，各路神佛聚于一堂。如漳浦赤湖威奕庙，中殿正中奉祀陈政及陈元光神像，后面奉祀种夫人、柔懿公主及陈珦神像，前落则奉祀土地公与"粟母王"（神农）神像，使远祖神与开基祖神、家神与社神、宗庙和社庙合而为一。可以肯定的是，这一时期的陈圣王信仰已形成较独立而独特的神灵体系，即以开漳圣王为核心，以其父陈政将军及配偶、其子珦、其女怀玉等为辅助，以许天正、马仁等将佐为拱卫的神系出现于闽南，并影响至今。

明清时期漳州人大批移徙台湾，随身携带开漳圣王香火护佑。至乾隆年间，漳人在台垦殖有成，即建威惠庙，奉祀开漳圣王，作为漳人聚落的保护神。道光《彰化县志》"威惠庙"条载："漳人祀之，渡台悉奉香火。乾隆二十六年（1761 年），建庙于县城西。"在台湾，开漳圣王庙祀始于明而盛于清，至今遍及全台，有漳州籍民众聚居的地方就有圣王庙。据统计有登记奉祀开漳圣王的庙 300 多座。在东南亚地区也有 30 多座威惠庙。

四、开漳圣王信仰体系的特点

（一）众认其祖，跨越血缘关系

早在宋代，闽南地区就出现了一种相当特殊的人文现象，即"漳人多祖元光，兴（化）、泉（州）人多祖审知，皆称固始"，引发了学者郑樵的注意。他分析这一现象出现的原因并下结论，认为这是肇始于五代闽国王氏执政时的一种攀附乡党、以邀富贵的陋习。其实，漳州人认陈元光为祖，是追随其南下的五十八姓军校对军事首长的忠诚、爱戴之情所转化，与唐末五代的固始王氏并没有直接关系。在集体性的记忆中一些负面信息或集体性的伤痛往往被淡化甚至删除，而一些正面的信息则被强化和放大，历史就在真与诗之中前行。由于陈元光将军的功德被南迁汉人永久地追忆，特别是将军身后演化成神，人们想象生前率领他们开疆拓土的领袖，势必在另一个空间里护佑着他的后代和部属。经世代传承，陈元光的事迹和开漳圣王的"神迹"日益"灵著"，这方面的信息不但在口口相传中得到膨胀、扩量，而且还在各姓氏的族谱、宗谱中加以确认，以文本的形式传播后人。集体性记忆的强化莫过于构筑纪念性建筑物——祠庙，五十八姓军校的后裔在建祠庙上的确也是煞费苦心。始建于宋元时期的漳州天宝路边威惠庙即为典型的案例。该庙实际上是集庙、庵、祠为一体，分前、中、后三殿。前殿奉祀开漳圣王陈元光以及威武辅顺将军马仁、其妻策应妙英夫人韩氏。中殿供奉观音菩萨。后殿则为韩氏祖祠，名为"崇德堂"，奉祀韩氏闽南开基祖、随陈元光南下府兵队正、后封为昭德将军的韩器以及列祖列宗。如此将祖先崇拜与开漳圣王崇拜直接联系起来的物化形式无疑强化了集体性记忆。同时通过祭祀仪式等信俗将陈元光等同于祖先。天宝镇韩氏分布在十多个自然村，在路边自然村另有辂轩韩氏大宗祠，堂号为"遹追堂"，始建于元至顺元年（1330年），明万历丙午年（1606年）择地再建。祠中祀唐韩器的第十六代裔孙韩鋐（曾任宋朝户部尚书，称开基中祖）以及天宝的肇基祖韩观佑（称开基次祖）等神主。辂轩世系以观佑为一世，观佑一本四根，开十三枝，现人口近八万人。明清时韩氏播迁台湾地区和东南亚等地。现存《印尼韩氏族谱》也以天宝路边威惠庙为标识。闽南相当一部分姓氏也与天宝韩氏相似，均将入闽始祖与陈政、陈元光联系起来，视开漳圣王陈元光如祖先，从而实现祖先崇拜与先贤崇拜的耦合。根据耆老所述，以陈圣王为祖表达了三层意思：一是本族来自中原，非当地土著居民之裔，血统上直属华夏；二是表明本族为将门之后，随主帅开疆拓土而聚族而居，入闽时间长，对所居所耕土地拥有合法的权益；三是祈望世世代代得到圣王的佑护，安居乐业。

（二）庙宇广布，超出邑郡范围

一般说来，地方性神祇其祭祀圈、信仰圈相对局促，只限于一乡一邑，或为家族保护神，或为挡境土地神。而开漳圣王的信仰圈却随着闽南族群的迁徙得到扩张，由漳州辐射泉郡、潮汕、台湾乃至南洋，成为区域性神祇，庙宇也遍布信众聚集地，这是其他地方性神祇难以比拟的。

今漳州地区香火依然旺盛的威惠庙有：云霄威惠庙，在云霄县兰陵镇亨堂村，素称"开漳第一庙"。云霄燕翼宫，原系陈元光故居，俗称"王府"。始建于唐开元年间的漳浦威惠庙，俗称西庙。始建于唐贞元年间的松州威惠庙，在今芗城区浦南镇松州村。东山铜陵的东岭大庙，芗城区的官园威惠庙、新桥头威惠庙等等。

在今泉州市、厦门市仍有一些奉祀开漳圣王的庙宇。如位于泉州市丰泽区城东街道西福社区的西福宫。西福宫据传始建于五代，建筑面积300平方米。主祀开漳圣王，配祀朱、邢、李三王爷以及武安尊王许远。当地信众以农历八月十五日为圣王生日。厦门昭惠宫位于厦门市思明区洪本部。始建于明末，原为供奉广泽尊王的小庙，清顺治十三年，同安丙洲九世陈士朝率家族迁入，先是把开漳圣王神像寄祀于庙，至乾隆间陈姓人丁兴旺，号"丙洲陈"，陈圣王遂反客为主，成为庙中主神。越四十年，丙洲陈之十五世福建水师提督陈化成捐资倡修，扩庙宇而增亭阁，并定庙名为昭惠，该庙2006年重修，为厦门市涉台文物。厦门思明区圆海宫，又称陈元光纪念堂，位于思明区美仁后社，始建于明末。相传斯时漳州水患，大水将新桥威惠庙的圣王神像冲走，沿九龙江西溪入海漂至厦门，退潮时搁浅在浮屿北面沙滩，当地人抬之不动，涨潮后又漂移至美仁后社的沙滩，为当地陈氏族人迎请上岸，建圆海宫奉祀，当地人称神为"公祖"。宫1992年重建，建筑面积400多平方米，占地358平方米，现为厦门市陈元光学术研究会所在地。

开漳圣王在台湾又称为威惠王、圣王公、威烈侯、陈圣王、陈圣公、陈府将军，台湾的闽南与粤东籍陈姓绝大多数奉其为入闽始祖。威惠庙"漳人祀之，渡台悉奉香火"，开漳圣王成为迁台漳人最重要的保护神。

台北市碧山岩开漳圣王庙，香火源自漳州威惠庙。据传是明末清初一黄姓漳人随郑成功入台后，将随身佩带的开漳圣王及辅胜公李伯瑶、辅顺公马仁香火悬挂于碧山尖顶石洞中膜拜，后由附近黄、郭、林、简、郑等五姓漳人建庙而祀。

大溪仁和宫为台湾北部最早的开漳圣王庙，也是桃园大庙祖庙之一。据史料载，清康熙四十八年（1709年）间，有闽南漳州籍兄弟二人带着开漳圣王神像从闽南渡海来到台湾北部，择地于此开基所建。

宜兰永镇庙始建于清乾隆九年（1744年），时漳州府的陈元光后裔陈镇民、陈福老等人渡台拓土，垦耕立业后，为求不忘源流，遂迎祖籍地松州堡高陂山威惠庙的开漳圣王分灵金身，以作护安之祖神，祈请圣王护镇乡梓，永保平安，故定庙名为"永镇庙"，地亦称为"永镇村"。

台北市芝山岩惠济宫始建于乾隆十七年（1752年）。清初，闽南漳州移民即来此定居，见此山小丘屹立，葱茏独秀，状若祖地漳州的芝山，故名之。据传，平和县人黄澄清渡海迁台至此，将从祖地带来的圣王公香火挂于此山树上，后人屡求皆灵验，乃由乡绅黄某献地建庙而成。

凤山县城西郊的开漳圣王庙为清嘉庆六年（1801年）由漳州籍移民张元音募建。据传，最先大陆漳籍移民来台，集居于凤山县城西郊龙仔地段，俗名竹巷口。陈姓漳籍移民带来先祖开漳圣王香火，于此立庙供奉朝拜。圣王庙前的双湖俗称龙穴，是为一方宝地。因此庙圣王威灵显赫，故四方来朝，香火鼎盛。

新店太平宫始建于清朝嘉庆十二年（1807年），是新店市最古老的庙宇。其香火由闽南漳州籍王三财等9人奉携入台，并捐集洋银一千余圆，向台湾少数民族垦主购地辟建。

桃园景福宫，俗称桃园大庙，创建于清嘉庆十八年（1813年），为全台湾最大最豪华的开漳圣王庙，也是台湾全岛最大的漳州移民信仰中心，列为台湾省三级古迹。漳民入垦桃园之初，因瘟疫盛行、械斗激烈，为避祸求福，乃从祖籍地分请开漳圣王神灵入台建祀景福宫。

此外，据连横著《台湾通史》记载，清雍正十年（1732年），漳籍多人出资在彰化县南门内合建奉祀陈元光的威惠宫；乾隆五十三年

（1788 年），漳籍人士吴庆三等人在台北建惠济宫，祀开漳圣王；咸丰元年（1851 年），漳籍绅商在台南大南山内建祀奉陈元光的开漳圣王庙；光绪十九年（1893 年），漳籍绅士陈一尊在云林县西南倡修广福宫，祀开漳圣王。台湾岛上最早奉祀开漳圣王的祠庙"香火"，均从闽南祖庙分灵渡海而入。

漳台两岸人民同宗共祖，其庙祀文化源流也一脉相承。这从台湾许多奉祀开漳圣王祠庙里的对联可以找到例证。如：台北新店太平宫大门两侧对联为"太乙辟洪荒威镇漳州允文允武，平人众信仰灵分宝岛亦王亦圣"；中和市奉祀开漳圣王的广济宫对联为"广德启南闽郁郁文章冠固始，济恩敷北淡巍巍节钺辟霞漳"；宜兰县集惠庙对联为"集五八姓军开拓漳州成沃土，惠万千赤子分灵鹄岭振威风"等。在这些开漳庙宇的对联中，大多嵌带"云霄""漳江""霞漳（漳州）"等字样，足见漳籍台胞对故乡故土的眷念之情。

新加坡保赤宫始建于清光绪初年（约 1875 年），二进三开间正殿王祀开漳圣王，舜帝、清水祖师、虞思公、孙真人、太丘长、元侯陆公、陈靖姑、北极真人、孙大圣。左殿奉祀玉皇天尊、四大天王、南极上帝、南北斗星君。右殿奉祀妈祖、关帝、清主圣君、观音菩萨、李铁拐、济公、孔夫子等。保赤宫祠庙合一，其后座是供奉祖先祖位的祠堂，悬挂"舜胄衍派"匾额。写明姚、虞、陈、胡、袁、田、孙、陆联宗，强调八姓同宗，血脉相连。宫中石雕、影雕等均出自闽南能工巧匠之手。一百多年来保赤宫成为新加坡华侨华人感情联系的重要平台，也成为阐扬中华民族传统文化的一个重要载体。从保赤宫中悬挂的"辅世长民""敷泽闽漳""戡定功高"等上百年匾额看，开漳圣王信仰在这里有着长远广泛的影响。

（三）亲属部将，共享奉祀香火

在闽南民间信仰的神祇中大都主神有若干"助手"配祀，如关帝像旁，必有周仓侍立。天下第一海神妈祖，手下有千里眼、顺风耳二神；保生大帝有弟子飞天大圣张圣侍从。广泽尊王的扈从甚众，传说郭忠福成神化冥婚而生十三个儿子，曰十三太保，另有四位护法。但配祀或称随从性的神极少单独立庙供奉。在闽南至今只有一个特殊的案例，即龙海角美鸿渐村的太保庙，供十三太保中的红脸、黑脸太保，有人因明初下西洋的郑和、王景弘被称为太保，故将二尊神像视为郑和、王景弘之化神。其实，这一带原有广泽尊王庙，明末清初因自然灾害庙宇塌圮，周围信奉郭圣王的七个社，各分二尊神像回去建庙供奉，鸿渐村遂有二太保庙。不论是千里眼、顺风耳还是十三太保均属于子虚乌有、凭空想象之神，由历史人物演化成神的唯开漳圣王信仰神系最多、最完备。上文已述历朝封锡陈家，至明清敕封七代，爰及部将，而民间敬奉为神的开漳先祖更是人数众多，衍为信俗，蔚为大观。

在云霄县云陵镇东南近郊有始建于明正德年间的华庙。据传，该庙的倡建者为陈元光将军的部属、光州固始人方子重的后裔。为昭显祖先开漳功德，特别是为报陈将军祖母魏妈当年对方子重的厚爱奖赏，特建华庙以祀。据庙名推测，庙不称"威惠"而称"华"，华古义同花，带有女性色彩，主祀之神应是魏妈，配祀有陈政、陈元光将军及开漳主要将佐。今河南省固始县陈集乡也有奶奶庙，主祀陈元光将军祖母魏妈。

位于东山县康美镇铜钵村的净山院，始建于万历十七年（1589年），主祀陈元光将军之次女柔懿夫人陈怀玉，俗称夫人妈、玉二妈，配祀开漳圣王之妻恭懿夫人种氏、附祀注生娘娘、注寿娘娘和观音菩萨、天后圣母等。

陈元光将军之部将马仁被敕封为辅顺将军。址于漳州城东东园的马公庙，始建于洪武元年（1368年）。主祀马仁将军和其妻策应妙英韩氏夫人。

在台湾，有主祀武德侯沈世纪的斗南泰安宫，香火于清代由诏安沈氏移民传入；有主祀辅胜将军李伯瑶的庙宇和神明会，基隆竹围的福海宫，主祀辅胜公李伯瑶，清代由台民到漳浦分灵金身过海建祀。台湾奉祀辅顺将军马仁的庙宇据说有 18 座，大部分为漳州籍移民所建（农历六月二十三日为马王例祭）。台中乌日乡的永兴宫，清代所建，由漳州马公庙分香传入。台南市开山路马公庙，原称马王庙，明郑时代已建，乾隆四十二年（1777 年）重修。宜兰头城竹安里也有辅顺将军庙，人们称马仁为马使爷，或称舍人公，又称马舍公，简称马公。据康乾时所修《台湾县志》及《台湾府志》载："辅顺将军又称马王及马祖。"还有人把李伯瑶叫作辅信（辅胜之音误）将军，把许天正叫作辅显将军，把武德侯沈世纪称为辅义将军。故台湾民间将辅顺将军、辅显将军、辅信将军、辅义将军奉为开漳圣王驾前的四大神明。

此外，台湾也多有奉祀陈元光部将刘氏三兄弟的九龙三公宫，作为行船的保护神，平日香火旺盛。

陈元光将军及其亲属、部将均被神化，世代崇祀的现象在闽南地区是绝无仅有的，在全国范围也极为罕见，这一现象反映的是闽南族群对先辈规模性开发闽南的集体记忆以及对入闽开基祖的崇拜之情。

（四）融入民俗，民众世代传承

围绕着陈圣王神系信仰，闽南信众将信俗融入了民俗，并世代传承，成为当今非物质文化遗产的重要组成部分。

农历二月十六是"开漳圣王"陈元光诞辰的日子。云霄县"开漳圣王"庙宇每年的这一天都要举行闽南特色的民俗活动来纪念陈元光，闽南话称"桃神爷"。桃神节主要有"办大碗""桃神"等民俗活动。

"办大碗"这一民俗活动，要在云霄县将军庙"开漳圣王"神像前摆上各式各样的供品：高达 2 米的"菜碗"，直径约 60 厘米的大年糕，数百只披红戴绿的鸡，祭祀物品琳琅满目。令人惊叹的是，民众通过巧妙的艺术创作，把鸡鸭鱼肉等供品做成了别具一格的艺术品。独特的创意和浓厚的乡间气息，是任何一家餐馆的厨师都难以企及的：将肥肉片精心粘成 2 米来高的"肉柱"，当地人称"摆菜碗"，在"菜碗"

上缠上红色彩带，顶部插着青翠欲滴的榕叶，中部分别绑上海参、鲍鱼、人参等山珍海味，红、白、绿相间，蔚为壮观；将木耳贴在猪肚上，做成"牛"的造型；金针菇变成了"蓑衣"，披在阉鸡肥硕的身体上，阉鸡变成了"渔翁"；以面粉、糯米粉及蔬菜类捏塑而成的飞禽、海产品供品栩栩如生，还分别塑有"风调雨顺""国泰民安"字样。

"开漳圣王"信众在庙内祭拜后，随即进行"挑神"民俗活动。庙前先表演舞龙、舞狮、折子戏等节目，随后，挑神活动正式登场，"开漳圣王"神像所乘辇轿由6名年轻人扛着，轮番在庙前广场上快速奔跑，场面相当壮观。

"挑神"的第一个环节称为"巡城"。绣旗在前引导，4名身着戏装的童男抬一对宫灯先行，神像依次"巡城"：土地神居前开道，继以元帅马仁、军师李伯瑶、王子陈珦、王女陈怀玉、圣王祖母魏敬、夫人种氏，圣王陈元光殿后。抬神队伍由鼓乐队簇拥，伴以锣鼓笙笛。所到之处，鞭炮争鸣，并摆设香案于各地恭迎。凡当年的新婚或新生男儿之家，必恭请神像至家门首，置香案、供献金枣茶。礼拜毕，主人盛情请抬神者、鼓乐手吃蜜金枣、乌龙茶等，以此纪念当年陈将军创建漳州后，常年带兵在闽南各地巡察四境，保障人民安居乐业的恩德。

"巡城"后，各庙宇进行"走尪公"。当祭拜盛典进行至高潮时，由村社中耆老带领预先选定的数十名青壮男子，每6人编成一组，各组共擎一尊巨型木雕神像，列队待发。起点与终点各有两位礼炮手，专司放"三拜枪"（即三声连响的礼炮，由铁管制成，装火药燃放），而神像前另有两人鸣锣开道，其后又有一个执罗伞者撑遮神轿，值闻鼓擂炮响，各组健儿分别共举各尊神像，疾驰如飞，至终点时停止，礼炮再连鸣三声。这一环节形象地再现了当年开漳将士驰骋疆场的威武雄壮场景。

为了参与迎神赛会，各神庙都备有雕龙的坐舆和神杠。较大的庙宇的神像则分成双套，一套是固定的硬身雕像，一套是可以活动的软身雕像。漳浦金塘庙的大型"开漳圣王"泥塑神像，还是从河南固始运回泥土装塑的。祭祀诸神的礼仪也是相当隆重。州县的"将军庙"（威惠庙），每岁仲春和仲秋，由地方官员按礼祭以"三牲"（全牛、全猪、全羊）及菜之属，并有祭文称："惟公开创漳邦，功在有唐。州民允赖，庙食无疆！"而民间对诸神祭祀日期各有不同："开漳圣王"有祭生辰（二月十五日）的，有祭忌辰（十一月五日）的，有祭封王日（四月十日）的，有祭上元（正月十五日）的，有祭中秋的。后来信众日多，大家争着在神像前上供，实在无法容纳，为解决人多庙小的矛盾，只好把祭日分开，按村落或角落轮流祭祀，就这样各村落有了自己特定的祭祀日。于是"开漳圣王"的"生辰""忌辰"及"封王日"的祭祀活动也就延伸开来。如漳浦县城"庆祝开漳圣王寿诞"这一神节自元月二十四日开始至二月十九日终止，时间长达一个多月。其他的如马仁、李伯瑶、沈世纪、许天正、种夫人、柔懿夫人等庙神的祭祀日也都有节期延伸的情况。这就形成了开漳圣王神灵信仰体系的神诞多而长的现象。至于民间的祭祀仪式也是相当隆重的，敬神的祭品除了村落集体供上全猪、全羊外，在漳浦县区，家家户户还要供上"红龟粿"（印有龟纹的糯米甜粿）及鸡鸭、鱼、肉、饭菜、面条等，同时要点烛、上香、放鞭炮、烧银纸。乡里还请戏班在神像前通宵演戏。神节过后，家家户户还得提篮携盒，到亲友家中分甜粿等供品，并以此作为联络感情的纽带。

开漳圣王信仰是中原地区祖先崇拜、英雄崇拜观念在闽南的延续，以开漳圣王为核心的神灵体系的形成与演化则是中原文化与楚文化、闽文化相融合所产生的社会意识的曲折反映。对远祖的记忆是迢遥模糊的，对入闽始祖的追思则明晰甚至夸张，集团性或规模性移民事件将集体记忆分为前后两个时期，前期日趋淡化，后期世代加强。它表明一个族群成熟分蘖后，移植于他地，其生存方式和观念意识会发生若干变化，并逐渐形成有自己个性特征的文化形态，然后成为母株再度分蘖，显示出同源异流、各呈异彩的生命奇观。以此观照中原文化、楚文化、闽文化与闽南文化、台湾文化等区域文化之间的错综复杂的关系，脉络当会更为浮显。

【作者简介】郑镛，漳州师范学院学报编辑部主任、研究员。

【文献来源】2009 年固始与闽台渊源关系学术研讨会论文，2009年 10 月。

王审知与闽台关系的研究

陈榕三

唐末的王审知兄弟率义军入闽，用中原河洛文化，建设和谐闽疆，使军阀割据、盗贼四起的八闽大地，成为富甲天下、一境宴然的"海滨邹鲁"。研究好王审知与固始的人文精神，对巩固固始根亲文化历史地位、丰富河洛文化研究成果、扩大中原文化的影响、继承中华优秀传统文化、弘扬和培育民族精神，具有重大的理论和学术价值。

一、王审知移民闽台的历史创举

在河洛儿女南迁及赴台的过程中，根亲文化也深深地扎根于福建和台湾。这种祖根文化，成为维系海峡两岸同胞亲情乡谊和民族感情的重要精神纽带，在民族认同、民族复兴中一直发挥着巨大的作用。

河南与台湾在历史上有着同宗同祖、同根同源的紧密联系，据估算，全台湾人中汉族占98%，其中80%是由福建去台湾的"河洛人"。而台湾的"河洛郎"，是历史上三次大迁徙中由河南经福建再到台湾的。1953年台湾官方的户籍统计，每五户台湾居民中有四户先民来自光州固始。

"台湾有句谚语叫'陈林半天下，黄郑排满街'，这'陈林黄郑'四大姓追本溯源，根都在河南。有人曾形象地说，台湾之根五百年前在福建，一千年前在河南，台、闽、豫一千年前是一家。"

固始城东60华里外，分水亭乡王堂村。

史书记载，这里是五代十国时期闽王王审知的旧居。在陈元光之后200多年，王审知又进行了一场更大规模的固始入闽运动。

据传，王审知少时在村中常骑一白马，有"白马三郎"之称。这一美称跟随在他此后的戎马生涯中。唐朝末年，在黄巢起义的影响下，王审知与其兄王潮率众起事，领固始义兵数万人转战安徽、浙江等地，后在福建创建闽国，同子孙经营福建达50余年。

到了此时，福建人口上升到46万多户，王审知被尊为"王氏闽台祖"。后闽国内讧，王氏子孙为避祸，纷纷改姓叶、游、沈。王又被推为闽台叶、游、沈始祖。

史载随王审知入闽者有陈、张、李、王、吴、蔡、杨、郑、谢、郭、曹、周、廖、庄、苏、何、高、沈、卢、孙、付、黄、薛、韩等27姓，台湾流传家谱中写明源于固始的有18姓。

其中苏姓为都统军使固始人苏益，福建厦门同安文管处资料显示，元朝时，苏氏后裔被官府追杀，族人为避祸，改姓连、许，或从外祖姓周。苏益又被连、许、周、苏共推为始祖。

固始籍民定向南迁入闽，历史事件是其形成的原因。据《史记·越王勾践世家》载："越王勾践，其先禹之苗裔，而夏后帝少康之庶子也。封于会稽，以奉守禹之祀。"从此开始有了越国之称。春秋之时，于越之后领有七闽之地，这反映了中原及北方氏族流向闽越的支系和源头。

到了西汉时期，闽地土著居民开始强盛，不断围攻东瓯七闽之地，于是汉武帝于建元三年（公元前138）、元鼎元年（公元前116）、元封元年（公元前110）三次将闽粤汉民迁徙到"江淮之间"。固始历史属地因有孙叔敖兴修的"百里不求天灌区"，农业生产条件优越，当然成为北迁闽人的首选之地。地处数千里之外的闽粤从此与固始联系到了一起，这就为以后的中原士民南迁特别是固始属地土民定向徙闽创造了先导条件。

西晋武帝之后，中原"五胡乱华"，晋怀帝永嘉年间尤甚，大量中原士民纷纷南迁，其中固始属地士民入闽者最为显著。《三山志》卷二六《人物类一》载："爰自永嘉之末，南渡者率入闽，陈、郑、林、黄、詹、丘、何、胡，昔实先之。"《闽中记》载："永嘉之乱，中原士族林、黄、陈、郑四姓先入闽，今闽人皆称固始人。"

唐初，陈政兄弟相继率将校 123 员、府兵 3600 名及"58 姓"军校、士兵、眷属等 8000 余人入闽，唐末王审知三兄弟又先后率近万义军及乡民入闽，两次移民约有两万多人。经过数代繁衍，其后裔不断播迁到港、澳、台及海外，他们的族谱大多数都有记载，河南光州固始是其祖根。在两宋之季，每逢中原动乱，固始士民都因循入闽；闽地动乱，南迁后裔又会回到祖居地。由于南迁多为衣冠士族，与当地山民相比，都具有较高的生产技能和文化素质，因此加快了闽地的发展。

闽台自古一家：

南宋，泉州于澎湖列岛设戍，已有中原士民后裔进入该地区。元代中央政权正式经营台湾，福建沿海漳、泉等州地居民开始大规模入台，至明代已达数 10 万人。郑成功收台与施琅复台，又有数万中原后裔进入台湾。到清光绪十三年（1887）台湾建省，人口达到 230 万。据有关材料，现在台湾的 2300 多万人口中，80% 以上是明清时期福建及广东北部移民后裔，他们之中的大多数又是晋唐及宋代来自光州固始先民的后裔。

福建简称"闽"。据《说文解字》："闽，东南越蛇种。"福建地处亚热带，自古多蛇，史前时期这里的先住民以蛇为图腾。闽侯县昙石山、庄边山遗址及清流狐狸洞遗址等清楚地表明，原始社会时期已有人类在福建这块土地上繁衍生息。春秋战国时的福建被称为"东越"。秦末汉初，东越王无诸佐汉灭秦有功，被封为"闽王"，其国称为"闽越国"，福建自此称"闽"。唐开元年间，由于"闽越国"境内设有福、建、泉、漳、汀五州，而重要的州为福州（闽越国国都）和建州（闽北，福建通中原的必经之路），因而各取其头一个字称闽越为"福建"。由于开发得较晚，在唐以前的正史中，有关福建的记载较少。而自东晋"五胡乱华"始，中原华胄南迁，福建得到开发。唐末，河南固始的王潮、王审知携族南下，据有福建，福建得到进一步发展。

在王审知治闽期间，于兢在《琅琊王德政碑》中有过这样的描述：

"草莱尽辟，鸡犬相闻，时和年丰，家给人足。"这是对闽王王审知政绩的歌颂，可见在王审知管辖下，当时的福建人民安居乐业，温饱无虞。文人韩偓留居福建时，在《南安寓止》也有诗云："此地三年偶寄家，枳篱茅屋共桑麻。蝶矜翅暖徐窥草，蜂倚身轻凝看花。"这都说明从中原来的文人名士，对王审知统治下的福建乐土，很有感情，也都乐于在八闽大地久居。

闽王祠，正是1100多年前开发福建有功的闽王王审知的纪念堂，在福州市鼓楼区庆城寺左侧。据悉五代后晋开运三年（946），闽国灭。吴越国王钱俶下令将闽王王审知故第改为庙，以纪念闽王对八闽大地的贡献。这是建祠庙之始。历代皆重修，现存建筑为清代所建，后又经过多次重修。

有许多记载与传说涉及福建人到台湾下南洋，如南宋洪迈的《夷坚志》。明、清之际，大批福建人移居台湾，与台湾先住民一道开发台湾，台湾因而日渐繁荣。现在的台湾"本省人"其实多为福建人分脉而去，他们到福建来追根寻祖，绝大多数都可认到老家。

据史载，闽王王审知与其兄王潮、王审邽合称"开闽三王"。其中王审知还被尊为"八闽人祖"和"开闽王"。目前，闽台和海内外"三王"子孙宗亲共有200多万人，其中台湾岛内有50万人，金门当地有1万余人。

据福建《忠懿王氏族谱》，公元885年，义军由王潮、王审邽、王审知三兄弟等率领入闽，至公元909年建立闽国，王审知为开闽王。后于公元927年开闽三王之子王思义兄弟十人卜居于晋江青阳的杏厝王，是为晋江王氏开基始祖。

以王思义兄弟十人为杏厝王一世祖，于八世四郎移居罗山镇杏田村。十一世有礼从杏田迁居金井镇洲村。杏厝王的十七世王崎山迁至青阳莲屿的沿塘，明末清初沿塘的王佰荣迁居青阳的高岑（高霞）。王审邽派下二十世王质文于元朝至正年间开基安海大山后村，十八世王国和开基车厝。二十世王安明居大山后，至十七世孙宽宏、宽正兄弟徙居小布尔。

据谱牒所载，晋江王氏迁衍路线为：晋江—泉州—龙海—漳州；晋江—泉州—惠安—莆田—仙游；晋江—石狮—南安—金门—同安。

进入晋江后王姓发展较快，目前晋江市王姓聚族而居的主要为金井镇洲、钞岱、金井街太原堂，深沪镇大埯、东埯堡，龙湖镇大埔、火辉埔，英林镇后头、伍堡等 10 多个乡镇的近 200 个村落。上述村落王姓分堂号均为开闽传芳。

上述村居不断有族人向外地播迁：青阳杏厝王四世王德顺于清代咸丰年间，迁居台湾的台南，如今已传至十三至十四世，已是枝荣叶茂，其成村落。1928 年青阳镇杏厝王的王维汾曾往台南探亲。

据《罗山沙塘族谱》记载：王毅轩于明代成化（1471）移居龙岩；王横山于清末迁居于福州；王亦昌于抗战期间迁居龙海；王若亏、王秋庚于民国期间迁居石狮；王国祯等于清代末年移居菲律宾；王思夺等于民国期间迁往香港、澳门；王厨当等于民国期间到美国、墨西哥谋发展。目前沙塘已有万余人口，迁往石狮有 200 多人；迁居龙岩有 1000 多人；移居龙海有 100 多人；移居香港、九龙有近千人，居住于澳门的有 100 人左右。

明代永乐（1416）郑和第五次下西洋，经泉州征用民工，晋江各姓不少人被征。清康熙二十二年（1683）复界，开海禁后沙塘王姓不少人于道光二十三年（1843 年）到新加坡。晋江王氏在唐、五代、宋、元、明、清科举中有文科进士 110 人（唐、五代 1 人，宋代 77 人，明代 23 人，清代 9 人），武科进士 6 人（宋代 1 人，明代 2 人，清代 3 人），文武进士共计 116 人。考中文科举人 140 人（明代 68 人，清代 72 人），考中武科举人 32 人（明代 19 人，清代 13 人），共计文武科举人 172 人。还有清及清以前以荫补官文职 21 人，武职 23 人。历代较有声望名流，明嘉靖五年龚用卿榜的王慎中官至河南参政，时人称"嘉靖八才子"之榜首。明代隆庆二年，罗万化榜的王用汲官至南京刑部尚书。

二、王审知建设闽台的历史贡献

"沿江、临海、依山"是福建地域经济和文化的一大特色。据考古（距今5000多年的闽侯县昙石山史前古人类遗址）研究：由于地理优越，史前的福建就有闽越族土著居民繁衍生息。先秦时期就逐渐形成人口聚集之城；秦代属"七闽地"。秦统一中国后，推行封建郡县制，福建属"闽中郡"，建制东冶。汉灭秦后，福建正式成为汉朝在福建推行的第一个县份——即冶城。此时，北方汉族开始大量入闽，与当地闽越族融合同化，带来了黄河流域先进的耕作和冶炼等技术，促进了该地区的社会发展。汉末，福建设侯官县。两晋时，由于中原内乱，大量北方人口南移入闽，史称"衣冠南渡"。此时，福建人口大增，商贾云集，已逐渐发展成我国东南沿海经济社会比较发达的地区。其时，造船业、海运业居全国领先地位。据《三国志·吴书》记载，当时，福建设"典船校尉"；两晋时设"典船都尉"，已与夷州（今台湾），菲律宾等地有海运往来。唐末五代，闽王王审知在福建建立闽国。此时又有"十八姓从王"的大规模人口南迁，使得福州荟集了中原众多文人贤士。王审知治闽有方，前后历时29年（897—925）。这一时期，福建"时和年丰，家给人足"，是空前的经济、社会、文化大发展的好时期。历史上，福州城垣数经扩建，晋代建有"子城"，唐代建"罗城"，闽王王审知又两度拓宽城池。

福州作为历史文化名城，全兴时期始于王审知治闽。闽王重仕兴教，"延揽中原文学之士"；采取保境息民，开辟甘棠港，发展海运贸易。经济的繁荣也促进了文化发展，为以后各个时期英才辈出打下良好基础。唐、宋、明、清以来，福州籍进士达3600多人，其中，文状元16人，武状元7人，位居全国各城市的前列。

闽国是五代时十国之一。王审知所建。

王审知字信通，乾宁初期原为福建观察副使。"潮病，命审知权知军府事。及潮殁，让其仲弟泉州刺史审邦，审邦以审知有功，不受。审知乃自称福建留后，表于朝。"

光化元年（898）春，唐以审知充威武军留后，检校刑部尚书。同年冬，授金紫光禄大夫、右仆射、本军节度使。天祐元年（904）夏四月，唐遣右拾遗翁承赞加审知检校太保，封琅琊王。就这样一步步升至闽国之主——开平三年（909）四月梁加王审知为中书令、福州大都督长史，晋封为闽王。

《中国通史简编》第三编里说："唐末和梁、唐、晋、汉四朝，黄河南北广大地区遭受严重的战争破坏。唐末杨行密割据淮南，阻止北方的战乱波及长江流域，南方诸国得以稳定内部，发展经济，虽仍不免也有战争和暴君，比起北方来，却显得较为安宁。"当时在经济上，南方的繁荣和北方的萧条贫困形成鲜明的对照。

闽国的环境也与此相似。它在地理上有自己的独立性——可凭借武夷山脉和高耸的仙霞岭以及广阔的闽江作为天然屏障来巩固国防。五代末年，全国户数共200余万，仅仅是唐玄宗开元时代的1/3强。其中以江西、浙江、福建三省人口较密。如果社会不安定，人民不拥护，闽国是很难统治的。同时，还必须在经济上自成一个单位。十国中以吴与南唐势力最强，他们对中原之五代朝廷，始终采取敌视态度，对四邻亦怀有兼并的企图。这样的形势，不能不使王审知防范吴和南唐之入侵而宁愿臣服于中原五代，以谋抗制。于是王审知就开辟位于闽江口的甘棠港，以便于对外通商、发展贸易，并将贡品通过海道献给中央统治者。但在当时条件下，海道通航是危险的事业。每岁出闽江口渡大洋，然后经山东登莱入贡汴京，"没溺者有什四五"。关于这一点，台湾民间报纸登了一篇文章，题目是：《开门揖盗王审知》，文章（大意）说：因闽国左右邻都是强大的割据势力，王氏不容易受中原政权的领导，所以不惜以财宝付与日本海盗，借助其力量，使得日本人后来长期骚扰中国沿海地区有了基础。这事尚需深入研究，才能分析透彻。

五代时，北方战火纷飞，生活不安宁，人民群众相率逃亡南方。传说河南固始有黄、陈、林等八姓随员来闽，因为"毛锥子"没用了。

《五代史》载:"张肇曰:安朝廷,定祸乱,直须大剑长枪,若毛锥子奚用哉?"毛锥子,谓笔也。

王审知重视人才,兴学刻书,传播中国文化。天祐二年夏,唐学士韩偓挈族来奔,审知接纳之。还有一些中原社会人士为避乱来到福州,也为审知所留。甚至唐朝公卿子弟多依以仕宦。这样,在他身边辅佐的人就多了,因此后人都称赞王审知"礼贤下士,选贤任能"。有了一批文化人,文化也得到发展了。闽国诗人陈陶以战争为题材,写过四首《陇西行》(七绝),其中第二首:"誓扫匈奴不顾身,五千貂锦丧胡尘。可怜无定河边骨,犹是春闺梦里人。"至今脍炙人口,当代评论者认为:在闽国,有杨亿、柳永的诗词,郑樵、袁枢的史学——这是闽中文化之花,不能不归功于王审知兄弟尽心培植和扶持的基础。

但王审知也不是完人,天祐二年九月间,"淮南遣使来修好,因使者倨慢,审知斩之"。并上其书于后梁,淮南自此与闽绝交。原来他是害怕得罪朱温,为取得朱的信任才出此下策。有人劝王审知做皇帝,审知也是基于这个原因而不同意。后来,淮南并于吴国,吴国势力大振。它的统治地区东临海,西至夏口(今汉口),南至大庾,东南临太湖,北滨淮水,占有今江苏、安徽大部,江西全境及湖北之一部。像吴国割据这么大的地域,王审知是有后顾之忧的。

天祐二年,王审知开始修筑福州南北夹城。南北夹城又"谓之南北月城,合大城而为三,周二十六里四千八百丈。大城之门八,曰福安门、清平门、清远门、安善门、通远门、通津门、济川门、善化门。南月城之二,曰登庸门、道清门;北月城之门二,曰道泰门、严胜门"。这是一个很大的城池,后来在抵抗南唐军的进攻中起了积极作用。

王审知自身生活俭朴。《十国春秋》载:"王虽据有一方,府舍卑陋,未常葺居,恒常蹑麻屦,宽刑薄赋,公私富实,境内以安。"又说:"太祖虽起盗贼,而为人俭约,常衣袖袴败,乃取酒库酢袋而补之。"内政方针方面,他提倡廉政。因此他属下的官吏也多清廉。这些,也是值得后人敬仰的。

王潮、王审知原来打算向西进军，跋涉到蜀地去保护唐朝皇帝，还没等出兵，便被当地百姓拦住了。当时的泉州刺史廖彦若横征暴敛，残忍无道，百姓将士不堪忍受，但无人敢反抗。在王潮领兵经过泉州辖境时，军民派张彦鲁为代表，找到王潮，请求他带兵驱逐廖彦若，救泉州军民于水火之中。泉州的父老乡亲也拦在路中，带来犒军的牛和酒，流着眼泪恳求王潮为他们除去一害。

泉州当时是福建的一座大城，而且是个良好的港口，海上贸易发达，当地很富庶。见百姓这样恳求，王潮便答应了。他顺应百姓意愿，打出了替天行道的旗号，领兵包围了泉州城。

泉州城墙坚固，加上廖彦若死守，一时难以攻下，但王潮有泉州百姓的支持，粮草供应充足，天时加上人和，围困一年之后，王潮终于占领了泉州，处死了廖彦若。福建的观察使陈岩也顺应民意，任命王潮为泉州刺史。打下泉州后，王潮收编了泉州守军，扩充了军队。他又减轻原来的赋税，受到军民的拥戴。

王审知又让他的侄子王延彬治理泉州，使海上贸易发达兴旺起来，被人们尊称为"招宝侍郎"。这为泉州今后经营台澎奠定了基础。

王审知对福建的发展作出了贡献，在当时的乱世，他治理30年，使福建有了世外桃源之称。在用人方面，他对士人极其恭敬，大加重用。唐朝宰相王溥之子王淡和杨涉之弟杨沂都被他招进幕府，参与军政事务。

王审知在福州执掌福建军政大权前后达29年，堪称五代十国时期一位明智的政治家，他一生以史为鉴，以民为本，轻徭薄赋，省刑惜费，鼓励垦荒倡修水利，兴办学校，发展海外贸易，招纳中原名士，使福建成为当时全国比较稳定繁荣的地方，被誉为"文儒之乡"。因此他也被后世称为"开疆闽王"深受百姓爱戴。

王审知一直没有称帝，有人劝他，他说："我宁为开门节度使，也不做闭门天子。"百姓很喜欢他，有一次，雷电将海边劈出一个优良港口，百姓们纷纷说这是王审知的仁政感动了上苍。

三、王审知与固始的人文精神永续闽台

地处江淮间的河南信阳、固始，是历代中原南迁的肇始地和集散地，在漫长的历史变迁中，源于信阳的诸姓族人因各种不同的原因，不断向外播迁，广及全国进而又远徙海外，遍布世界各地。其中，迁徙人口最多、持续时间最长的则是南迁，尤以移居闽、粤、台、港、澳和东南亚地区最多。"光州固始"因其特殊的地理位置、自然条件、历史因缘，在由晋唐至明清的漫长岁月里，籍民南迁不计其次，难计其数，在信阳和河南省移民史上占有重要位置，影响极为深远，固始因此成为众多闽粤台港澳同胞和海外华人华侨的祖根地之一，成为独树一帜的"中原侨乡、唐人故里"。

徙居南国的固始籍民，带去了先进的中原文化、生产技术、农耕文明，加速了中国东南边陲人类社会的发展进程，其历史贡献与影响，令史册生辉。据台湾1953年户籍统计，当时户数在500户以上的100个大姓中，有63个姓氏族谱上均记载其先祖来自河南光州固始。这63个姓氏共67000余户，占台湾总户数82000余户的80.9%，如果加上500户以下的姓氏祖根在固始的居民，固始籍台胞所占比例更大。

现在侨居国外的华人和华侨后裔，无论是早期移居东南亚的，还是后期移民欧美及世界他地的，大多数是唐初、唐末固始籍移民的后裔，他们自称为"唐人"，聚居的街区称为"唐人街"或"唐人町"。

历史是人类文明的记录，每一个民族无不珍视其历史文化，否则人类将永久留在蛮荒。中华民族有五千年历史，文明光芒四射，成为亚洲各民族的文化泉源。进而言之，闽台文明又始于中原，仍是所有闽台人民所必须珍视的。

台湾族群的历史源流，连横在《台湾通史》中记载："历经五代，终及两宋，中原板荡，战争未息，漳、泉边民，渐来台湾；而以北港为互市之口。故《台湾旧志》，有台湾亦名北港之语。……蒙古崛起，侵灭女真，金人泛海避乱，漂入台湾。宋零丁洋之败，残兵义士，亦有至者，故各为部落，自耕自赡，同族相扶，以资捍卫。"绝大多数台

湾人根在闽粤，源在河南。唯在台湾，因政治上统"独"意识强烈分歧，台湾人族源认同也产生偏差。这是两岸迈向和平统一的必须解决的重要课题。

固始移民入闽，有其显著的特点：一是有组织有计划地一次向南方的大移民，而且目的十分明确，在平定"蛮獠啸乱"的同时，要"相视山原，开屯建堡"，作长期扎根的准备。二是人数众多。两批合计87姓，总人数数万人。三是有坚强的领导核心，入闽者始终是在统一指挥之下的。正是有唐一代，在承平的气氛中，形成了闽南文化的主要特色。

语言学家在论及方言的形成时，曾经提出几种重要的条件：一是大规模的人口迁徙，到新的居住地形成了优势的地位。二是地理位置比较偏僻，如山川阻隔、交通不便。三是政治上的强大影响力。初唐的这批中原移民，正具备了这样的条件。因而认为，闽南方言就是在唐代中叶定型的。

固始民众入闽，在平定"啸乱"的同时，尤其注重对原住地的"蛮獠"实行教化。以正统强势中原文化来教化边陲的民众，辅之以政治上的力量，使之得以顺利推行，原本人口不多且处于弱势的闽越文化、吴楚文化便退居次要地位，或消失，或融化于中原文化之中，乃是顺理成章之事。2007年国家建立闽南文化生态保护实验区，肯定其比较完整地保存了古汉文化，固始移民入闽，其功甚伟，绝不可等闲视之。研究好王审知与固始的人文精神，对巩固固始根亲文化历史地位，丰富河洛文化研究成果，扩大中原文化的影响，继承中华优秀传统文化，弘扬和培育民族精神具有重大的理论和学术价值。

【作者简介】陈榕三（1952—）男，汉族，台湾台南人。福建省社会科学院现代台湾研究所研究员。1973年9月—1976年7月就读于厦门大学汉语言文学专业。1989年8月毕业于中国社会科学院研究生院新闻学研究专业。主要从事闽台历史文化、台湾经济政治、两岸"三通""海峡西岸经济区"等研究。科研成果合计总字数 58.65 万字以上（其中著作 10 万字）。公开发表论著 30 万字；主要调研报告 18.65 万字。《源远流长的闽台交通关系》《历史上闽台往来运载工具考路》等文章先后刊发于《台湾研究》。

【文献来源】2008 年固始与闽台渊源关系学术研讨会论文，2008 年 10 月。

从族谱墓志看郑成功家族与固始的渊源关系

李 乔

2002 年 8 月 26 至 27 日，由河南省社会科学院、河南省姓氏文化研究会主办的"纪念郑成功收复台湾 360 周年学术研讨会"在郑州举行，尹全海教授在大会做了《追慕英雄——1970 年固始发现"郑成功墓"引发的社会关注》主题发言。尹全海在发言中指出，固始发现"郑成功墓"引发的社会关注，是一个颇具争议的话题。河南省人民政府把固始"郑成功衣冠冢"公布为重点文物保护单位，学界从固始发现"身穿郑成功官服的墓葬"调查开启两岸关系研究的微观视角，郑氏家族执着认定"固始是郑成功真葬地"，三种话语背后是希望郑成功与固始有某种渊源关系。尹全海教授讲得很对，从郑成功家族族谱和墓志记载来看，郑成功家族也确实与固始存在着渊源关系。

一、郑成功身葬何处

郑成功收复台湾几个月后，康熙元年（1662 年）五月初八，郑成功病逝于台湾。夏琳《闽海纪要》云："（康熙元年）五月庚辰，明招讨大将军延平王晋封潮王国姓成功殂于东都。五月朔，成功感冒风寒；文武官入谒，尚坐胡床谈论，人莫知其病。及疾革，都督洪秉诚调药以进，成功投之于地，叹曰：'自国家飘零以来，枕戈泣血十有七年，进退无据，罪案日增；今又屏迹遐荒，遽捐人世：忠孝两亏，死不瞑目！天乎天乎！何使孤臣至于此极也！'顿足抚膺，大呼而殂。时年三十有九，为五月八日也。"

郑成功去世后，葬于台湾县武定里洲仔尾，即今台南市永康区盐

124

洲里。郑成功就在台湾收复后不久便去世,清康熙《台湾府志》载:"郑成功墓,在台湾县武定里洲仔尾。男经祔葬焉。"康熙二十二年(1683年),施琅攻取澎湖,在台湾的郑成功之孙郑克塽顺应形势,归附清廷,并挈眷入京,受封汉军公。后来,郑克塽以台湾远隔滇海,祭扫不易为由,要求把郑成功、郑经等人迁葬大陆。郑克塽所作郑成功墓志曰:"岁癸亥,不孝克塽等举国内附,挈眷入京,蒙恩封汉军公;念台湾远隔滇海,祭扫维艰,具疏陈请乞迁葬内地。"康熙三十八年(1699年),康熙帝下诏说:"朱成功系明室遗臣,非朕之乱臣贼子。敕遣官护送成功及子经两柩归葬南安,置守冢,建祠祀之。"郑克塽即令弟克塽办理,把郑成功父子灵柩归葬于南安郑氏祖茔。郑成功父子归葬故里福建南安后,台南郑成功墓址渐毁,台南市文化局在原址立有"郑成功墓志纪念碑",以供人们凭吊、缅怀。

郑成功祖茔位于福建南安市水头镇康店村覆船山南麓,坐东南朝西北,砖圹多室,为家族合葬墓,三合土构筑,墓碑阴刻"明石井乐斋郑公、淑慎郭氏桥梓五世孙、六世孙、七世孙茔域"。墓前设有供案,墓埕石铺,左右分立石望柱,柱顶雕坐狮,竖有夹杆石九对。郑成功系乐斋的六世孙。1929年,郑成功墓被盗,1962年、1982年两次修缮。1982年,公布为第二批全国重点文物保护单位。

1970年,河南固始县汪棚公社邓庙大队宋大营生产队农民,在平整乱坟滩"牥牛地"时,发现一处有5座"罗圈"式坟墓,其中1座墓高出地面约2米,棺前有"郑成功之墓"木牌,另有许多小字,拿上来后,随即变质,字迹不清。棺内男尸以白布裹身,身穿黄色官服。官服胸部绣有五彩团龙,团龙上部绣有"土部丰府郑成功"7个字。头戴金属头盔,胸处有1块圆形护心镜,上刻有文字,另有七两多黄金和些碎银及1对直径5厘米的铜球等。"文革"期间,发掘文物均失落。后固始县对郑成功墓重新做了维修。2008年7月,河南省人民政府以"郑成功衣冠冢"之名将其列为河南省第五批省级文物保护单位。现在的郑成功墓,坐北面南,为圆形坟冢,直径5米,高2米。坟冢正中有固始县政府立碑，上书"民族英雄郑成功之墓"。墓周围松柏掩映，大门立柱上书"驱除荷虏功昭日月，收拾金瓯志振中华"，赞颂了郑成功一生伟大功绩。

此外，在广东大埔县三河镇还有一座郑成功衣冠冢。据《大埔县文物志》《古今三河坝》等记载，在三河镇凤翔山南安寺后山顶，有当地人称的"郑王坟"。据传，郑成功封王后，衣锦还乡，经三河坝往泉州。时三河坝城士庶官民夹道欢迎。郑王感民之至诚，以衣冠酬赠。郑成功去世后，三河民众于城厢建庙，雕塑金身，以作纪念。将所赠衣冠穿戴塑像上，栩栩如生。清朝建立后，郑王庙改为关帝庙。郑王金身及衣冠，移葬凤翔山南安寺后山顶，人称"郑王坟"。

上述四处墓地中，台南市为郑成功墓址，广东大埔为郑成功衣冠冢，郑成功葬地仅存福建南安与河南固始两种可能。黄猷先生认为南安郑氏祖坟作为郑成功陵墓值得商榷，他说："郑成功并没有属于他自己的陵墓。郑成功、郑经父子原葬台湾，以后，他们的灵柩却是被作为战利品献俘北京的，而贸然把郑氏祖坟称为郑成功陵墓，是值得商榷的。"欧潭生先生通过固始郑成功墓出土事实的调查，同时引征《郑事史事管窥》提出的康熙二十二年（1683 年）施琅攻取台湾后，郑成功的"灵柩是被作为战利品献俘北京"的历史线索，认定河南固始发现身穿郑成功官服且有郑成功铭文的陵墓即其真葬。郑文焕先生在对固始、福建实地走访的基础上，经过认真分析后认为，固始才是郑成功的真葬之地，其历史连线是：康熙元年（1662 年），郑成功病逝台湾，葬台南县洲仔尾—康熙二十二年（1683 年），施琅攻取台湾，将郑成功尸体挖献北京—北京寄柩十七年（克塽为立祠北京）—康熙三十八年（1699 年）归葬固始祖茔牡牛地，在南安石井修有衣冠冢（疑冢）。潘文贵、聂德宁先生对施琅"挈棺入京，行献俘礼"提出了质疑，他们认为，在清初收复台湾大背景下，施琅不敢也不可能擅掘郑成功墓"挈棺入京，行献俘礼"；相反，在统一大潮中，施琅以国家、民族利益为重，为平稳实现台湾的和平统一，"受降而不复私仇"。他们认为固始郑成功墓纯属谣传，从文献记载、考古文物都能实证郑成功墓确在福建南安。

由于南安和固始都没有足够的文物佐证，关于郑成功真葬地点还难以形成定论，但不论郑成功葬在哪里，都不影响人们崇敬、缅怀、纪念民族英雄郑成功的由衷之情，更不会改变福建南安与河南固始两地的渊源关系。

二、固始郑氏迁居闽地

福建南安与河南固始的渊源关系，在郑成功家族的族谱和墓志中有较多的反映。《石井本宗族谱》等文献明确说明郑成功家族是唐代光启年间（885—888）由光州固始迁入闽地的。崇祯十三年（1640年）郑芝龙所作《本宗族谱序》曰："我郑自唐光启间入闽，或于三山、于莆、于漳、于潮，是不一处；独我五郎公隐石与二、三懿亲若许、若伍者，茑[萝]相附、意味投合，遂于杨子山下石井家焉。今武荣山邱垅具在，则隐石公之所自来也。"同年郑芝鸾在《石井本宗族谱序》中说："吾郑著汉、唐表表，兹弗具述；述其光启间，十姓从王缘（注：王绪）光州固始入闽，于是有郑焉。如祭酒闽中公，德行煌煌宋册。嗣而分派，有居莆、居武荣。旋就武荣迁于杨子山下居者，吾祖五郎公隐石也。"郑芝龙之曾孙郑克塽所撰《郑氏袝葬祖父墓志》云："王父讳成功，字明俨，号大木，姓郑氏。先世自光州固始县入闽，由莆居漳、居粤之潮。至始祖隐石公，乃移居于泉之南安县杨子山下石井乡，遂世为南安人。"嘉庆六年（1801年）郑名山《石井名贤序》亦载："我郑自唐光启间入闽，或居于莆、于潮、于漳，是不一处；独我五郎公与二、三懿亲若许、若伍者，茑萝相符、意味投合，遂于杨子山下石井家焉。今武荣山邱垅具在，隐石公之所自来也。"

郑成功家族于唐末五代由光州固始入闽的说法是符合历史事实的。唐末中原淆乱，光州固始人王潮、王审知兄弟跟随王绪军队渡江南下，转战江西、广东等地后进入福建。后来王潮代替王绪成为军中主帅。

景福二年（893年），王潮军攻破福州，王氏因而占领了闽岭五州之地。唐廷任命王潮为福建观察使，王审知为副使。王潮去世后，王审知继任。唐末，以福州为威武军，王审知被任为节度使，累迁同中书门下平章事，封琅琊郡王。唐亡，后梁太祖朱温封王审知为闽王，后升其为福州大都督府，其国即为后世所称之闽国。王审知在位29年，推行保境息民政策，轻徭薄赋，奖励工商，鼓励垦荒，三年之内，人民衣食无虞；召集流亡，中原避乱人士，相从入闽，拓垦山林，兴修水利，一时闽中大治。他还十分重视发展海外贸易，在福州设置榷货务，由随王氏入闽的光州固始人张睦任之，张睦"招蛮夷商贾，敛不加暴，国用日以富饶"。在福建泉州，王审知的侄儿王延彬继其父王审邽为泉州刺史17年，"每发蛮舶，无失坠者，人称'招宝侍郎'"。《旧五代史》称："审知起自陇亩，以至富贵，每以节俭自处，选任良吏，省刑惜费，轻徭薄敛，与民休息，三十年间，一境晏然。"

与闽地"汙莱尽辟，鸡犬相闻，时和年丰，家给人足""千家灯火读书夜，万里桑麻商旅途"的升平景象相比，中原则是战乱不断。为了躲避战乱，福州及闽东一带便成了不少中原人徙居的首选目标，闽地人口得以迅速增长。在移居闽地的中原人口中，固始籍人口数量是相当大的。其来源有三：一是在追随王潮、王审知兄弟入闽的军兵。王审知是在固始籍乡人的支持下，从王绪手中夺取兵权的，因此入闽官兵中固始籍当不在少数，《十国春秋》《福建通志》等史籍记载的固始籍将领有张睦、詹敦仁、邹勇夫、邹馨、邓光布等。二是入闽官兵后人。王审知兄弟重乡情，据有闽地之后，固始籍军兵均得到了较好安置，纷纷在当地娶妻生子，固始籍闽人数量又有所增加。三是投亲靠友的固始籍乡人。与中原战事纷扰不同，闽地社会安定、富裕，因此，入闽固始籍军兵远在固始老家的亲朋好友、左邻右舍不远万里涌向闽地，使得福建固始籍汉人进一步增加。其间到底有多少固始人移居福建已很难考证，但通过史志、族谱等资料中固始入闽姓氏的梳理，还是能对当时固始人入闽的情况有个大概了解。《泉州谱牒华侨史料与研究》所收"其先来自光州固始"的 54 部族谱中,有 40 部明确记载是"唐末自固始入闽",或"随王潮入闽""随王审知入闽",共有王、彭、柯、许、郑、周、吕、谢、康、尤、苏、曾、涂、吴、蔡、卢、黄、龚、洪、刘、余、李、戴、施、董、庄、孙等 27 姓。大批固始人入闽,因此形成了"闽人称祖皆曰自光州固始来"的"闽祖光州"的现象。

综合有关文献记载,唐末五代时期由固始移居闽地人中有不少郑氏族人。《景定建康志》载:"郑侠,字介夫,其先光州固始人。四世祖偁,唐末随王氏入闽,遂为福清人。"宋代范祖禹在《郑闳中墓志铭》中写道:"公字闳中,其先光州固始人。唐末高祖为王潮所虏入闽,遂死之。子孙家福州,今为侯官人。"宋代杨时《郑毂墓志铭》:"公讳毂,字致刚,姓郑氏,其先光州固始人,唐僖宗时避乱,从王潮入闽,居建城南乡之龙池,故今为建州人。"宋代袁燮《李太淑人郑氏行状》:"太淑人讳和悟,福州闽县人也,其先家于光之固始,五季末徙焉。"明代郑岳《郑明允墓志铭》亦载:"郑本姬姓,五季初有讳摄者,自光州入闽,居长乐。长乐之有郑始此。"民国《永春县志》载:"郑凝远,字可远,唐司空畋之第三子,广明之乱自光州固始从王潮兄弟南迁泉州,光启二年统戍南安之桃林场,后告老退居姜莲龟山坪上,因家焉,今东门郑氏其后也。"《永春鹏翔郑氏族谱》记载,今永春城关东门桃东村郑氏,入闽始祖郑可远因中州战乱,避地光州固始,于唐末随王潮入闽,统戍桃林场(即今永春县),后肇居姜莲龟山坪上。传至四世有郑懋,为宋真宗潮阳军都巡检使,告老后卜居今县城东门一带,因地在大鹏山之阳,又取原祖居"坪上"之谐音,故称鹏翔郑氏。

迁居福建的郑氏后人不忘祖地固始,除在家谱中记述先祖入闽的事实外,还在家族祠堂里体现"固始"元素,如云霄县莆美镇高塘村郑氏宗祠联"固始溯源,自是衣冠济济;高塘分派,企看瓜瓞绵绵",安溪县西坪镇赤水村当格郑氏宗祠联"源溯光州固始瞻北斗;流芳奕世梅菊傲山前",都说明先祖来自光州固始。

三、闽台郑氏根在中原

还有一种说法，郑成功家族是西晋末年迁入闽地的。漳州漳浦郑氏新修《郑氏院前族谱》认为郑成功家族是由漳州迁入的，入闽始祖郑昭跟随西晋永嘉时期"八姓入闽"迁入闽地。《郑氏院前族谱》谱称，郑昭为郑桓公后裔第四十一世孙，荥阳人，西晋末年任龙骧将军，避乱入闽后授任建安（今福州）郡守，世居闽地，被尊为郑氏入闽始祖。唐时，郑昭十七世孙郑露、郑庄、郑淑三堂兄弟学识广博，厌仕弃官卜居莆田湖山（也称南山）讲学，时称南湖三先生。至南宋绍兴年间郑露十世孙郑伯可携妻子徙居漳州南郊文山山北，育有三子，长子献成，号如海，守祖山北，繁衍文册派；次子均贤，号如田，开基古县，繁衍鄱山派；三子显图，号如山，开基翠林，繁衍罗山派。此后播迁漳郡各地及泉郡南安石井等地。

"八姓入闽"发生在西晋末年。西晋怀帝永嘉五年（311年）三月，匈奴刘汉的兵马先在石勒的率领下，于河南苦县宁平城（今河南鹿邑县西南），大败晋军，围杀晋大臣、宗室、将士10余万人；继而六月间，刘曜率军攻陷洛阳城，俘获晋怀帝，纵兵焚掠，杀太子及诸大臣，士民死者3万余人。愍帝建兴四年（316年），匈奴军又破长安，愍帝出降，西晋亡。这就是引发中古诸多变动的"永嘉之乱"。永嘉乱后，北方少数民族进入中原地区，汉人政权遭到驱逐，"中州士女避乱江左者十六七"，有大批中原汉人涌入闽地，由此引发了所谓的"八姓入闽"事件。入闽八姓中包括荥阳郑氏。乾隆《福州府志》引宋人路振《九国志》曰："晋永嘉二年（308年）中州板荡，衣冠始入闽者八族，林、陈、黄、郑、詹、邱、何、胡是也。以中原多事，畏难怀居，无复北向，故六朝间仕宦名迹，鲜有闻者。"《直斋书录解题》卷八引林谞《闽中记》曰："永嘉之乱，中原仕族林、黄、陈、郑四姓先入闽。"唐代文学家欧阳詹在为晋江郑季实撰写墓志铭时说："公讳晚，字季实，其先宅荥阳。永嘉之迁，远祖自江上更徙于闽，今为清源晋江人。"《三修永春夹漈郑氏族谱》亦称该族系永嘉之乱中原八大姓入闽之一族，开闽始祖郑昭，原籍河南荥阳。入闽时初居侯官，后分居莆田、泉州等地。

对于漳州郑氏与石井郑氏之间的关系，还有不同声音，但郑成功家族与荥阳郑氏具有一脉相承的关系是没有疑问的。1994 年于厦门市鸿山出土的《皇明钦赐祭葬太师彦千郑公暨弟太傅涛千公墓志铭》道出了郑成功家族与荥阳郑氏的渊源关系。碑文称："……公姓郑，派分荥阳，从宋始祖丞相端愍公居泉之武荣邑，家称诗礼，代绍簪裘，彬彬盛矣。越至我明，影国将军乐斋公始卜筑而地于石井之西云，再传而为荣禄大夫西州公。"此碑由墓主郑广英（彦千）之子郑忠国、郑佐国作于永历四年（清顺治七年，1650 年）。据《石井本宗族谱·井江郑氏历代人物》记载，郑广英，号彦千，为郑芝鹏长子。郑芝鹏与郑成功之父郑芝龙同为井江郑氏十一世孙："西亭郑芝龙：小名一官，字曰甲，号飞黄，崇祯间，以军功授前军都督……西亭郑芝鹏：讳鸣都，字曰都，号舜臣；一号里万，一号砺园。钦授太师昭明侯。"碑文没有明确说明郑成功家族就是由荥阳直接移居闽地，也没有说出迁入闽地的时间，郑成功家族"派分荥阳"与郑氏荥阳郡望有关。

魏晋隋唐时期，荥阳郑氏仕宦显赫，名人辈出。荥阳郑氏的崛起是从西汉大司农郑当时开始的，至东汉末年，郑浑及郑袤、郑默父子官位显赫，名重当时，郑氏成功跻身于世家大族的行列，自此以后，荥阳郑氏"本枝硕茂，跗萼重晖，冠冕相仍，风流继及"。北魏时，荥阳郑氏与范阳卢氏、清河崔氏、太原王氏并称为四大族，享有无上的特权，史载孝文帝"雅重门族，以范阳卢敏、清河崔宗伯、荥阳郑羲、太原王琼四姓，衣冠所推，咸纳其女以充后宫"。唐朝，荥阳郑氏发展达到鼎盛时期。据统计，仅在唐代荥阳郑氏就有 9 位宰相、6 位状元、8 位驸马、22 位进士、32 位朝官，可谓簪缨满门，时有上殿"半朝郑"，下殿"满床笏"的说法。荥阳也因此成为郑氏最为重要的郡望。《广韵》曰："郑，姓，荥阳、彭城、安陆、寿春、东阳五望。本自周宣王封母弟友于郑，及韩灭郑，子孙以国为氏，今之望多荥阳。"明代王世贞《宛委余编》曰："郑五望，荥阳为贵。"

荥阳郑氏的辉煌成为郑氏族人的骄傲，以为荥阳郑氏后人而自豪，在自家的厅堂之上悬挂有"荥阳堂"的匾额，每逢年节喜庆之日，还在门前悬挂有"荥阳堂"字样的大红灯笼。编修族谱时，也往往将荥阳冠于谱名之前，国内外收藏的明清郑氏家谱中，谱名带有"荥阳"者比比皆是。所修祠堂也以荥阳堂为名，匾额、堂联包含荥阳字样。在福建省郑姓族人的祠堂里就有很多荥阳元素，如，安溪县金谷紫帽兜郑氏宗祠楹联有："荥阳衍派家声远；紫帽宗支世泽长""址紫帽膺丁财贵；源荥阳汇戳瑞宁"等；金谷镇金山村、金东村郑氏宗祠冠佩堂楹联有："冠裳济济，远绍荥阳祖绪；佩玉将将，丕振夹漈高风"；西坪赤水当格郑氏宗祠有"荥阳衍派"题匾，楹联有"太上三公，通德流芳辉万载；师官一品，荥阳世泽耀千秋"。南安县水头邦吟郑氏六甲二房宗祠的匾额题"荥阳衍派"，大门石勒对联："荥阳衍派家声远，通德流芳世泽长"。东山县东英村东郑郑姓宗祠灯号为"郑府荥阳"；东凌村郑姓宗祠堂联："莆田开枝，水木享荥阳而盛；礼乔衍派，春秋庆追远永思"。诏安县荥阳先春祖祠对联："莆田开枝，水木享荥阳而盛；礼乔衍派，秋庆追远而思"。南安石井西亭郑成功祠内的楹联"安乐村中，且幸考亭过此；荥阳家里，犹欣赐姓传声"中，"荥阳家里"也表明郑成功家族与荥阳郑氏间具有渊源关系。

从中原移居闽地的郑氏族人，经过一千多年的发展，如今已经繁衍至广东、台湾、海南，并漂洋过海远徙泰国、马来西亚、菲律宾、印度尼西亚、新加坡，甚至欧洲、美洲、澳洲等地。在闽台及东南亚地区，郑氏还是当地人口最多的姓氏之一，因有"陈林半天下，黄郑排满街"之说。郑氏族人不论迁徙到哪里，固始、荥阳所在的中原地区永远都是他们的根。

【作者简介】李乔，河南省社会科学院历史与考古研究所副所长、研究员。

【文献来源】2022 年第十届固始与闽台关系学术研讨会论文，2022 年 10 月。

闽台同胞祖地寻根研究

一千年前是一家

——台闽豫祖根渊源初探

欧潭生

1976 年，美国黑人作家阿历克斯·哈利写的《根》一书，轰动世界文坛，获得了美国普利策文学奖。小说描写美国黑人祖先被阿拉伯奴隶贩子从非洲西部掠运到美洲，其子孙历经千辛万苦寻找自己的祖根。这本书在台湾流行后，激起了台湾同胞的爱国热情，掀起了一股寻"根"追"源"的热潮。

台湾《青年战士报》从 1978 年 10 月 16 日开始，连续刊载《唐山过台湾的故事》，从台湾同胞的姓氏、宗族、文化、风俗等方面详细考察台湾与祖国大陆的骨肉关系。文章明确指出台湾的祖根在唐山，唐山就是祖国大陆，特别是福建、广东一带。紧接着，台湾"中央图书馆"于 1978 年下旬，举办了一个题为《根——台湾的过去和现在》的文物图片资料展览，展出文物图籍二百多件，证明台湾的祖根在大陆。

台湾《中国时报》于 1979 年 6 月 11 日以《乡土·血统·根》为题发表文章，指出："台湾是我们直接的根，而这根又嵌含在更大的根里，那便是中国。"

台湾黎明文化事业公司还出版了彭桂芳编著的《五百年前是一家》通俗历史丛书，对台湾祖根在大陆的问题，进行了详尽的考证。台湾著名学者张其昀先生也在《台湾丛书序》中列举了大量历史事实，说明台湾同胞大部来自闽南与岭东，即今闽粤二省。他还深情地说："血浓于水，台湾同胞终于投入祖国怀抱，这是中华民族碧血之所坚凝。"

台湾电影《源》是近年来台湾同胞"寻根热"发展到高潮的产物。这部电影耗资七千万台币，动用电影演员三万多人次，花了二百二十天才拍摄完成。作者以"源"为片名，以开发台湾石油作为题材，描写大陆移民不畏艰险、开拓宝岛的事迹。影片生动而又形象地使人们看到了台湾与祖国大陆血肉相连的关系。

通过这几年的寻根活动，台胞已确认他们的祖根在福建一带，因而发出"五百年前是一家"的慨叹！但是，在中华民族的悠久历史中，五百年仅是短暂的一瞬。台湾和福建更早的祖根在哪里？在纷纭繁杂的历史现象中，在古朴独特的方言土语里，在似曾相识的地名风俗方面，我们找到了一些蛛丝马迹，奉献出来，求教于各方人士。

一、四次人口大交流

越王勾践的后代无诸，协助诸侯灭秦，后来又帮助刘邦消灭楚霸王项羽。因此，刘邦建立西汉王朝后，就册封无诸为闽越王。到了汉武帝建元年间（公元前 140 年 - 公元前 135 年），闽越不服管辖，曾经多次叛乱。至今，在闽北一带还残留着闽越对抗汉朝所修筑的城墙遗址。后来汉武帝派兵镇压并采用迁徙政策，"尽徙其民于江淮间，以虚其地"（以上材料见《史记》和《福建通志》）。这是历史上福建与中原人口第一次大交流。说明早在汉武帝时，江淮间已有大批福建人居住。

晋代永嘉之乱，中原一代"衣冠如（入）闽者八族"（见《三山志》）。这八大族人家就是从河南避乱南迁至福建的官僚地主。大批中原人定居福建，在今天的地名上还保留着历史痕迹。福州有晋安河，泉州有晋江，这都是晋代中原人到福建后命名的。这是历史上中原与福建人口第二次大交流。

唐高宗总章二年，福建南部蛮獠叛乱，朝廷派河南固始人陈政、陈元光父子率五十八姓军校前去镇压，并开辟漳州郡（见福建《漳州志》和河南《光州志》）。这是历史上中原与福建人口的第三次大交流，也是对闽南和台湾影响最大的一次。至今，陈元光被尊为"开漳圣王"，台湾各地的漳州移民，一直奉开漳圣王为守护神，当作菩萨顶礼膜拜。据调查，台湾现有五十三所陈圣王庙，备受台湾同胞的崇敬。

又据《五代史》记载，唐末五代河南光州固始人王潮、王审知兄弟，率领数万人起义，转战安徽、浙江、福建。最后在福建建立了"闽国"。闽王王审知经营福建五十多年，使福建的经济、文化得到了很大的恢复和发展。这是历史上中原与福建人口的第四次大交流。闽王王审知及其数万起义部队对福建的影响是极其深远的。

综上所述，中原与福建人口的四次大交流都与河南有关，特别是唐朝的两次南迁，人口最多、影响最大。因此，台湾、福建和海外侨胞称自己为"唐人"，把故乡说成"唐山"，把聚居的地方命名为"唐人街"，这是有历史根据的。民间传说唐朝军队打进福建后，把闽越土著男子杀光。剩下的闽越土著姑娘与唐朝士兵结合，就地屯居，繁衍后代。所以，今天福建方言仍然通称男子为"唐部人""唐部仔"，通称女子为"诸人人""诸人仔"（诸，就是闽越王无诸）。这种特殊称谓，是寻找福建祖先的有力证据。

值得注意的是，唐朝中叶开辟漳州的圣王陈元光是河南光州固始人。唐末五代开发福建的闽王王审知也是河南光州固始人。甚至连收复台湾的民族英雄郑成功，其先祖也是"自光州固始县入闽"（见厦门鼓浪屿郑成功纪念馆拓片《郑氏附葬祖父墓志》）。这难道是历史的巧合吗？不，树有根，水有源，寻根念祖渊源长。

二、开漳圣王陈元光

陈元光，字廷炬，河南光州固始人，生于唐朝显庆二年（657年），卒于景云二年（711年）。陈元光十三岁就"领光州乡荐第一"。当时，他父亲陈政任岭南行军总管，率兵镇压福建蛮獠啸乱。由于寡不敌众，陈政退守九龙山。朝廷命陈政的哥哥陈敏、陈敷率领军校五十八姓组成援兵。途中，陈敏、陈敷卒，其母"魏氏多智，代领其众入闽"。仪凤二年（677年）四月，陈政卒，二十岁的陈元光代父领兵。经过九年平叛战争，于垂拱二年（686年）报请朝廷批准，设置了漳州郡。陈元光"率众辟地置屯，招徕流亡，营农积粟，通商惠工"，从而使漳州一带"方数千里无桴鼓之警"（见《漳州府志》）。

漳州是福建最大的平原地区，陈元光统帅的河南固始五十八姓军校及其士兵，开辟漳州，繁衍后代，对闽南的影响是十分深远的。闽南和台湾同胞都尊奉陈元光为"开漳圣王"。据《漳州府志》记载，漳州和漳江的命名，还与陈元光的祖母魏氏有关。魏氏"指江水谓父老曰：此水如上党之清漳"。这就说明，今天福建的漳州和漳江，是根据太行山的漳水而命名。

陈元光开辟漳州之后，"世领州事"。但他们并没有忘记祖籍固始。据河南《光州志》载：陈元光的孙子陈酆"在京见李林甫、杨国忠柄国，无意仕进。访弋阳（即光州）旧第，川原壮丽。再新而居之。数年，安禄山乱，漳州民诣福州观察使，诉乞遵先朝旧制，命陈酆领州事，以拯民生。朝是其请。酆至漳，荐学延师，锄强救灾，一如其祖守漳时"。由此可见，"开漳圣王"一家不仅"遵先朝旧制"，世代领漳州事，而且在河南老家还保留着陈氏家族的根基，互相间来往频繁。陈元光的三十六世孙陈华来，还担任过南宋光州太守。光州（今河南潢川县）学宫旁边纪念开漳圣王陈元光的"广济王祠"，就是陈华来当太守政绩昭昭，士绅百姓为颂其功德而捐款兴建的。

跟随陈元光开辟漳州的五十八姓军校，在闽南一带繁衍子孙，发展到今天，台湾和闽南一带陈、林、黄、郑四大姓占总人口的一半以上。群众中流传的"陈林半天下，黄郑排满街"，就是这个意思。这些大姓的族谱上，都明确记载着他们先祖是河南光州固始人。福建平和县朱姓族谱上，更明确地记载着他们的先祖是河南固始朱皋镇人。五代时，福建泉州著名隐士詹敦仁（字君泽，号清隐先生），祖籍也是河南固始人。

开漳圣王陈元光只活了五十四岁，但他和五十八姓军校对福建的历史产生了巨大的影响。

三、闽王王审知

无独有偶。时隔二百多年后，对福建历史又一次产生巨大影响的人物——闽王王审知，也是河南光州固始人。《新五代史·闽世家》记载："王审知，字信通，光州固始人也。父恁，世为农。兄潮，为县史。唐末群盗起，寿州人王绪攻陷固始，绪闻潮兄弟材勇，召置军中，以潮为军校。……绪率众南奔……自南康入临汀，陷漳浦，有众数万。……唐即以潮为福建观察使，潮以审知为副使。审知为人状貌雄伟，隆准方口，常乘白马，军中号'白马三郎'。乾宁四年（897年），潮卒，审知代立。唐以福州为威武军，拜审知节度使，累迁同中书门下平章事，封琅琊王。唐亡，梁太祖加拜审知中书令，封闽王，升福州为大都督府。"

闽王王审知及其子孙统治福建长达五十五年，对福建政治、经济和文化的稳定和发展起了重要作用。"审知起自陇亩，以至富贵，每以节俭自处，选任良吏，省刑惜费，轻徭薄敛，与民休息。三十年间，一境晏然。"（《旧五代史》）王审知奖掖农商，大兴水利。长乐县集数千民夫修筑海防大堤，设"斗门"十个，"旱潴水，雨泄水，堤旁皆成良田"。这是我国历史上较早的围海造田的范例。连江县开辟了一个东湖，周围二十余里，能灌溉良田四万余顷。福州南湖经过疏浚，面积达四十平方里。特别是福州、泉州两个海港的开辟，为海外交通打开了出路。王审知"又建学四门，以教闽士之秀者"。他本人"俭约自持，常着麻履，府舍卑陋，未尝营茸"。现在福州市鼓楼区有一座寺庙叫庆城寺，又叫"闽王庙"。寺前耸立着全国著名的大石碑，名为"王审知德政碑"。上面记载着王审知的生平事迹。

王审知带领河南固始一带的起义队伍数万人定居福建，必然把中原的文化、风俗和"乡音"传到福建。

四、关于郑成功墓的调查

众所周知，收复台湾的民族英雄郑成功是福建南安县石井乡人。

今年是郑成功收复台湾三百二十周年纪念。福建人民将在南安县重修郑成功墓。但是，河南固始县却流传着当地发现郑成功墓的传说。为此，我们专程到固始县汪棚公社邓大庙大队小营生产队进行了调查。据参加这座古墓挖掘的生产队长郑大成同志回忆，简记如下：

解放前这个坟堆有三四米高，前有石人、石马、石香炉、石牌坊，还有一人多高的墓碑。解放后只剩下土坟堆，当地群众叫它"莽牛地"。一九七〇年农业学大寨，我们大年初一开始在莽牛地平坟整地。清除封土后，发现"洋糖滑滑"（固始土语，即糯米拌石灰）。再下面是三指厚的石条。揭开石条后，见到棺椁（椁板至今还保留着一小块）。棺椁间一边插一对龙牌和虎牌。揭开棺盖，黄色的官服完好，头滚到一边，头上戴软帽。头特别大，牙也特别大。龙袍胸部绣着团龙，团龙上部绣着七个字——"土部丰府郑成功"（"丰"字疑为"壬"字）。字是黄色的，团龙是五彩刺绣。手上有黄色丝棉手套，脚下着厚底靴。棺底木板上刻着勺子星（即北斗星）。出土的七两多金叶子、银叶子让社员刘志义拿到合肥，被安徽省博物馆收走。还有一对铜球（直径约五公分）和一块护心镜（镜面有四个大字），连同其他墓出土的铜镜一起，拿到北边卖了。

根据以上材料分析，郑大成等人挖掘的古墓肯定是一座明清墓葬，而且墓主人生前地位较高。调查中，我们再三询问郑大成等人，对死者胸前的绣字是否辨认清楚？郑大成同志说："这七个字连同团龙部分的绣袍，我专门撕下来保存了两年之久。我本人姓郑，周围一带也多是姓郑人家。蟒袍上的'郑'字是繁体字。'郑成功'三个字肯定不会错！"

这就给我们提出了两个问题：河南固始这座墓葬为什么出现绣有一"郑成功"字样的官服？墓主人是郑成功本人，还是郑成功的部下？带着这两个问题，我们到福建进行了一个多月的调查。我们在厦门鼓浪屿郑成功纪念馆内，见到一块《郑氏附葬祖父墓志》拓片。墓志是郑成功的孙子郑克壆、郑克举篆刻的。墓志铭叙述了他们祖父郑成功和父亲郑经的生平事迹，并说明从台湾迁葬祖父和父亲是康熙皇帝"特旨恩准"。但是，他们并没有在福建给郑成功、郑经单独树碑筑茔，而是"附葬于南安县康店乡乐斋公茔内"，时间是"康熙三十八年五月廿二日卯时"。乐斋公是郑成功的七世祖。由于郑成功复明抗清，清兵破坏了郑氏祖坟，只剩下乐斋公等四位先祖的尸骨。现在我们见到的乐斋公墓茔是郑经修建的。郑克壆为什么没有给郑成功父子修墓树碑呢？虽然郑成功父子被清廷视为"叛逆之臣"，但康熙时，郑克壆已被授为公爵，"隶汉军正红旗"（见《清史稿》）。而且，迁葬郑成功父子是康熙皇帝"特旨恩准"，仪式隆重。这里，也给我们提出了两个问题：郑克壆、郑克举到台湾后是否真正找到了郑成功父子的尸骨？郑成功墓究竟在哪里？目前，我们掌握的证据不多，固始古墓又不是科学发掘的资料！因此，对于郑成功墓的问题，尚不能作出肯定的回答。

但是，河南固始明清墓葬出现的有"郑成功"字样的官服，说明郑成功与河南固始有着某种特殊关系。在《郑氏附葬祖父墓志》上十分明确地写着："成功字明俨，号大木，姓郑氏，先世自光州固始县入闽。"说明郑成功先祖的祖籍也在河南固始县。

五、祖根在河南固始

河南固始县历史悠久，春秋时期是蓼、蒋、黄三国地，后被楚国所灭，改称寝丘。楚庄王以其地封楚相孙叔敖子侨。吴王夫差曾经攻占此地，秦楚寝丘大战也发生在这里。东汉刘秀建武二年（26年），封李通为固始侯。固始这个县名已沿用了一千九百多年。今天的固始县已经是一百多万人口的大县，而历史上的固始县地域比现在还大（还包括今淮滨、商城的一部分）。

由于固始县僻处豫东南，当地方言中保留着许多中原古音。而这些古音也在千里之外的福建方言中找到了历史的痕迹。这里只举出几个特殊读音的字为例，略见一斑：

"硬"（yìng）固始读成 èng，

"牛"（niú）固始读成 óu，

"丸"（wán）固始读成 yuán，

"六"（liù）固始读成 lù，

"白"（bái）固始读成 bé，

"龙"（áóng）固始读成 lióng，

"足"（zú）固始读成 jú，

"杏"（xìng）固始读成 hèng，

"居"（jū）固始读成 zū，

"削"（xuē）固始读成 sūo。

以上保留中古音的固始方言，与福建福州和闽南方言的读音基本相同。日常用语中把"起床"说成"爬起来"，把"老头"说成"老货"，把"老婆"说成"老马子"，把"没有"说成"毛"等，固始和福建竟然完全相同。

再从地名和姓氏上对照，固始有"洛阳桥"，闽南也有"洛阳桥"。淮滨"乌龙集"原属固始，福州有"乌龙江"，两地都有"乌龙庙"。福建同安县有一个地方叫"杨宅"，据当地陈姓老人说，他们都是河南固始杨集迁来的。福建和台湾的姓氏"陈林半天下，黄郑排满街"，河南固始的陈、林、黄、郑等也是大姓人家。如果进一步考察两地的婚丧嫁娶、逢年过节风俗习惯，还可以找到许多共同之处。例如，固始一带的糍粑、挂面、鱼丸等是著名的土特产。这些土特产也随着历史的变迁传到了福建。糍粑变成了白粿，挂面变成线面，鱼丸里加进肉馅，演变成福建和台湾民间不可缺少的食品。

中国是一个多民族的国家。在数千年民族融合的历史中，要想寻找一个家族纯正的根，那是不可能的。但是，考察我国近五百年来的历史变迁，得出台湾同胞来自闽南岭东的结论，已经不是十分困难的事情。如果进一步考察唐朝以来一千三百年的历史，从中找出一些线索，来论证台湾和福建的祖根在河南固始，也不是不可能的事情。我们的调查研究工作刚刚开始。我们希望河南、福建和台湾三省的社会科学工作者，能够联合起来，从历史学、考古学、地名学、方言学和民俗学等方面进行深入的综合调查研究。这也算我们对台湾同胞寻根念祖的一种响应。

【作者简介】欧潭生，福建省文史研究馆馆员。

【文献来源】《中州今古》1983 年第 5 期。

寻根母语到中原

黄典诚

我来自福建厦门。我说的是闽南方言，闽南方言和闽北方言（还有闽东方言）同属我国九大方言之一闽方言。它和普通话有较大的区别。在闽南、闽东和闽北，祖祖辈辈都传说祖宗是河南来的。这件事记在方志上，写在族谱里。据《三山志》说："永嘉之乱，衣冠南渡，始入闽者八族。"又据《河南光州府志》载：唐高宗总章年间，福建南部蛮獠啸乱，朝廷以光州固始人陈政、陈元光父子率五十八姓前往征伐。陈政阵亡，陈元光年方十八，代父领兵，削平祸乱，疏请建置漳郡。又据《五代史》，唐末光州固始人王潮、王审知兄弟，率众起义，南下福建，建立闽国，采取了若干有效措施，开发了福建，发展了经济，推广了文化，安抚了流民。在中原板荡的时代，福建成了偏安的地方。这是中原人民成批流入福建的简况。福建和河南有着密切的乡土关系。福建方言就是从河南带去的。至今"客话"区人民还称闽方言为"（黄）河洛（河）话"，称说闽方言的人为"河洛人"。我这次带研究生到河南来为福建方言寻根，去固始县作了实地调查。

自从 1979 年元旦，全国人大常委会发出《告台湾同胞书》，台湾人民为响应统一祖国的号召，纷纷发起往大陆寻根的运动，他们写了许多"唐山过台湾的故事"。他们寻根的起点是闽南，终点无疑是河南。河南光州固始人陈元光开辟了漳州，被尊为"开漳圣王"，当菩萨膜拜。这位陈圣王也随郑成功到了台湾。至今台湾全省有大小陈圣王庙近百所。香火之盛，是很可观的。像陈元光这样有作为、有贡献的历史人物，正统历史新旧《唐书》没有他的专传，难怪有人为漳州南台庙（即陈圣王庙）撰下一对楹联：

> 唐史无人修列传，
> 漳江有庙祀将军。

通过这次调查发现，《固始县志》也缺了这一重要材料。应该参照福建《漳州府志》《龙溪县志》迅予补上。

事隔千年，这回找到什么"根"没有？回答是不多，但就所得的几条，已经很重要，够说明问题了。例如这里有"洛阳桥"，闽南也有"洛阳桥"。能是偶然的吗？又如管"没有"叫"毛"。甚至连"卤面"也被携带过去了。

我们的寻根，将引起台湾同胞的极大兴趣。今后，希望贵我两省语言学界的同志们，在共同为实现四个现代化的语言工作中，互相支持，互相配合，并肩前进！最后愿以小诗七律奉赠：

> 河洛中原是故山，永嘉之乱入闽南。
> 谋生更遍南群岛，击楫全收淡水湾。
> 莫谓蛮人多鴃舌，须知母语在乡关。
> 寻根不是寻常事，唤取台胞祖国还。
>
> 一九八一年三月十八日于郑

【作者简介】黄典诚，厦门大学教授。
【文献来源】《河南日报》1981 年 4 月 22 日。

论固始寻根

张新斌

在中国古代的大规模移民活动中，北方移民的中心为"山西洪洞大槐树"，南方移民的中心为"福建宁化石壁"。如今，这两处移民集散地，不仅在学术上得到认可，也已开发成为万众瞩目的寻根旅游胜地。但是，在东南移民中有着永远的"中原情结"，他们对中原的印象便是"光州固始"。

一、谱志中反映的根在固始的移民

王姓，《晋江凤头王氏族谱》（乾隆始修本）载：今晋江城东镇凤屿村王氏以唐末王审知为入闽始祖，明洪武十年（1377年）第二十二世王宾和始迁居凤里。《晋邑金安王氏二房三派西春公派族谱》载：今晋江金井镇西坡王氏，始祖王一齐兄弟在宋治平年间（1064—1067年）自光州固始南来，暂寓福海庵。《金瓯王氏五柱敦项公派家谱》载：今晋江东石镇金瓯（山前）王氏，出于五代泉州刺史王延彬之后，推武肃王王审知为入闽始祖。《崆阳开闽王氏族谱》载：今安溪西坪镇西部的崆阳，为当地大姓，其先祖上溯唐末入闽的王潮、王审知。始祖王佛生，为防倭事于明永乐元年（1403年）与弟王兴祖由长乐迁居安溪崇信里屯种，"四传"后王毅庵迁居崆阳。《台湾通志·氏族篇》收录的台北县板桥镇《王氏族谱》云："三十四世晔为光州定城令，因家于固始，晔曾孙曰恁，三子曰审潮、审邦、审知，兄弟有检，王绪辟为军正，以副前锋提兵入汀、漳，遂有闽、泉之地，而审邦之曾孙曰晔，又分居泉之西南隅船方巷。"

陈姓，《高阳、乐陶陈氏族谱》载：今德化县浔中镇陈氏均来自河南固始，宋元由晋江迁居同安，明正统甲子（1440年）陈质来、陈顺德由同安衍居德化并在高阳、乐陶播迁、发展。《鳌城陈氏大宗族谱》载：今石狮永宁村（鳌城）开基祖陈成庵源出河南光州固始县颍川派下。陈成庵，为宋代礼部侍郎，受命镇守永宁卫，遂携眷在此定居，已达二十余世。《溜江陈氏族谱》载：今晋江金井镇溜江，俗称溜澳，其陈氏始祖上溯河南光州固始，其名讳莫能稽考，宋元由莆田迁晋江，遂有溜江陈氏。《太平康陈氏公谱》载：今晋江东石镇平坑村陈氏始祖陈九郎，为光州固始人，其后裔于元至元年间（1271—1294年）迁居安海门头（文头）、平坑，遂有平坑陈氏。《杨滨乡康松陈谱》载：今南安码头镇新汤、康安两村陈氏，系永嘉元年（307年）由固始入闽，始祖为陈润。其后裔陈振元于明初由漳州而寓居于汤滨。《浯阳陈氏族谱》序云："太始祖讳政公，原系汝宁府光州固始县籍也，股肱唐室，历建弘猷，因赐姓曰唐将军，是朝总章二年（669年）奉敕驻闽，迨厥子孙元光、珦公，累袭祖职，复进驻于漳城，其丰功伟绩，卓越今古，啧啧载入口碑焉。"另据《台湾通志·氏族篇》："留居河南之陈姓，随王潮入闽者，为数似亦不少。本省《陈氏大宗谱》有收录。《福清陈氏宗谱》王风州序云：唐僖宗光启二年，祖元王潮入闽，而家福清之南阳村，三传徙长乐之江田，又徙古田县。"

刘姓，《塘滨刘氏九耀公派族谱》载：今晋江英林镇的塘滨刘氏，为彭城派，先祖刘存及侄刘昌，于唐末自光州率部入闽，开基福州凤岗一带，后又分居长乐、福清，其裔孙于宋末元初由福清徙居晋江塔头，历经十世后又分居塘滨。《泉南芦川刘氏族谱》载：今南安罗溪（古称芦溪）刘氏先祖为唐尚书刘文静，于唐末入闽，徙居武荣（南安），其后裔刘恒于宋代为侯林乡开基祖，传至侯（刘）二郎为芦川派之祖。《刘林刘氏族谱》载：今南安码头镇刘林刘氏之祖为唐代尚书刘文静，遭谗而子孙逃入光州固始，后易姓为侯，于唐末入闽，后再徙居武荣（南安），宋代刘恒开基刘林，为刘林侯姓之祖，至民国方易侯为刘氏。《刘氏大宗世谱》载："始祖刘讳锜，字信叔，号重珍，先是河南汝宁光州固始人也。唐天祐开平间……避地入闽，居建安，又居莆阳，数传而生皇祖讳极。"另在《宋太学生致政刘公妣太孺人合葬圹志》中，也记其先祖刘显斋为河南汝宁光州固始人，后梁时为威武军节度使，其二子刘崇安、刘建安居闽，刘建安之后为刘极，刘极子为刘锜，其后迁居泉州。

黄姓，《东石檗谷黄氏族谱》载：今晋江东石镇黄氏，与湖头（玉湖）、永坑合称为"东石三乡黄"，共奉黄龙为基祖。据载，黄龙祖父黄岸之先人系于唐末由光州固始避乱居闽。《虎丘义山黄氏世谱》云，今祖州黄氏先祖为黄霸及黄敦、黄膺父子，唐末自光州固始随王审知入闽，初居清流梓潭村，后居闽清梅溪场盖平里凤栖山。《闽杭黄氏宗谱》载：今闽西及粤东黄氏始祖为黄峭，其先祖由江夏迁河南光州固始，复迁福建邵武坪西，以后在闽西、粤东一带繁衍。又据明代黄风翥《金墩黄氏族谱序》所言："晋永嘉中，中州板荡，衣冠入闽，而我黄迁自光州之固始，居于侯官。"《黄氏族谱》载："其先四十三世南陆，居河南光州固始……七十三世志，由和平迁福建邵武……八十八世肃，子四，分居福州、江西、南剑。"《台湾通志·氏族篇》引台湾《黄氏族谱》："其先四十三世南陆居河南光州固始。"台北县深坑乡《黄氏族谱》云："世居光州固始。至晋，中州板荡，南迁入闽，始祖黄元方仕晋。"

李姓，《晋邑圳山李氏族谱》载：今晋江金井镇石州（圳山）李氏先祖李晦翁，初居砀山，后因中原变故，而侨居光州固始。唐末偕子李乐泉避兵福建，其后裔于元末由福州徙泉州，据圳山西卜居。《芙蓉李氏族谱》云：今南安梅山镇芙蓉李氏，先祖为光州固始人，于五代初从王潮入闽，其子孙移家于武荣（南安）芙蓉乡。《岭兜李氏族谱》亦云：今南安金淘镇李氏远祖系固始人，随王潮入闽，其后裔肇居梅山芙蓉，传至李仰宗时迁居岭兜。《台湾通志·氏族篇》引《台北县李氏族谱》谓："先祖光州固始人，唐末随王潮入闽。"

郑姓，《永春鹏翔郑氏族谱》载：今永春城关东门桃李村郑氏，其始祖郑可远因中原战乱于唐末随王潮入闽，统戍桃林场（今永春县），后肇居姜莲龟山坪上，传至四世郑懋为宋真宗潮阳军都巡检使，告老后卜居今县城东门一带，因地在大鹏山之阳，又取原祖居"坪上"之谐音，故称"鹏翔郑氏"。《三修永春夹漈村郑氏族谱》载：今永春仙夹乡夹漈村郑氏，为郑樵之后裔，其谱所载郑氏入闽时间较早，但郑樵为《荥阳郑氏家谱》作序时亦讲到，郑氏先祖自固始入闽者不在少数。另据《台湾通志·氏族篇》引台湾马巷《郑氏族谱序》谓："唐垂拱间，陈将军趋闽，郑姓遂星布闽、粤。"因此，郑姓分三次来闽，与固始也有一定的关系。

周姓，《桃源前溪周氏族谱》载：今永春桃城镇桃溪村周氏先祖于唐末随王潮、王审知由河南光州入闽，始居莆田。九世孙由莆田迁永秦盖福，明初由盖福迁前溪之象山。《铭山周氏族谱》载：今德化（铭山）赤水镇铭爱村周氏先祖周梅林，于唐中和三年（883 年）自固始从王潮入闽，先后居于仙谿（仙游）之东乡、延平郡之周田（今大田）。南宋时，周少九由大田移居赤水埔之铭山。

许姓，《湖头虞都许氏家谱》载：今安溪湖头镇郭埔（虞都）许氏先祖许侍御为光州固始人，唐末奉旨入闽，镇守漳州诏安，后又迁晋江石龟村，传至许景玉迁至南安诗山镇钱塘，景玉次子许振奴移居虞都。《漳州府志》有闽台许氏奉为始祖的许天正的传记："许天正，河南光州固始人，陈元光首将也。从元光入闽，元光有所申请，必讨论而后行。"许天正的后裔不少是客家人，并散居于闽、粤、台各省。

方姓，云霄《云阳方氏族牒》称方氏："祖子生，系河南光州固始人，自唐高宗垂拱二年（686 年）随陈将军政与其子元光下征南闽，乔居漳州。"该谱《晚唐六桂》云："方廷范，祖籍河南固始，唐昭宗大顺二年（891 年）辛亥科进士，官上柱国金紫光禄大夫，历宰闽之长溪、古田、长乐三邑，所在有惠政，百姓归心，颂称为'长官'。因当时中原割据，故定居莆田刺桐巷，遂名为方巷。廷范有六子，俱从河南登第，时称'六桂联芳'。"《崇正同人系谱》卷二载："唐时有方姓昆弟六人，均赐进士，是以有六桂堂之名。其父母平黄巢有功，受赏殊勋，后由河南迁于闽之莆田。"另据《台湾通志·氏族篇》引《惠州淡水西湖方氏族谱重修序》谓："莆田之祖，乃……廷范府君，唐季王审知据闽中，府君六子皆仕于王……人称六桂。"

曾姓，《武城曾氏重修族谱》载：今德化浔中镇曾姓，以"武城"为郡望，唐末从王潮入闽。《武城曾氏宗谱》收录的韩琦《清源曾氏宗谱序》云："唐僖宗光启间，王潮由光州固始趋闽，中原士民避难者皆徙以从，曾氏亦随迁福、漳之间，子孙因居焉。"《台湾通志·氏族篇》引晋江《曾氏族谱》有录《清源曾氏族谱序》亦讲到，曾姓随"王潮由光州固始入闽"，"随迁于漳、泉、福、兴之间，晋江之曾，始祖延世，为光州刺史也"。曾姓为曾参的后代，素有"天下一曾无二曾"的说法，上述记载应具有代表性。

吴姓，《古东吴氏通族谱》载：今石狮宝盖镇坑东村吴氏先祖由光州固始入闽后，卜居于兴化平海卫。宋元时，吴十七迁居坑东村。《诗山古宅吴氏族谱》载：今南安诗山古宅岭兜吴氏先祖，唐僖宗时随王审知由光州固始入闽，宋代吴定居今泉州鲤城浮桥镇一带（古武荣黄龙江），称"黄龙吴氏"。明初吴大冶迁居南安古宅，遂称"古宅吴氏"。《崇正同人系谱》卷二：吴氏"世居渤海，散处中州，其后随王潮入闽，由闽而入于粤之潮、嘉等处"。《台湾通志·氏族篇》引本省《吴氏族谱》中《祭公家传》："其祖有吴祭者，固始县青云乡铁井兜人，唐僖宗中和四年，兄弟一行二十余人，住福州侯官县，王审知据八闽之地，乃避地福、泉之间，遂为闽人。"

谢姓，《魁斗谢氏族谱》载：今永春坑仔口镇魁斗谢氏先祖，唐末随王潮入闽，始居莆仙，后迁安溪、永春，由留坡居魁斗。《清溪谢氏宗谱》卷首之《谢家分派源流考》云："吾谢为著姓……世居河南光州固始县……盖宣伯远裔有十六郎者，后唐时任藩长史，时乾符之乱，至乾宁四年（897年）丁巳，从王审知入闽，为黄连镇之将，生子望，望生彦彬，世袭镇将。"《台湾通志·氏族篇》引《清溪永安谢氏族谱》谓："祖为光州固始人，从王审知入闽，始迁泉州之安溪县永安东皋居焉。"

尤姓（沈姓），《蓬莱尤氏族谱》载：今永春达埔蓬莱村尤氏，源出自沈氏，沈思礼为河南光州固始人，随王审知入闽，升为驸马都尉，因避王审知之"审""沈"之讳，改姓尤，定居于武荣金田，后迁永春，明初尤琼由永春的逢壶魁源而居达埔蓬莱。

施姓，《浔海承德堂施氏家谱》载：今石狮永宁镇前埔村施氏之祖施柄，由河南光州固始播迁清高楼，其后施菊逸迁居晋江南浔（今衙口村），清初分居各处。《钱江长房派石厦厝后分施氏家谱》载：今晋江龙湖镇石厦村施氏，俗称"前港施"，始祖施典于唐末避乱入闽，屡经周折，后择右钱江而居，故以"钱江"为堂号，数世传至施宽惠开基石厦。《永南施氏宗谱》载：今南安施氏，其先祖在唐末自光州固始入闽，先居浔海（今晋江龙湖衙口），后迁居永南。《台湾通志·氏族篇》引《漳州府志》云："随陈元光开漳，有施光缵者，官府内校尉。"本省《施氏合谱》亦云：唐之中叶，始由河南光州固始县迁徙入闽。有秘书承公者，宅居于泉州钱江乡。

余姓，《诗山前山余氏族谱》载：今南安诗山镇前山村余氏，其先祖余黄敦本居光州固始，唐末五代时迁居南剑新安，后择武荣之北而家焉，其地号称余山，元时其后裔居诗山。建阳《余氏宗谱》称："有青公者……由河南固始而宰建阳……是为入闽鼻祖也。"《台湾通志·氏族篇》据《漳州府志》云："陈元光开漳，已有固始余氏，随之入闽。"

颜姓，《颜氏续修宗谱》载：今永春达埔镇中村的"蓬莱颜氏"，先祖颜泊于唐时由固始入闽，居德化顾杰泗滨，又徙居今永春达埔。《桃源东山颜氏族谱》载：今永春东平镇东山村一带颜氏，其先祖颜芳，号散先，由河南入闽，居德化泗滨，传至颜潾，迁居永春清白里。《台湾通志·氏族篇》据《漳州府志》载：陈元光入闽之后，已有颜氏从之入闽。

吕姓，《杰山吕氏族谱》载：今永春蓬壶镇杰山吕氏，先祖于唐末随王潮入闽，先后迁居泉州、南安、永春等地。台湾的吕氏族谱中也记明闽台吕氏始祖为吕占，唐肃宗宰相吕堙之后，世居光州固始，唐末徙居福建泉州府晋江县相公巷，后改居曾埭之草安。

龚姓，《沙堤蓬莱龚氏家谱》载：今石狮永宁镇沙堤村龚氏因王潮自固始入闽，遂卜居于龚山。《西偏西房龚氏家乘》载：今石狮永宁镇西偏村龚氏始祖龚十三，自光州固始首居晋江之龚山，以后分居沙堤、南塘、西偏等村。

柯姓，《坵城柯氏族谱》载：今安溪蓬莱镇蓬溪村柯氏先祖，唐末由光州固始入闽，世居泉州元妙观西水沟巷，元代时柯万山移居坵城，尊其父柯守顺为始祖。《鳌岱柯氏族谱》载：今晋江英林镇埭边村柯氏先祖柯延，于唐末由河南光州固始从王审知入闽而居南塘，以后又移居柯仓、鳌岱等地。《台湾通志·氏族篇》引《柯蔡氏族谱》有《南塘派序》云："唐僖宗光启二年，祖自河南光州固始，从王审知入闽。"

蔡姓（辛姓），《蔡氏族谱》载：今晋江青阳镇普照村蔡氏为蔡襄之后，其先世于唐末由河南入闽，初居兴化莆田，宋末居晋江青阳冷井水，后又居普照。刘大治《济阳渊源考略》在谈及柯、蔡、辛联宗时，也提到柯、蔡先祖自固始入闽，初居福州下大路风陈张鄞乡。其兄弟三人，长兄姓辛，号青阳堂，住息安、漳州等地。次为柯姓，号瑞鹊堂，住晋江、永春等地。三为蔡姓，号济阳堂，分枝莆田、漳、泉等地。另据台北县新庄镇《鸿儒蔡氏族谱》谓："为叔度之后，先世居光州固始，唐武后垂拱二年，从陈元光入闽，乃居漳浦之绿溪县。"

彭姓，《虹山彭氏族谱》载：今泉州市鲤城区虹山乡彭氏，又称"山顶彭"，先祖于唐僖宗广明元年（880年），由河南光州固始县迁闽之泉州，复迁城西之南安。宋初移居鲤城虹山，虹山开基祖为彭枨。

宋姓，《儒林宋氏族谱》载：今永春五里街宋氏，为唐右宰相宋璟的后裔。宋璟之孙宋易，宋易之孙宋骈为福建观察判官，宋易随其孙自河南光州固始入闽，居莆田，为入闽始祖。元时宋瑄由莆田迁永春。

《台湾通志·氏族篇》引中坜《宋氏族谱》载:《莆田县世系考》谓:始祖唐丞相环,字持正,河南光州人。

潘姓,《桃源潘氏族谱》载:今永春西达埔、蓬壶一带的潘氏,其先祖于唐初随陈元光由河南光州入闽,定居于漳州,元时潘银湖由漳州迁居永春,为入永始祖。《台湾通志·氏族篇》载:今台北县三芝、石门二乡潘姓均谓,先世居光州固始,嗣迁福建漳州诏安五都,迁移年代,已不可考。

康姓,《桃源凤山康氏族谱》载:今永春玉斗镇桃源凤山康氏,其先祖于唐末由河南光州固始入闽,先居兴化,后迁安溪感化里。明中期康孟聪迁居永春,为入永始祖。

苏姓,《双翰苏氏族谱》载:今德化县春美乡、大铭乡等地分布的苏氏,先祖苏益以都统职随王潮入闽,宋初苏奉礼肇居于德化石城,其族人出洋者达200余人。《仙源苏氏源流考》:"许国公三子六世孙益,为隰州刺史,随王潮入闽,居泉州同安。"《台湾通志·氏族篇》引《苏氏族谱·苏益自序》:"晚生益,唐衰世乱……随王潮入闽。"基隆市《苏周连氏同宗起源略录》云:"至威为隋朝纳言尚书,因数谏炀帝不从,被贬为光州刺史,后即旋回河南固始县林德乡,生五子……续传数世,凡三百余年。至唐末世乱,益公以嫡子孙继承武职,同王潮入闽。"

赖姓,《侯卿赖氏族谱》载:今德化县上涌乡赖氏之始祖赖开国,光州固始人,唐僖宗中和三年(882年)随王审知入闽,拜为福州节度使转琅琊王,居侯官(今福州)孝悌乡感化里。宋末赖十一入居德化县下涌钱塘,其地名为"赖厝国",其长子赖五一得侯卿之地,遂为侯卿之祖。

卢姓,《沙美卢氏族谱》载:今石狮永宁镇沙美村卢氏,源出河北范阳。唐末卢天禄随王审知自河南光州固始县入闽,先定居于西北山区,后逐渐向东南迁徙,后裔散居于永定、平和、清流等地。卢子仁、卢子明为沙美肇基始祖。《台湾通志·氏族篇》引《漳州府志》有录:

"固始人卢如今随陈元光开漳，子孙散处龙溪之墨场及长泰等地。是卢氏唐初即已入闽矣。"

戴姓，《诗山戴氏族谱》载：今南安码头镇大庭村一带，地处高盖山麓，此山又称诗山，故有"诗山戴氏"之称。其始祖于唐僖宗光启元年（885 年）随王审知入闽，择诗山之锦坂（今大庭村）而居，遂有"诗山戴氏"。《台湾通志·氏族篇》引《漳州府志》："唐初有陈元光将佐戴君胄父子，随之入闽开漳，似为戴姓入闽之始。"

庄姓，《桃源庄氏族谱》载：今惠安县山腰安氏，其始祖庄森自光州固始入闽，居永春县桃源里蓬莱山，其后裔遍布晋江、惠安、同安、莆田、安溪等地。台湾《青阳庄氏族谱》载："唐光启间，始祖森公，王潮之甥也，偕入闽，择居于永春桃园里美政乡，地名蓬莱。"

根据《台湾通志·氏族篇》记载，杨、郭、叶、何、沈、涂、董、洪、张、侯、林、廖、萧、罗、高、詹、魏、孙、曹、傅、蒋、姚、唐、石、汤、欧、邹、丁、韩、钱、柳等姓氏，均由先祖来自光州固始之源。因此，以上有约 60 个姓氏根在固始，他们入闽的时间大多集中在唐初和唐末。

二、中原南迁移民潮中的"光州固始"

1. 对东南地区最有影响的三次中原士民南迁

历史上中原士民向东南地区大规模迁徙的高潮共有三次。

一是西晋末年的移民潮。如乾隆《福州通志》卷七五《外纪》一引路振《九国志》云："永嘉二年，中州板荡，衣冠始入闽者八族，林、黄、陈、郑、詹、邱、何、胡是也。""八族入闽"的传说，在《莆田揽巷文峰陈氏族谱》《莆田九牧林氏谱》《莆田南湖郑氏谱》《参山二房黄氏族谱》等谱书中有所反映。在《福建府志》《建瓯县志》中，也有相关的记载，但在正史与考古资料中，还没有得到印证。我们认为，"八姓入闽"的传说，与中原士民在西晋末年南迁的史实相吻合，他们虽然不可能如族谱所说均为"衣冠大族"，但其移民的时间与福建设置

"晋安郡"的时间相吻合，因此也预示着中原先进文化开发福建的开始。关于八姓在中原的籍贯，虽然也有客家人林氏所载"聚族于河南光州"，但总的来说，这次移民潮，固始的符号作用并不明显。

二是唐代早期的移民。唐高宗总章二年（669 年）在闽、粤之交的区域发生了"蛮獠啸聚"，时任玉钤卫左郎将的陈政，受朝廷之命以岭南行军总管的身份率府兵 3600 人，及副将 123 人入闽平叛。陈政所部一度曾陷入困境之中，陈政二兄陈敏、陈敷率 58 姓军校前来增援。在征战途中陈敏、陈敷病死，陈政之子陈元光率军南下与父会合。陈政病逝后，陈元光代父职任岭南行军总管，平叛后并任新设的漳州刺史。他与大部分军校落籍闽南，建设和开发漳州地区，被誉为"开漳圣王"。陈政、陈元光父子的事迹，虽不见于正史，但在《重纂福建通志》《广东通志》《颍川开漳族谱》《漳州府志》以及陈、杨、郭、何、萧、罗、魏、孙、曹、蒋、姚、唐、石、汤、欧、丁、钱、柳、郑、沈、施、余、颜、蔡、卢、戴等谱书中，均有类似的记载，说明这次移民对于福建的开发尤其是对漳州的开发具有重要的意义。

三是唐代末年的移民潮。唐代末年，天下大乱，人口迁移的幅度极大。而五代十国中的"闽国"，应该是在中国历史上得以公认的在今福建建立的有一定实力的地方政权之一。闽国的建立者多为中原人，可以说在这个偏安一隅的地方政权的庇护下，这里不仅保持了数十年的安定和发展，更是因为这是一次前所未有的中原先进文化对东南地区的全面洗礼，也为后来东南文化的崛起打下了坚实的基础。

2. 王氏闽国与东南文化中的"固始"情结

关于王审知及王氏籍贯，不仅在《重纂福建通志》卷八八《五代封爵》及许多志谱上有明确记载，《新五代史》卷六八《闽世家·王审知传》也明确记载王氏为光州固始县人。根据《文物》杂志 1991 年第 5 期，福建省博物馆等公布的《唐末五代王审知夫妇合葬墓清理简报》可知，在福州北郊莲花峰南麓王审知夫妇陵墓的清理过程中，发现有王审知夫妇的墓志，其中《大唐故扶天匡国、翊佐功臣、威武军节度、观察处置三司发运等使、开府仪同三司、守太师兼中书令、福州大都督府长史、食邑一万五千户、食实封一千户闽王墓志并序》云："闽王讳审知，字信通，姓王氏，其先琅琊人也……曾祖讳友则，汉丞相安国郡陵三十四代孙，赠尚书左仆射……仆射贞元中守定城宰，善政及物，去任之日，遗爱遮道，因家于光州，故世为固始县人。"因此，王氏居家固始，并在那里居住了相当长一段时间。

随同王潮、王审知入闽的军校，涉及数十个姓氏，前述可知，他们均已表明为"光州固始"人。《资治通鉴》卷二五四记载，中和元年（881年）有屠者王绪组织了一支农民军，攻占了光、寿二州，当地民众广泛参加。王绪后任光州刺史。《新五代史》记载，光州固始县的王氏三兄弟，亦参加了王绪的队伍，也就是说，王绪部属构成应为寿、光二州籍人，尤应以光州为多。史载可知，王绪率军南下时胸无大志，王潮等取而代之，并在以后收复了福建的五州之地。王潮死后，王审知被唐末政权任命为威武军节度使、福建观察使，并被后梁封为闽王，在任时间达29年之久。他采取了保境息民的政策，发展了海运事业，并对福建的建制进行了调整。添设了六县三镇二州，对福州城进行了整治与拓展，因而使福建的经济和社会的发展达到了前所未有的水平。

王审知远在他乡统治一方，其依靠的主要力量，仍是与他一同南下的乡里故友，因此有更多的"光州固始"籍军校升任高官，在当时的历史条件下应该是十分正常的，由此形成了共同的"固始"情结。宋代史学家郑樵在《荥阳郑氏家谱序》中指出："今闽人称者，皆曰光州固始。实由王绪举光、寿二州，以附秦宗权。王潮兄弟以固始之众从之。后绪与宗权有隙，遂拔二州之众入闽。王审知因其众以定闽中，以桑梓故，犹称固始。故闽人至今言氏谱者，皆云固始。"

从中原士民对东南地区的三次迁移浪潮中，我们不难看出，在唐代的二次迁移中，由于主导者陈氏、王氏均为"光州固始"人，因此而形成了闽人的特有的固始现象。东南地区对中原"光州固始"的根的认同，虽然有着除功利色彩以外更多的社会、政治等复杂因素，从历史学的角度考察或许有必要廓清，但实际却反映了中原移民对中原文化的眷恋，我们认为族谱中尤其是唐代二次移民，甚至影响到早期移民对中原的模糊认识，从而强化了他们对中原之根的认识。毫无疑问，"固始"从某种意义上讲正是"中原"的化身。

3.唐代的固始：豫闽两地永远的印痕

第一，陈氏的影响，豫闽两地的文献和遗迹。

陈政、陈元光在福建有较大影响。如《泉州府志》卷三六"坛庙寺观"部分，南安县有"威武陈王庙，祀唐豹韬卫大将军元光，宋建炎四年赐额'威惠'。唐左郎将、归德将军……贞元二年，徙州治龙溪，敕葬于州北高山。"《泉州府志》卷三七"古迹"部分，惠安县"唐归德将军，陈政故里，在县北。政，光州固始人也。从太宗征战有功，拜左郎将，归德将军。总章二年，泉潮蛮獠啸乱，居民苦之，高宗敕政统岭南行军总管事，镇抚其地"。另在《台湾通志·氏族篇》专引《漳州府志》："陈政，光州固始人，唐高宗总章二年，泉、潮间，蛮獠啸乱，朝廷以政统岭南军事，偏裨一百三十二员从焉，镇绥安（今漳浦）。政兄敏，嗣镇五十八姓入闽相助。旋政卒，子元光领其众，戡定蛮乱，奉命世镇漳州，遂屯师不旋，垦土招徕，方数千里，无烽火之警，号称乐土。世谓：漳州开辟，自此为始，亦为陈姓入闽之始也。"由此可知，陈政、陈元光不仅在福建有影响，在台湾也极受尊崇。

陈政、陈元光在光州固始，亦为家乡人们所怀念。光绪《光州志》卷五"忠义列传"中有："陈元光，字廷炬，弋阳人，生于显庆二年二月十六日……总章己巳年甫十三，领光州乡荐第一队，从其父政将兵五十八姓以戍闽。父薨，代领其众，任玉钤卫翊左郎将。宋孝宗时加封为灵著应昭烈广济王，命有司春秋祀之。其系本于胡公满后，子孙以国为姓，遂易妫为陈。汉建武间有祖名孟连者，为固始侯，薨葬于浮光山之麓，子孙因而留家焉。元光三十六世孙华来为光州守，表扬其德，士民为立广济王祠于学宫之左。"《光州志》卷二"忠义祠"：

"陈元光，唐赠中毅高惠广济王。"光州陈氏，在《光州志》中还有记载，如卷之六"宦迹列传"中有"陈泳，子章甫"。"陈泳，字正雅，旧为光州人，因祖元光戍闽有功，世守漳州刺史，遂为闽人……复补光州司马，寻加本州团练使。又章甫，字尚冠，建中初举明经。贞元四年，除庐州司理，寻迁西南督府。率军十九年，转光州司马，代父本州团练。元和三年，转京兆司田，兼领度支郎中，以父病乞终光州左拾遗……元和十二年泳卒，章甫扶柩归葬于漳。敬宗初复补光州司马加团练使，辅国左将军，士民爱之如慈母。"在该志卷之八"仕贤列传"中，有唐代"陈酆，字有芑，先世弋阳人，因祖元光戍闽有功，世守漳州，遂为闽人。父珦举明经及第，授翰林承旨。珦生酆，德性温恭，幼耽经史。天宝六年，举秀才，授辰州宁远令。在京见李林甫、杨国忠柄国，无意仕进，访弋阳旧第，川原壮丽，再新而居之数年。安禄山乱，漳州民诣福建观察使诉乞遵先胡旧制，令陈酆领州军事，以拯民生朝，是其请陈酆至漳建学延师，锄强救灾，一如其祖守漳时。"

从以上情况可知，固始陈氏，历史悠久，其后人陈泳、陈章甫还在光州任司马。其后人陈酆曾专程回老家"访弋阳旧第"，并进行翻新后，"居之数年"。宋代以后，其后人陈华来任光州太守，奉旨"立广济王祠于学宫之左"。据调查，在今固始县陈集乡陈集村，有大量的陈氏后裔，他们与陈政、陈元光同宗同祖。清嘉庆年间重修有"将军祠"，至今还保存有大殿5间，硬山灰瓦顶的厢房建筑14间。

第二，王氏影响，豫闽两地的文献和遗迹。

王潮、王审知、王审邦兄弟三人，在福建有更大的影响。如《泉州府志》卷三九"名宦"部分，有"王潮，字信臣，光州固始人。五代祖为固始令，民爱其仁，留之，因家焉。世以资显。潮兄弟三人，长即潮，次审知、审邦。"在该志卷三七"古迹"部分，惠安虽有"节度使王审邦墓，在城东凤山，徐寅撰神道碑。""节度使王潮宅在盘龙山下，后改为寂光寺。"在《泉州府志》中，也可以看到唐末移民的痕迹。如卷之五十六"武迹"部分有"刘日新，光州固始人，仕唐为金紫光禄大夫，乾符中黄巢寇闽，日新领兵追至烔场。""宋武迹"中有"苏光海，父益，乾符中隰州刺史，自光州固始随王潮入闽"。卷六一"唐乐善"部分有"黄守恭，先光州固始人，移居泉州，乐善好施，人称长者"。

王氏兄弟的事迹，也见于河南志书的记载。如乾隆《重修固始县志》卷一五"大事表"中记载，唐中和元年"八月寿州人王绪作乱，陷固始"。另有小字注释："《文献通考》：王潮，光州固始人，初为县吏。寿州人王绪攻陷固始，以潮为军校，绪为秦宗权所攻，率众南奔，自南唐入汀陷漳浦。绪性忌多杀，潮与其前锋将执绪杀之，推潮为主。"另在该志卷二二"人物第二十五""世家"中，也有"王潮，字信臣，光州固始人，五代祖晔为固始令，民爱其仁，留之，因家焉……"，"王审知，字信通，光州固始人。父恁，世为农，兄潮为县吏，唐末群盗起，寿州人王绪攻陷固始，绪闻潮兄弟材勇，召置军中，以潮为军校"。该志卷一九"吏绩"中专列有"王晔，王潮五世祖，为固始令，民爱其仁，因留家焉"。在卷二〇《列传》中有"王审邽，字次都，固始人，潮弟，为泉州刺史，喜儒术，通书春秋，善吏治"。在清光绪《光州志》卷三有"武功列传"，其中有"王潮，字信臣，固始人，世以资显，初为县吏……"，"王审知，字信通，状貌奇伟，常乘白马，军中呼'白马三郎'，为威武军节度使……封闽王，凡十八年"。另在该志卷一七《善行列传》中有"王延嗣，光州人，唐亡，梁太祖拜王审知为中书令封闽王，延嗣力谏曰：义不帝时，此其时也。时强藩巨镇，僭号审知，有效颦意，延嗣力谏审知，虽不乐其言，然终身不失臣节，延嗣之力也。"在卷八《仕贤列传》中，有"王审邽，字次都，潮弟也，为泉州刺史，善儒术，通春秋，明吏治。"因此，王氏兄弟的事迹，也为光州固始人自豪并铭记于志书之中。

4. 打固始品牌，建寻根基地

以固始为主体的唐代中原士民的两次南迁活动，在闽台地区及海外华人中的影响是巨大的。陈氏父子、王氏兄弟及其移民，带去了以固始为主体的中原文化、语言、风俗，带去了中原人吃苦耐劳、诗书传家的风尚。"光州固始"成了东南地区移民后裔心目中永久的根脉所在，在他们的眼中固始是中原的代名词，是他们永远的祖地。固始，是闽台与中原无法割舍的重要纽带。研究和开发固始的根文化资源，在固始建立闽台寻根基地，对于加速中原地区改革开放的步伐，加速老区建设都具有十分重要的意义。

第一，唐代二次以"光州固始"为主的中原士民南迁活动，在闽台及海外具有广泛的影响，要加强对固始寻根的专题研究，定期举办以豫、闽、台为主干的学术研究活动，在研究与论证的基础上加大开发力度。

第二，要摸清家底，对固始、光山等地的与唐代移民相关的实物资料进行广泛的调查，对有价值的祠堂、庙宇、碑刻等文物进行有效保护，为闽台及海外华人寻根提供更多的实物根据。

第三，要加大对固始这一知名品牌的开发力度。从全省寻根游的大格局上，重新对"光州固始"进行定位，将"固始寻根"建成河南省乃至"中华寻根朝敬之旅"的精品，建成河南省的寻根游的基地。要从高品位的角度认真规划"固始寻根"这一名牌旅游产品，使之成为在海内外叫得响的名牌。

第四，要加大宣传力度，利用各种媒体进行有计划的宣传与促销，要走出去，到闽台及海外进行宣传，筹组举办"固始寻根文化节"，加强固始与闽台的联系，使之成为带动开发，全面发展的综合性盛会。

"固始寻根"是一个在海内外有广泛影响的大课题，是我省极为罕见的含金量极高的知名品牌。作好"固始寻根"这篇大文章，不仅对于信阳以及大别山老区建设和发展是一次难得的机遇，并将成为中原地区对外开放的窗口和纽带，为新世纪中原文化的全面振兴发挥应有的作用。

【作者简介】张新斌，河南省社会科学院历史与考古研究所所长、研究员。

【文献来源】2009 年固始与闽台渊源关系学术研讨会论文，2009 年 10 月。

台湾百家姓固始探源

许明镇

台湾百家姓的根源与祖地，在大陆的闽南与粤东两地，这是大家所熟知的；但进一步的根源与祖地又在哪里，大家就模糊不清、不甚了解了。其实考察历史，探究闽、粤人的来源，可以发现这进一步的根源，就在中国中原故地河南固始。有人说："台湾百家姓五百年前的根在福建，一千多年前的根在河南固始。"一语道尽台湾与闽南百家姓的根源问题。寻根探源、追溯祖宗是人类的本能、潜藏的基因。愈是能够探知家族来源的历史纵深，愈能巩固珍惜家族的传统与优点；就此而言，将自身、家族放大为种族、国家亦然。一个族群、一个国家愈能明了自身的历史纵深，则将愈能记取历史巨大的经验教训，以期长治久安、屹立于世。

一、中国历史五大移民潮，唐初与唐末为中原入闽的时机点

今信阳市固始县，为唐朝光州固始之故地，固始虽僻居河南之东南角落，离洛阳与开封有四五百公里之遥，但它却是通往长江流域与闽、粤的要塞。在由晋唐至明清的漫长岁月里，地处江淮豫皖边缘的河南省固始县，作为历代中原河洛人南迁的肇始地与集散地，在中华移民史上，和山西洪洞大树、福建宁华县石壁村、广东南雄县珠玑巷，同为中国最著名的移民潮集散地点，可以在历史上相辉映。

而河南固始更是福建与台湾一带移民后代的朝宗祖地，在今闽台一带的家谱中多有"祖先为河南光州固始人"的记载，这与唐初与唐末两次的福建大移民潮有关。首次由固始向福建的移民潮，发生于唐

高宗总章二年（669年），闽南山民骚乱，朝廷命光州固始人陈政率府兵3600名、战将123员，入闽平乱。

起初战事不利，朝廷又命陈政之兄陈敷、陈敏率固始58姓军校增援，才告成功。仪凤二年（676年）四月，陈政病故，21岁的陈元光代父领军，经过九年战斗，平定了局势，报请设置漳州郡。武则天垂拱二年（686年），朝廷任命陈元光为漳州刺史兼漳浦令。陈元光遂在闽南漳州地区开疆拓土、兴修水利、建立庠序，使闽南成为当时的一方乐土，因而被后人尊为"开漳圣王"。

第二次由固始向福建的移民潮，则发生于唐末黄巢大动乱，当时固始东乡人王潮、王审邦、王审知三兄弟率乡民5000人投入义军。这一支义军，由固始挥军南下，转战江南，最后经江西进入福建。

898年王潮死，由其弟王审知继任威武军节度使，尽有今福建之地。909年，王审知被后梁封为闽王。他提倡节俭，减轻赋役，与民休息，境内安宁；又收用唐流亡人士为辅佐，建立学校，为开发和建设福建作了极大的贡献。在固始随同王潮、王审知入闽的共有27姓约5000人，遂全部在福建定居。

由史实证之，唐光州固始确为今日闽南人的原乡故地，闽南又为今日台人的原乡故地，豫闽台三地的根缘在历史上一脉相连，在文化上丝丝相通，另在方言、习俗、宗教、伦理、生活、祭祀等方面，均有其相通相洽、相濡相亲、情牵千万里、心通认祖源的深深因缘。

二、台湾前100大姓的根源在河南固始之历史文献探讨

台湾历史上姓氏的调查，一共有六次，前三次是抽样性的，后三次则是全面的调查。1978年首次以全部户籍资料之调查，当年台湾人口1695万，得姓1694姓；其中单姓1611姓、复姓83姓。当年台湾前十大姓依序为陈、林、黄、张、李、王、吴、刘、蔡、杨，前十大姓的人口数占有全台湾人口的52.51%，恰好超过全台人口的一半。如果将前十大姓，增加到前100大姓，则前100大姓的人口数，占有全

台湾人口的 96.42%，几乎快接近百分之百了。由此可见，台湾姓氏的特色之一，即人口集中于大姓的情形，极为明显。这 100 大姓，甚或前 1000 大姓几乎全部来自中国大陆，只有极少数（约占 2%）是台湾少数民族特有的姓氏。此次调查资料为《台湾区姓氏堂号考》一书所完整引用，该书第四章并对"台湾区一百大姓"作了详细的文献整理，对台湾前 100 大姓的"姓氏渊源""历史播迁""来台始祖"等作了相当完整深入的介绍。

以下要探讨的台湾百家姓根源在河南固始的内容，主要的文献来源，即选自《台湾区姓氏堂号考》，兼及《台湾省通志·氏族篇》和各著名大姓家族谱之所载。我们知道台湾人的祖先，大多来自闽、粤两省；而闽、粤两省的汉人则又大多来自中原，因此要追溯祖源、寻根究本，我们参考历史文献以及家族谱的记载，证知唐代光州固始，即是今日的河南省固始县，确为台湾人的原始故乡、祖地源头。

1. 陈姓。唐高宗总章二年（669 年），大将军陈政，原籍河南光州固始，偕其子陈元光（即开漳圣王）入闽开漳，其后子孙繁衍，成一大宗派。

2. 林姓。《台湾省通志·氏族篇》载：《台北县虎丘林世族谱》谓："先世固始人，祖有林一郎者仕唐，于光启乙巳，迁福建永春机源大杉林保。"

3. 黄姓。台湾黄氏大宗谱载：陆终后裔世居江夏郡，而后迁河南固始，至七十三世黄志，由信州迁福建邵武，后分居晋江。又据文水派黄氏族谱载：先世居河南固始，至晋，中原板荡，南迁入闽，黄元方仕晋，卜居侯官，是为黄氏入闽始祖。

4. 张姓。《台湾张氏族谱源流纪略》载：唐初，河南祥符人张伯纪，从陈元光入闽开漳，因家漳州。又据台北县张氏族谱载：世居光州固始，唐末，张延齐兄弟三人，随王潮入福建，居泉州之惠安、安溪，支派甚盛。

5. 李姓。李氏入福建，始自唐初。漳州府志载：高宗时河南光州固始人李伯瑶，随陈元光入闽开漳，"平蛮獠三十六寨，战功推为第一"，其子孙散龙溪、漳浦诸县。

6. 王姓。漳州府志载：（1）唐初，随陈元光开漳者，有王姓将佐三人（按系府兵队正，王华、王一中及王佑甫等），其后分布漳、泉各地。（2）唐中和元年（881年），王绪据寿州，续陷光州，征固始人王潮、王审邽、王审知兄弟三人为军正，光启元年（885年），命随入闽。潮卒后，审知继任，后梁时封闽王。

7. 吴姓。吴氏宗族宝鉴载：吴氏南渡，除五代时，吴宥入福建外，唐僖宗中和四年（884年），吴祭偕其弟兄，由河南光州固始迁居闽州，王审知入闽时，吴祭再迁莆田，分传漳、泉及广东潮州各地。

8. 刘姓。唐末僖宗乾符二年（875年），黄巢乱起，翰林学士刘天锡弃官（原居河南洛阳）奉父翔（一作祥），避居福建宁化石壁洞，号为东派。

9. 蔡姓。唐初，有府兵队正蔡或者，随陈元光入闽开漳。又琼林蔡氏族谱序载：先世自光州固始迁福建同安。

10. 杨姓。栖霞杨氏族谱载：其先为杨震之后，世居河南光州固始县，唐末，杨荣禄率子逸、肃及孙明珠，随王审知入闽。

11. 许姓。唐初，许纲十九世孙许陶、天正父子，随陈政、陈元光父子入闽开漳，子孙传衍，被奉为闽、粤始祖。又据石龟玉湖房许氏家谱载：唐末，左侍御史许爱（光州固始人）入闽，卜居晋江瑶林，继迁石龟，派衍漳、泉。

12. 郑姓。唐初，郑时中随陈元光入闽开漳，子孙亦散居闽、粤各地。唐僖宗光启二年（886年），光州固始人郑璘、郑戳随王潮兄弟入闽，据郑芝龙撰石本宗族序载：南安石井郑氏之始祖，即此时自河南固始入闽。

13. 谢姓。清溪永安谢氏指南序载：先世河南光州固始人，唐末从王审知入闽，始迁安溪永安东。

14. 郭姓。唐初，陈元光入闽开漳时，将佐中有郭益者，随之入闽。

据蓬岛郭氏家谱载：入闽始祖为郭子仪裔郭嵩，于唐咸通年间（860—873年），自河南光州固始县，随王审知从弟王想入闽。

15. 洪姓。颍川开漳陈氏族谱载：唐初，府兵队正洪有道随陈元光入闽开漳，是其南迁，始于唐初。

16. 邱姓。丘氏，以丘穆为始祖，世居河南。五胡乱华，中原八族（丘、郑、何、胡、林、陈、黄、詹）相偕入闽。

17. 曾姓。武城曾氏族谱载：武城三十五世曾隐（按即曾珪之子）由江西吉阳迁居河南固始，其子曾延世于唐僖宗光启元年（885年）率眷随其内兄王潮等，避黄巢乱，由固始入闽，定居晋江。

18. 廖姓。廖化另一裔孙廖圭，于唐初随陈元光入闽开漳，其五子廖义迁居诏安二都官坡，传至廖三九郎；唐初，另有张虎者随陈元光入闽，其七世张元子入赘廖三九郎家，曾誓曰：生当姓廖，死必归张。

19. 赖姓。侯卿赖氏族谱载：今德化县上涌乡赖氏之始祖赖开国，光州固始人，唐僖宗中和三年（882年）随王审知入闽。

20. 徐姓。唐初，已有徐氏族人随陈元光入闽开漳。

21. 周姓。唐末，河南光州固始人苏益（后改姓周氏），因避黄巢之乱，随王潮入闽。

22. 叶姓。古瀨始祖叶谌，世居雍州（今陕西省），唐末避乱，举族流徙莫定，至宋卜居河南光州固始。传至叶炎曾，随宋室南渡，遂居仙游古瀨，后裔散处漳、泉二州。

23. 苏姓。隋时，苏威迁居河南固始，唐初，已有族人自固始随陈元光入闽开漳；唐末，苏益随王潮入闽，遂安居同安，称为苏氏入闽始祖。

24. 庄姓。台湾朱庄严氏大族谱载：唐末，河南光州固始人庄森随王审知入闽，卜居永春桃源里蓬莱山，是为庄氏入闽始祖。

25. 江姓。唐初陈元光入闽开漳时，有江氏将佐随其入闽。

26. 吕姓。据吕氏大宗谱载：唐末，吕竞尚由河南固始徙居福建晋江。

27. 何姓。唐初，河南光州固始人何嗣韩，随陈元光入闽开漳，是何氏入闽始祖。

28.罗姓。晋永嘉乱后,族人散居各处。唐初,已有罗氏族人自河南固随陈元光入闽开漳。

29.高姓。唐初,陈元光开漳,随其入闽将佐中,亦有高氏者。高烴深《安平高氏族谱志略》载:其先河南光州固始人,唐僖宗时,高钢避黄巢之乱,南迁入福建,卜居福州怀安凤冈,为入闽始祖。

30.萧姓。《台湾省通志·氏族篇》云:本省萧氏多谓其先由光州固始入闽。

31.潘姓。唐初,有潘节其人,随陈元光入闽开漳。台北县志氏族志载,该县石门、三芝二乡潘姓先世居河南光州固始,嗣迁福建漳州诏安五都。

32.朱姓。

33.简姓。

34.钟姓。钟接定居河南颍川长社后,族人于五胡乱华之际南迁,晋元熙二年(420年),钟会正渡江迁居赣州(今江西省),为赣、闽、粤钟氏共同始祖。

35.彭姓。虹山彭氏族谱载:先祖于唐僖宗广明元年(880年),由河南光州固始县迁闽之泉州。

36.游姓。根据游氏族谱载:其先世于宋代,由汝南南渡江西,以宋儒游酢为远祖,以游二三郎迁居上杭者为始祖,后裔分徙闽南及粤东一带。

37.詹姓。晋永嘉年间(307—312年),五胡乱华,中原士族大举南迁,八族(林、黄、陈、郑、詹、丘、何、胡)入闽,詹氏为其中之一。唐末,复有詹氏入福建,据《台湾省通志》引泉州佛耳山詹氏族谱载:其先世居光州固始,詹缵从王潮入福建。

38.胡姓。台北县胡氏族谱载:先世居于陈(今河南淮阳),西晋之末,五胡乱华,中原士族大举南迁,乃与林、黄、陈、郑、丘、何、曾等族入闽。

39. 施姓。唐初，有施光缵者自河南光州随陈元光入闽开漳；昭宗时，秘书丞施典由河南光州固始，迁居福建晋江钱江乡开基。

40. 沈姓。唐初，沈彪随陈政父子入闽开漳，辟地教化，厥功甚伟，宋时追赠武德侯，是为沈氏闽粤远祖。

41. 余姓。《台湾省通志·氏族篇》：漳州府志载：陈元光开漳，已有固始余氏，随之入闽。

42. 赵姓。唐初，已有赵端者，随陈元光入闽开漳。

43. 卢姓。据漳州府志载：唐初，有卢如今者，随陈元光入闽开漳，其子孙散居福建龙溪、长泰一带。

44. 梁姓。梁那于唐代由河南移居泉州惠安。

45. 颜姓。颜氏，发源于山东，唐初，已有族人随陈元光入闽开漳。

46. 柯姓。据台湾近编《柯蔡氏大宗谱》南塘派序载：其先于唐僖宗光启二年（886年），自河南固始从王审知入闽。

47. 孙姓。乐安孙氏族谱又载：唐末，另有族人因避乱，由河南光州固始迁居福建泉州。

48. 魏姓。唐初，有魏氏族人随陈元光入闽开漳。福建通志载：魏氏，本唐郑国公魏徵之后，于唐末入福建。

49. 翁姓。《六桂丛刊》载：唐代翁轩由河南入闽，居住于福建莆田，为翁氏入闽始祖。

50. 戴姓。漳州府志载：唐初，戴君胄父子随陈元光入闽开漳。

51. 范姓。范氏族谱载：河内（今河南沁阳）范坤举家徙居浙江杭州，再徙福建宁化黄竹，是为范氏入闽始祖。

52. 宋姓。唐末，宋璟玄孙宋骈，迁居福建莆田；骈弟宋臻，于五代梁时，自河南固始迁居福建侯官（今林森）镜江。

53. 方姓。西汉末，方纮避新莽之乱，自光州固始徙居歙州（今安徽），子孙传衍江南各处。

54. 邓姓。邓氏族谱载：西晋末年永嘉之乱时，南阳邓攸迁至福建宁化石壁乡，后又分支泉州等地。

55.杜姓。唐末，山南节度使杜让能率同族人，随王绪平黄巢之乱，生杜光义、杜晓，定居越州山阴（今浙江绍兴）。

56.傅姓。唐末，银青光禄大夫左仆射傅实，为避难，由河南固始迁居福建南安，是为傅氏闽粤始祖，生八子，散居福建各地，其后传衍广东。

57.侯姓。南宋度宗时，汉关内侯侯霸之后侯宗贵，因避元兵，率子九人由河南固始迁居福建南安十八都，地以姓得名，因称侯安乡。

58.曹姓。唐初，已有曹氏将佐随陈元光入闽开漳。台湾曹氏族谱载：南宋初，曹十五郎定居福建宁化，是曹氏闽、粤始祖。

59.温姓。《台湾省通志·氏族篇》记载：晋代从中原迁入福建者共十三姓，其中有温姓。

60.薛姓。东山薛氏重修族谱序载：唐高宗总章元年（668年），河南光州固始人薛使，随其岳父陈政（陈元光之父）率军入闽，从此定居漳州。

61.丁姓。唐初，有丁儒者，自光州固始随陈元光入闽开漳。

62.马姓。

63.蒋姓。唐初，陈元光入闽开漳，其将佐有蒋氏者。

64.唐姓。漳州府志载：唐初，有唐氏将佐随陈元光入闽开漳。

65.卓姓。崇正同人系谱卓氏条载：晋五胡之乱，中原望族，相率南奔，粤有卓姓者，为建安刺史，后因家焉。

66.蓝姓。元末，蓝炯（原籍河南固始县）派下，蓝庆福迁居福建漳浦，蓝庆禄徙福建海澄，蓝庆寿分居广东大埔，各自立为当地始祖。

67.冯姓。

68.姚姓。据漳州府志，陈元光入闽开漳时，亦有姚氏将佐，足见唐初已有姚氏入闽者。

69.石姓。唐初，有石氏族人自河南光州固始随陈元光入闽开漳。

70.董姓。唐末，河南固始人董章随王审知入福建，子董思安卜居晋江，为董氏人福建始祖，据传董思安赴建州勤王，将其后裔附养杨家，后改杨氏。

71.纪姓。

72.欧姓。漳州府志载：唐初陈元光入闽开漳时，即有欧氏、欧阳氏族人随之入闽。

73.程姓。台湾程氏族谱载：先世为河南开封府祥符县太宁坊人，元末，程文智因官入闽，为福清州知事，其弟文惠分居漳浦，封迪功郎，各立为开闽始祖。

74.连姓。

75.古姓。

76.汪姓。

77.汤姓。唐初，已有汤氏族人随陈元光入闽开漳。

78.姜姓。

79.田姓。

80.康姓。桃源凤山康氏族谱载：今永春玉门镇桃源凤山康氏，其先祖于唐末由河南光州固始入闽。

81.邹姓。唐初，陈元光率众开发漳州，已有邹氏将佐，随之入闽。

82.白姓。

83.涂姓。相卿涂氏族谱载：今德化县盖德乡上坑村涂氏，先祖涂建昌随王审知入闽。

84.尤姓。尤氏先世播迁不详，唯王审知时已有尤沈氏族人入闽。

85.巫姓。据巫氏迁徙源流简述载：西晋末年，五胡乱华，巫暹随中原士族南渡，迁居福建剑津（今南平市东）。

86.韩姓。《台湾通志·氏族篇》引《固始县志》谓：王审知时……乡人多来依之，如韩偓等人。可见唐末已有韩姓入闽。

87.龚姓。沙提蓬莱龚氏家谱载：今石狮永宁镇沙提村龚氏，因王潮自固始入闽，遂卜居于龚山。

88.严姓。福建侯官严几道年谱载：先世河南固始人，唐末，朝请大夫严仲杰，随王潮由中州入闽，家于侯官阳琦，为该支派入闽始祖。

89. 袁姓。

90. 钟姓。《台湾省通志·氏族篇》：漳州府志载，唐初陈元光开漳将佐，有钟法兴其人随之入闽。

91. 黎姓。

92. 金姓。

93. 阮姓。

94. 陆姓。

95. 倪姓

96. 夏姓。

97. 童姓。

98. 邵姓。

99. 柳姓。唐初，有柳氏族人随陈元光入闽开漳。

100. 钱姓。据漳州府志，唐初陈元光入闽开漳，其将佐即有钱氏，可知至迟其时已有钱氏迁福建。

以上系依台湾前100大姓（1978年之调查排序），历史文献明确记载其祖先来自河南光州固始者，一共有44姓，随陈元光从固始入闽者有20姓（洪、廖、徐、江、沈、赵、卢、颜、魏、戴、曹、蒋、唐、姚、欧、汤、邹、钟、柳、钱），随王绪、王审知入闽者有4姓（杜、涂、尤、严），另有12姓（刘、丘、钟、游、梁、翁、范、邓、温、卓、程、巫），则泛言来自河南光州或中原故地，以上合计共有80姓，其祖先先后于唐初与唐末以河南固始为集中地，出发入闽。现仅有20姓（朱、简、马、冯、纪、连、古、汪、姜、田、白、袁、黎、金、阮、陆、倪、夏、童、邵）尚未找到从河南与固始入闽的确切资料。但就此而言，台湾前100大姓当中，有80姓和中原故地河南光州紧密相关；更惊人的发现是竟有44姓和小小的一个"固始"大大有关联，这种稀有难得的现象，就是台湾人最为熟知的原乡泉州、漳州辖下各县等地，都还不一定如"固始"一地渊源之深、记载之详。

三、豫闽台三地文化血缘相继相承，何其相亲相似

我们已从中国历史文献当中，证明闽台人民的祖根在河南固始；从晋末唐初，一直到唐末的数波历史上的大移民潮中，移民的两大首领有"开漳圣王"之称的陈元光，以及"闽王"王审知，祖籍均在光州固始，他们率领军民数千、数万人，均在固始这个地方集结出发。此外，我们另从台湾的历史文献，主要是《台湾区姓氏堂号考》，以及《台湾省通志·氏族篇》和各著名大姓家族谱之记载中，挖掘出台湾前100大姓中，竟有高达80姓的族谱记载其祖先源自河南光州、44姓的族谱记载其祖先源自固始一地，诚然令人吃惊振奋不已。

豫闽台三地其"历史因缘"如此密切关联，其"血缘地缘"也如此相近相亲，真有500年前、1000多年前是一家人彼此深深的情缘。如果我们试再从彼此的方言口音、民间习俗、宗教信仰各方面，去寻找比对豫、闽、台三地人民，可以发现更多彼此密切渊源的关系。

我们从很多的文献记载以及专家学者的论述，可以发现豫闽台三地的方言语音、生活习俗、礼仪教化、伦理思想以及宗教信仰等，均有其共同相通、紧密的关系；唯本论文因限于篇幅关系，无法再加以长篇大论。但从本论文的两大重点，我们已几乎可以证明豫闽台三地在历史根源、祖先根源、文化情感三方面紧密的关系、相通相同之处。从中国历史上五大移民潮中找出唐初陈政、陈元光父子与唐末王潮、王审邦、王审知三兄弟的率军入闽，正是河南光州固始人入闽，以至千年之后再由闽迁台的关键时机点。再从台湾记载的历史文献资料丛中，由台湾100大姓的族谱记载中，反推证回到祖先的源头（原居地），又正是中原故地河南固始。

台湾文化的源头来自闽南，闽南文化的源头又来自河洛，河洛文化正是台湾与闽南文化的总源头。台湾文化承续着中原正统的汉族文化，再加上开荒拓土、冒险犯难、追求自由和平的精神，融汇了中原灿烂的内陆文化与海洋广阔无际的思维。

历经千辛万苦以及横渡黑水沟的危险，台湾人400多年的移民历

史，充满了理想的憧憬与奋发进取，绝对不是像那些有偏见的"台独"人士所说的那样：台湾人只是一群充满悲情奴役、无法自主的逃难者。台湾曾经一度遭受荷兰、日本等国的侵略和殖民统治，台湾同胞备受殖民强盗欺凌。如今终能抬头挺胸、自主营生；实在更应发挥包容开阔、奋发进取以及感恩追怀祖德的心情，去开创营造未来光明、远大的前程，以免成为"数典忘祖"之辈。

【作者简介】许明镇（1949—）男，汉族，台湾彰化县人，祖籍福建同安。中国文化学院哲学系毕业，台湾师范大学社会教育研究所结业。曾任教台东县立长滨中学、大王中学与彰化县二林高中，2002年退休。现任《台湾源流杂志》编辑，台湾省姓氏研究学会会员。平生喜爱中外文史哲学、西洋古典音乐，藏书上万册。著有《铭真文集》《彰化县大城乡五间寮许氏族谱》《姓氏探源——台湾百大姓源流》等书。

【文献来源】2008年固始与闽台渊源关系学术研讨会论文，2008年10月。

固始与闽台关系研究

关于"中原与闽台关系研究"的若干思考

汪毅夫

从固始乘车返京后，看了几天书。有些资讯和看法，提供研究时参考。

1.2005 年 4 月，我在《闽台社会史札记》（收拙著《闽台缘与闽南风》，福州，福建教育出版社 2006 年 7 月版）一文里辑录了古之学者郑樵、方大琮、陈振孙、洪受等人批评"闽祖光州固始"之说的言论。及读你赠送的《固始与闽台渊源关系研究》（北京，人民出版社 2009 年 9 月版），始知有人做了一番续附的工作；于古之学者郑樵、方大琮、陈振孙、洪受的言论之后，加上今之学者陈支平、杨际平、谢重光、徐晓望"对'闽祖光州'的质疑"之说，并由此设论，做其文章《闽祖光州并非相传之谬》。

实际上，郑樵和方大琮不认同的是"皆云固始"，陈振孙不认可的是"皆称光州固始"，洪受拒不认定的也是"莫不曰光州固始人也"；陈支平、杨际平、谢重光、徐晓望批评的则是历史上部分闽人"伪托"和"冒籍"为光州固始人的行径。古今学郑樵、方大琮、陈振孙、洪受、陈支平、杨际平、谢重光、徐晓望一干人等对"闽祖光州固始"之说的批评和质疑是正当而合理的。我在《闽台社会史札记》一文里尝谓：

> 福建在历史上经历过移民开发的阶段，来自中原的移民当有出于光州固始者而"未必其尽然也"；今之福建居民的主体乃由古代中原移民的后裔与古代当地土著住民的后裔构成。若"皆曰光州固始"，"不亦诬乎"？

现在，我依然持论不移。

以闽人称祖"皆曰光州"为前提的"闽祖光州"之说属于"相传之谬"；以闽人称祖"皆曰光州固始"为前提的"闽祖光州固始"之说当然亦属于"相传之谬"。

闽人称祖"或曰"光州（包括光州固始），完全符合历史事实；闽人称祖"多曰"光州（包括光州固始）基本符合历史事实；闽人称祖"皆曰"光州（包括光州固始）则非"基本符合历史事实"。

让我们在"或曰""多曰"和"皆曰"，固始、光州和中原之间各取一语，以"闽人称祖多曰中原"为研究对象，以"中原与闽台关系研究"为选题，你以为如何？

陈支平、杨际平、谢重光、徐晓望是 1977 年以后一起成长的福建学者，他们在 1994 年前后晋升为教授，都是享受政府津贴的专家。

我忝列其末，以识荆为幸。

豫闽两地学者应更好地开展"中原与闽台关系研究"领域的合作。

举例言之，徐晓望教授在闽国史研究方面是学术权威，谈论光州固始人王审知在闽史实，不可不从徐教授的著作请益。希望豫闽两地学者在良好的学术氛围里进一步开展合作。

2. 关于陈元光的籍贯，宋代文献记为"河东"，如宋人王象之《舆地纪胜》卷九十一《广南东路》于"威惠庙"条下记：

朱翌《威惠庙记》云陈元光，河东人，家于漳之溪口。

我藏有《舆地纪胜》[北京，中华书局（影印本）1992 年 10 月版]，上记引文见该书第 3 册第 2929 页。

有人认为，河东"是陈元光家族的郡望而已，不是陈元光的籍贯"。据我所知，以"河东"为郡望的姓氏为卫、吕、柳、裴、蒲、聂、薛七姓，并无陈姓；陈姓出颍川、汝南、下邳、广陵、东海、河南六望，并无河东。

我藏有明代万历《漳州府志》(厦门大学出版社 2010 年 5 月版),
该书上册第 143 页记:

> 陈元光,字廷炬,号龙湖,其先河东人,后家于光州之固始,遂为
> 固始人。

我另藏有明代万历年间基本成书、崇祯年间刊印的何乔远《闽书》
(福州,福建人民出版社 1995 年 12 月版)。该书卷四十一《前帝志·君
长志》于"陈元光"条下记:

> 陈元光,字廷炬,固始人。

上记引文见《闽书》第 2 册第 1012 页。

从所见文献看,明代万历年间始有陈元光为固始人的记载,此前
的明代正德《漳州府志》无此记载。

此后的相关记载则多如也。

康熙《龙溪县志》(我藏有该书之漳州图书馆 2005 年 1 月影印本)
记:

> 陈元光光州固始人,王审知亦光州固始人。而漳人多祖元光与泉人
> 多祖审知,皆称固始。按郑樵《家谱后序》云,吾祖出荥阳,过江入闽,
> 皆有源流,孰为光州固始人哉。闽人称祖,皆曰自光州固始来,实由王
> 潮兄弟从王绪入闽,审知因其众克定闽中,以桑梓故,独优固始。故闽
> 人至今言氏族者,本之当审知之时重固始也,其实谬滥。

康熙《漳浦县志》记:

> 陈元光,光州固始人;王审知,亦光州固始人。而漳人多祖元光,

兴、泉人多祖审知，皆称固始。按，郑樵《家谱后序》云"吾祖出荥阳，过江入闽，皆有源流，孰为光州固始人哉"夫闽人称祖，皆曰光州固始来，实由王潮兄弟从王绪入闽，审知因其众克定闽中，以桑梓故，独优固始。故闽人至今言氏族者本之，以当审知之时，重固始也，其实谬滥。

自唐陈将军入闽，随行有五十八姓，至今闽人率称光州固始，考《闽中记》，唐林谞撰，有林世程者重修，皆郡人。其言永嘉之乱，中原士族林、黄、陈、郑四姓先入闽，可以证闽人皆称光州固始之妄。

我藏有《漳浦县志》之《康熙志·光绪再续志》的点核本（福建漳浦县政协文史资料委员 2004 会 12 年月编印本），上记引文见该书第 710 页。

道光《平和县志》（厦门大学出版社 2008 年 4 月版）第 500 页记：

漳人称祖，皆言来自光州固始。由王潮兄弟从王绪入闽，王审知因其众克定闽中，以桑梓故独优固始；而陈将军元光亦出固始，故言氏族者至今本之，而不尽然也。按郑樵《家谱后序》云"吾祖本出荥阳，过江入闽，皆有源流，孰为光州固始人哉"？即此可知向来相沿之误。

上记三则引文均批评了"闽祖光州固始"之说，另一方面又均认定陈元光为"光州固始人"。这是很值得注意的。

康熙《漳浦县志》记：

陈政，字一民，号素轩，光州固始人。父克耕，从唐太宗攻克临汾等郡，政以从征，功拜玉铃卫翊府左郎将归德将军。高宗总章二年，泉、湖间蛮獠啸乱，居民苦之，金乞镇帅以靖边方。政刚果有为，谋猷克壮，进朝议大夫，统岭南行军总管事，出镇绥安。将士自许天正以下一百二十三员，从其号令。诏云"莫辞病，病则朕医；莫辞死，死则朕埋"。其子元光，从政至漳。草创经营，备极劳瘁。自以众寡不敌，退保九龙山，奏请援兵。朕命以政兄敏、敷领军校五十八姓来援。敏、敷卒，母魏氏代领。至闽，乃进屯梁山外之云霄镇，作宅于火田村居焉。

尝经漳江，谓父老曰"此水如上党之清漳"。故漳州名郡，漳浦名县，悉本诸此。仪凤二年四月卒，葬云霄山。

又记：

论曰：将军陈政，唐高宗朝统岭南行军总管事，出镇绥安，卒，元光代领父众。后人因元光请置州郡，为刺史，遂祖元光，不及政。《闽书》《郡志》皆逸其名，亦思开屯建堡，始自何人。"朕医""朕埋"，誓同带砺。记载缺如，能无遗憾？因考其轶事，首入《名宦志》，亦先河后海之意云尔。

《闽书》未收陈政传。《郡志》则指《漳州府志》，我所见正德《漳州府志》（福建省文史馆馆员陈正统老先生藏有影印本）、所藏万历《漳州府志》，亦未列陈政传。陈政传人于福建志书，确是康熙《漳浦县志》的首创，所谓"首入《名宦志》，亦先河后海之意云尔"。

道光《平和县志》第501—502页记：

陈元光家谱载，从元光入闽者：婿卢伯道、戴君冑，医士李茹，前锋将许天正，分营将马仁、李伯瑶、欧哲、张伯纪等五人，军谋祭酒等官黄世纪、林孔著、郑时中、魏有人、朱秉英等五人，府兵校尉卢如金、刘举、涂本顺、欧真、沈天学、张光达、廖光远、汤智、郑平仲、涂光彦、吴贵、林章、李牛、周广德、戴仁、柳彦深十六人，惟卢氏、许氏有家乘存焉。噫！建邦启土，咸有功力。从唐侯来者五十八姓，又有许天正以下一百二十三员。今得胪举者此，此志乘失修之过也。世代相沿，子孙陵替，先世虽有竹帛之勋而浸以渐来无传矣。可胜惜哉！

《万历志》：玄宗先天元年，赐故将军陈元光诏曰："环甲缮兵，积有二十四年之苦；建邦启土，治垂二十五载之平。"又云："以身殉国之谓忠，战胜攻取之谓毅，引荐善类之谓文，普播仁恩之谓惠，可赠豹韬卫镇军大将军兼光禄大夫中书左承临漳侯，谥忠毅文惠。"

按：唐制太常谥法驳议颇严，宰臣谥皆一字。吏部尚书吕谨议谥忠肃，独孤及力驳其非。载在《通典》，四字为谥未之前闻，岂宋以后追谥之耶？镇国大将军武阶二品，光禄大夫文阶二品，兼秩为赠，或出特典。而唐官制中书无丞，今曰左丞亦属可疑。按府志载，会稽童华《重修开漳圣王庙记》云"诏赠豹韬卫镇军大将军，封临漳侯，谥忠毅"。此更为可据。

私家修谱与官家修志之间的互动，于此可见。

4.陈元光庙在宋人王象之《舆地纪胜》里有两处记载。

一是该书卷九十一"威惠庙"条下所记：

朱翌《威惠庙记》云：陈元光，河东人，家于漳之溪口，唐仪凤中，广之崖山盗起，潮泉□应，王以布衣乞兵，遂平潮州以泉之云霄为漳州，命王为左郎将守之。后以战殁，漳人哭之恸，立祠于径山，有《纪功碑》《灵应录》于庙云。

另一是该书卷一百三十一于"陈元光"条下记：

庙碑云：公姓陈，讳元光。永隆三年盗攻潮州，公击贼，降之。公请泉、潮之间创置一州，垂拱二年遂敕置漳州，委公镇抚。久之，蛮贼复啸聚，公讨之，战殁，遂庙食于漳。李颙诗云：当年岭北正危时，数郡生灵未可知。不是有人横义慨，也应无计保藩维。

宋修《仙溪志》（福州，福建人民出版社1989年11月版）第65页记：

威惠灵著王庙，在枫亭市之南、北。按漳浦《威惠庙集》云，陈政仕唐副诸卫上将，遂家于温陵之北，曰枫亭，灵著王乃其子也。今枫亭二庙旧传乃其故居。

关于陈元光庙，福建民间有"威灵"之说。

《闽书》第一册第 697 页记：

其地又有陈将军庙，时著威灵，犯者立死。邑民祈禳，多杀生命。宋时泉州有释法超者，过而戒以因果升坠之说。而后将军霁威，无所害扰。

嘉庆《云霄厅志》（福建省云霄县人大常委会 2005 年 11 月点校本）第 189 页记：

将军庙，在将军山下，时著灵异，犯者立死。邑民祈禳，多杀生命。宋时泉州有释法超者，过而戒以因果升坠之说，后将军霁威，无所扰害。

漳州地方文史专家李竹深《二馬文稿》（漳州市图书馆 2010 年印本）第 282 页记：

笔者幼时，邻里父老是不准我们进入威惠庙玩耍的，说是凶庙，不得乱窜。邻里若有纠纷，往往会进庙跪于陈元光像前发誓，以求神断。

民间关于陈元光庙的此等传说，乃是对神敬与对鬼的畏的一种综合表现。陈元光有功于民，但他又属于被凶杀而死的鬼，民间因而有敬畏之情也。

5.康熙《漳浦县志》第 48 页记：

谢东山庙，浦乡里在处皆有之。相传陈将军自光州携香火来浦，五十八姓同崇奉焉，故今皆祀于民间。

道光《平和县志》第 500 页记：

邑人多祀广惠谢王，其源始于陈将军。王即晋谢安石也。考《晋史》，安石太元九年病，子侄请祷。安石曰："无益也，昔桓温盛时，我惧不免。偶与温适野，温下车谓我曰：'卿且坐此！'我乘其车，行十二步见白鸡而止，今我代温为相十二年矣。兹岁在酉，我其不起乎！"已而果卒。至今祀王者不敢荐鸡，本此意也。乃或谓王误吞鸡骨而死，陋矣。

6.清代闽人郑杰《闽中录》（福州，海风出版社 2004 年 2 月版）收有《王潮别传》。

郑杰（约 1750—1800），名人杰，字昌英，又字奕斋，号注韩居士，福建侯官人，清代著名藏书家、著作家。

《王潮别传》据《王氏家谱》，核之《新唐书》《五代史》等正史，比对取舍，别于《王氏家谱》之家传和《新唐书》之本传。文后有万世美跋语，记《王潮别传》述情形、著作特点等。跋语谓"王潮四子之名，史均不载，此（指《王氏家谱》之家传）独详之，信非凿空所能杜撰也。昔太史公作《史记》，往往就家人问故，良以国史不如家乘之详"。实际上，明嘉靖《固始县志》（上海古籍书店影印本，1963 年版）第 246 页已详记王潮四子之名：延兴、延虹、延丰和延休。国史、家乘、方志的关系，以及《固始县志》同《王氏家谱》的联系，宜为研究者注意。

7.顺治《光州志》（河南省信阳地区史志总编室、河南省潢川县地方志办公室 1993 年点校重印本）收有中原与福建关系史料多种。

书前《序例卷》之《修志姓氏》记顺治《光州志》之"督理"人员内列:

管粮通判郑鼎新,鞠思,福建闽县人,贡士。

《序例卷》之《光州旧志姓氏》记万历《光州志》之"校梓"为:

光州知州陈烨,肖厓,福建人。

《序例卷》之光州旧志序收有"万历丙子知光州事闽龙溪肖厓陈烨谨叙"的序文,其文有"烨之先世元光,光人也,唐时随父政领兵戍闽,因家焉。今来守是邦,则视邦之士夫子弟,皆其乡也"之语。

卷之七《官秩考》之明代判官名录里有:

冯嘉会,福建人,贡士。

卷之七《官秩考》之《宦业》有明代查毅传,其文曰:

查毅,兴化人,景泰初以乡举为光州学正。人朴无华,科条整饬,士类兴起。侍御刘廷瓒以文章行谊授知,后举进士,令绩溪,往谒其庐,执弟子礼甚恭,毅亦合门自重,时人闻其风而两贤之。

又有明代陈烨传,其文曰:

陈烨,字帷实,福建龙溪人。万历初,以举人授光州守。其先人元光,产于光州,有功唐代,世守闽,因为闽人。以故公视州之绅士黎庶,犹其亲姻比党也。时执政者以天下赋法不一,行一条鞭法,奉行者犹未全善。公延访汰蠹,成画一法,民受其庇,于文庙前建龙门奎楼,为文笔峰，风气大振，文运日昌。州志残缺，礼聘刑部郎中陈璋修补，士大夫感公德，以元光旧封广济王，为建庙儒学东，以公配食，复祀名宦祠中。

又有清代吴勉传，其文曰：

吴勉，字素求，其先为莆田人，占籍庆都，好古博学，为海内知名士，公催科中独饶抚字，民忘其贫，而国赋无逋，则自持甚廉也。其于诸士，每正色训之，而卒加优礼。复有折狱才，以片言视其魄，而徐从宽政。是以政简刑清，民仰而畏之，旋感而戴之，升绍兴府同知。

卷之十一《艺文考·上》收有张袭贤之《陈公条鞭勤德政记》，记陈烨在光州知州任上的事迹，其文曰：

公号肖岩，福建漳州龙溪县人。领嘉靖甲子乡荐，岁甲戌以亲老借禄过选，得河南汝宁府光州知州。盖选贤良重牧守也。秋八月，甫下车视篆，揖逊雍容，毫发不动声色。猾胥悍卒，初冥冥未能识公，比按法行事，审听徐察，则焕然神明，震若雷定，而□夫心寒，壬人股栗矣。节操冰霜，一法不染，人服其清；凡事缜密，一字不苟，人服其慎。当官之法，莫是过也已。化民成俗，务以德教；论文礼士，重以学行；尊贤养老，诚以敬爱；赈贫恤寡，厚以惠慈。至于听讼折狱，周详明允，曾无遁情，虽亲狎豪贵，未尝枉其曲直，而省刑薄罚，美意倦倦焉。其他善政，不能枚纪，乃赋税一编，尤为最善矣。

光州士厚民醇，往昔政繁赋重，额征杂办，名色不一，累派重科，积弊悉苦多矣。近年议通行一条鞭法，为规甚良也。顾奉行德意者，或未悉心。弊生渊薮尤甚。公莅政三月，即注念于兹，而首稽隐漏，次铲宿蠹，躬亲筹算，曲为计画，会集僚寀，同心辅治，较若一体，遂定为真一条鞭法云。计本州本年通融起存分数，若夏麦，若秋米，若盐钞，若驿粮,凡额征者四,该银各若干;若银差,若力差,若会议,若河夫,若府快,若解兵,若义勇,若杂办者七,该银各若干;若学田,若茔地,若优免,若不免,凡地亩者四,该银各若干。通计实地八千七十九顷一十亩七分一厘六毫,总征银二万二千七十一两八钱五分六厘一毫五丝五忽八微六纤八沙八尘。优免者第项该征银一两三钱七分五厘一毫九丝二忽,不免者每项该征银二两九钱四分二厘七毫五丝六忽。其里长工食已蒙本府尽革外,大概优免一亩岁办,不过十五钱,不免岁办,不过三十钱。会计当节用爱人,可谓至矣。且当堂逐户亲给印由,令里老催什役,什役催花户赴州自完,而一切比并、押保、监责、揭赔、指称、科收等弊悉行裁革。其为德政又何至哉!

庆幸无已,而作歌谣;歌谣无已,而绘图像。又虑公一旦超擢,嗣公者,或未必如公法也。复鸠工采石而树之碑,将欲刻之,永永勿替焉。于是乡民有年八十若张宝焉,有年七十任登云、陈便、施伦等,皆庞眉皓首,叩门请贤为文记其事。以为自有赋税以来,未有若此者,其父母万世之法也。贤不能文,抑不敢为佞,特敷陈其事而直言之。呜呼! 公有心德,民有口碑,爱公之政,感公之心。是《周官》法度,盖本诸关雎、麟趾之意也。公行将内辅神京,外抚名省,此法通行天下矣。继来子民者,能允若如兹,心公之心,而法公之法,则子孙黎民尚亦有利,而予文亦籍以不朽矣。是为记。

查光绪《漳州府志》(北京,中华书局2011年4月版)卷之十七《选举·二》,"嘉靖四十三年甲子王大道榜"条下记:

陈烨,(俱)府学。知光州及衡州府同知,廉洁有惠。以靖江长史归。居乡恺弟,称长者。

附带言之。书前《点校重印说明》谓"志书原图(按,指《光州志图》)作缩印处理"。

然而，书前附图有简体字如坛、伞、灵、龙、庙、台、图、关、学、节、马、仓、闸、阳、罗、双等，颇为可疑。看来，对于"志书原图"除"缩印处理"外，还将图中部分繁体字也"予以简化"。

【作者简介】汪毅夫，全国人大常委会委员，台盟中央常务副主席。

【文献来源】2011 年固始与闽台渊源关系学术研讨会论文，2011 年 11 月。

关于固始与闽台渊源关系的几个问题

——在 2010 年固始与闽台渊源关系研讨会上的讲话

陈义初

女士们、先生们：

大家下午好！

为了丰富唐人故里·闽台祖地第二届中原固始根亲文化节的内容，举办了 2010 年固始与闽台渊源关系研究研讨会，组委会为了大家能够静下心来开好这个研讨会，特别把研讨会提前到开幕式前召开，这也体现了主办方的用心良苦，希望来自全国的专家、学者能够"百花齐放、百家争鸣"，各抒己见。

现在看来，这次研讨会非常成功，具体表现在下面几个方面：

1. 主题明

2010 年年会主题为"闽台姓氏中原（固始）寻根研究"。与会的专家、学者围绕这个主题就以下 9 个方面进行了论述：

唐代中原（固始）移民入闽迁台史

闽台姓氏祖地

闽台姓氏播迁

闽台名人祖籍

闽台名人宗祠

闽台姓氏中原寻根活动

豫闽台三地寻根文化品牌建设

河南涉台文化遗产保护与开发

河南对台文化交流平台建设

2009 年，我们的主题是"根文化"，2010 年集中于姓氏，应该说是更进了一步。

2. 规格高

这次研讨会的主办单位有：

国台办《两岸关系》杂志社

中国社会科学院台湾史研究中心

河南省人民政府台湾事务办公室

河南省社会科学院

这样的规格包含了大陆研究海峡两岸关系的各方面学术机构，也体现了这次研讨会的水平。

3. 范围广

这次研讨会有海峡两岸豫、闽、台三地的专家学者 50 人参加，收到论文 38 篇，在研讨会上交流的 30 多人。

希望这个研讨会越办越好！

接下来，我就固始与闽台渊源关系谈几个问题。

在 2009 年研讨会（10 月 27 日）的最后总结中，我曾经做了一次讲话。讲话的内容包括：由来和评价：根——中心；活动的目的；坚持、认真、合作、求实——活动成功的保证。我想，2009 年的讲话主要是针对这次活动来说的。2010 年我想就固始与闽台渊源关系本身谈一下我的看法，也可以说是对这方面的研究提出自己的一些想法，与诸位共商。

1. 源和流

无论从哪个层面去理解，固始与闽台的关系就是"源和流"的关系，这里的"源"指的是固始，当然也可以说中原。固始作为一个载体，其历史事实是不容置疑的。因为唐时，其大部分代表中原文化的移民是从固始出发的，而实际上，他们代表的是中原文化而不是狭隘的"固始文化"。而闽、台一定是流的载体。当然，由福建原住民和台湾少数民族延续下来的文化和中原的渊源关系要薄弱一些。但是，千年来，闽台的主要住民应该是中原移民的后代，这也是不容置疑的。因此固始与闽台渊源关系一定要确立这个"源和流"的关系，这是整个研究的基础和主要原则。

2. 传承和发展

在我们承认"源和流"的前提下，我们也应该看到，闽台文化虽然和中原文化有其传承关系，但是由于千年来的社会变化，闽台的地理位置更容易受到外来文化特别是海洋文化的影响，闽台的生存环境较中原地区更加不易，使一部分先民不得不脱离农耕而从事商业贸易等。这些使得闽台文化在传承的基础上，有较快的发展。这里特别应该指出的是我们应该承认"朱明理学"就是对于汉唐儒学的发展，而宋明理学的诞生地已经不是中原，而是赣、闽等地区。我们一定要承认这种发展，这才是科学的态度。

3. 反哺和学习

既然闽台文化经过千百年来的发展已经有其先进的成分，那么在当前渊源关系的研究中，除了要强调"寻根"外，还要强调"反哺"。也就是说，作为中原或固始，还要学习闽台文化中的先进成分，这包括经济理念、经营理念、社会规则、生活方式等。因此我主张，在研究"根"的同时，我们能不能花一些力气，研究一下闽台在中原的基础上发展了什么，在传承的基础上提高了多少，有哪些应该"反哺"，有哪些应该学习。

4. 气和器

这里的所谓"气"，指的是文化的核心，我想简而言之，中原文化的核心就是儒家文化的核心，那就是"仁"。而任何一种文化一定有一个载体，这个载体就是"器"。这个"器"，可以是姓氏，也可以是家谱、典籍，也可以是古迹。这次我们以姓氏作为主题，就是以姓氏这个"器"，来进行"气"的研究。从人类的活动情况来看，气很重要；而作为载体的器也非常重要。可以想象一下，如果没有金字塔，狮身人面像，那么古埃及文明就很难被我们所认识。所以对于渊源关系的研究，更重视"气"，也要重视"器"。这几年，固始县在这方面倾注了大量的人力和物力，例如我们已经看到的陈氏将军祠，奶奶庙等，其规模，环境都已经有极大的改善，这是令人欣喜的。

在这里，我希望说明的就是，我们对于"器"，应该是站在一个更高的高度去考虑、去规划、去建设。这才能符合我们的价值观，才符合建设和谐社会的目标。

同时，对于固始这样一个大"器"，应该在城市规划中有所考虑，如何体现"源"之所在。也就是说，固始县在城市建设中要体现自己是闽台之源，而不要一看就是中国的一个县城，高楼大厦，玻璃幕墙，千篇一律。如果不舍得全县城作为一个"器"，起码有这么一个地区，而不是仅仅两个点。

5. 专家和民众

在这里谈的是专家的研究需要提高，而民众的知识需要普及。

从专家研究的角度，提高是必须的。目前我们的社会太浮躁、狭隘，学术上表现为急功近利，而实际上，没有认认真真的态度，是什么也做不成的。

关于民众的普及，目前渊源关系研究的认同和研究还是只停留在专家学者层面，使得渊源的理念走向社会大众是我们的任务和责任。在这一点上还是有很多工作要做的，建议做以下五件事：

（1）出版通俗读物或拍摄电视纪录片。

（2）组织到大专院校的讲座。

（3）做好中国河洛文化网。

（4）开展大陆和台湾的河洛文化专题游。

（5）注入现代化元素的专题活动。如移民路线的汽车拉力赛等。

衷心地希望"唐人故里·闽台祖地——中原（固始）根亲文化节"越办越好，衷心地希望有越来越多的海内外华人来固始寻根问祖，衷心地希望大家能够在这里找到自己的根！

　　谢谢大家！

2010 年 10 月 25 日

　　【作者简介】陈义初，九届河南省政协副主席，中国河洛文化研究会常务副会长。

　　【文献来源】2010 年固始与闽台渊源关系学术研讨会论文，2010 年 10 月。

从历史向文化的演进

——闽台家族溯源与中原意识

陈支平

在当今的闽台民间社会，人们在谈论自己家族的演变历史时，大都认同祖先源自中原地区，特别是中原的光州固始县一带。光州固始成了闽台民间社会的一个家族溯源的永久性记号。岂止闽台，在华南的珠江三角洲一带，以及散布于中国南方各地的"客家"民系，也都有其各自家族溯源的永久性记号，譬如珠玑巷、石壁村、山西洪洞县大槐树下、河洛等等。那么，我们应该如何来认识和理解这一家族以及族群历史演变的"集体记忆"呢？

一、核心与边陲的心态交织

上古时期的中国南方地区，是所谓的"百越纹身地"。秦汉时期，逐渐有中原地区的人民迁入。唐宋以后，中原地区南迁的汉民后来居上，成了中国南方地区的主要居民，原先的百越土著反而成了"少数民族"。在居于中原政治文化中心的汉民看来，"百越纹身地"无疑就是十足的边缘区域或者说是边陲区域。

北方汉民族的南迁，一方面给东南地区人民带来了先进的社会形态与生产方式，促进了南方地区的开发；另一方面，也在这一代代汉民后裔的文化意识中，积累了向往北方汉民族核心的牢固心态。再加上长期以来北方南迁汉民在东南地区的繁衍生息、兴衰存亡的艰难延续，促使这里的汉民形成了攀附中原世家望族的社会风气。于是，向往中原核心的文化边缘心态便在东南地区的民族意识中世代相传、牢不可破。

　　这种边缘文化心态反映在福建地区以及后来延伸的台湾地区，同样也是十分显著的。远古闽地，人文之进步，远不及中原地区。福建的社会经济与文化开发史，无不与北方移民的入闽紧密联系在一起。从汉武帝时灭闽越国设冶县、三国时孙吴设建安郡以来，经历晋代与南北朝的所谓八姓入闽、唐代前期陈元光进漳、唐末五代王审知建闽国。这些带有福建历史进程里程碑性质的事件，无不是由于北方中原强势力量的南迁而形成的，闽中的原有居民似乎始终处于一种比较被动的境地。从福建文化传承史的角度来考察，无论是乡族社会的建构、道德价值观的承继，还是国家核心主导地位认同等诸多方面，都在不同程度上显露出中原核心与福建边陲的矛盾复杂心态。

　　事实上，我们纵观中国古代历史的传统阐述，从总体上看，是以北方中原地区的历史发展为主要阐述脉络的，甚至可以表达为一种"北方中心论"或"中原中心论"。南方地区上古史的研究，文献既少，且不足凭靠；传统文献中有关南方历史的记载，大约只可作为印证、阐释或附会之用。总的说来，北宋中期以前，有关南方地区历史的记载，可以说主要出自北方士人或持华夏正统观念的南方士人之手，他们对南方地区的描述，主要是立基于华夏正统观念以及中原士人观念的，并且在这种观念之下延伸出对于南方地区的看法，而并非南方社会经济文化乃至环境的客观实际。正史中的有关记载尤其如此。我们曾仔细分析了自《后汉书·蛮传》以来有关"蛮"的记载，说明这些记载所反映的所谓"南方蛮"，只是华夏士人的看法。其他的许多著述，也都带有浓郁的华夏士人风格，有明显的偏见。

　　宋以来，中国南方的士子们在继承和补强中国正统的伦理文化规范上做出了杰出贡献，以朱熹为代表的南方理学家群体对于中国后世的文化贡献系众所周知的事实。然而，当我们在阅读早期南方士子们求道为学的著述时，从中不难看出其津津乐道于自己已经成为一名

"正统文化者"的心态。而这种"正统文化者"的表述中，已经使其不知不觉地衍化为一名亦步亦趋的北方文化中心标志的追随者。如在福建杨龟山的家乡，可以看到他立愿逝世后葬身于墓门朝北远望北方师门的坟茔；在游酢的乡里，到处可以听到和看到关于他们"程门立雪"的传说与记述。实则对于这样的传说和记述，笔者一直心存疑问：程氏作为宋代儒学的代表性人物，为何会有如此不合情理而有悖于孔圣人诲人不倦的教训、苛待南方学子？这种带有明显矫情意味的传说，其背后似乎隐藏着一个难于言喻的文化心态，即以把自己变成一名北方式的"士子"为荣耀。正因为如此，那些唐宋时期许多南方人留给我们的文献，与其说是"南方人的著述"，倒还不如说是"南方人替北方人著述"，恐怕更妥切。

当然，随着南方地区社会经济以及文化的繁荣并且出现了超越北方的趋向的时候，南方士子的文化心态也会出现些许微妙的进化。关于这一点，笔者认为，宋代依然是一个极为关键的时代。众所周知，北宋时期，许多著名的北方士子对于南方的变化及士子的涌现，很不以为然，甚至出现了某些鄙视谩骂的文字。然而，自从"朱子学"以及"闽学"形成之后，这种局面即发生根本性的变化。因此，对于"朱子学"的研究，仅仅着眼于理学的层面还是远远不够的。"朱子学"的形成，对于南方文化的自觉，可以说做出了承先启后的贡献。也许可以说，朱熹以及同时代的南方知识分子们，一方面，依然如其前辈一样在不断反复地阐述着来自北方的正统意识；另一方面，又不能不在南北方文化分野的夹缝中有所表现自己的某些意志。这种两难的行进，需要几代人的努力。笔者认为，一直到了明代中后期，像李贽、陈白沙等南方士子，才能够比较明显地表露南方文化的某些价值意愿。

中国北方与南方文化发展史的进程及其差异，对于南方民族史文化意识的形成与演变的影响是毋庸置疑的。虽然说自唐宋以来，北方迁移而来的汉民已经成为中国南方特别是福建等区域的居民主体，但是在文化核心与边陲观念的长期熏陶下，家族制度及其组织的每一步发展，无不冠上追溯中原的辉煌帽子。这种历史文化的惯性，时至今日，依然如此。

二、演进中的历史与文化

在中华文化发展史的笼罩之下，中国南方的家族源流史也就出现了从历史事实向文化意识方向演进的趋势。

秦汉以来，中国北方各地的民众陆续迁移到南方各地，这是不争的史实。但他们在北方的祖籍地，并非仅限于有数的几个区域之内，而是几乎遍布于中国北方的各个郡县。然而至宋代时，中国南方的家族溯源史开始逐渐地合流到几个有数的中原地域之内。就闽台区域而言，比较集中的祖籍地就是所谓的"中原固始"。

宋代之前，中国民间撰写族谱的风气尚未全面形成，故各个汉民家族对于先祖的追溯，或许主要停留在世代的口耳相传之中。入宋之后，特别是在理学家的倡导之下，民间修撰族谱的风气开始蔓延，对先祖的追溯便成为撰写族谱的一项不可或缺的重要内容。于是，先祖的典籍化也就势不可免。根据各自家族的族谱记载，大家可以非常自豪地对外声称自己的家族具有中国最纯正的中原汉民族，并且是世家望族的嫡传血统。

北方汉民自秦汉以来迁移闽中，早先虽然也经历了西晋的永嘉年间动乱、唐初高宗时府兵入闽的两次高潮，但这两次汉民入闽毕竟距宋代已经有好几百年，对于先祖的追溯比较模糊。而在唐末五代时期，河南光州固始县王潮、王审知兄弟率部入闽，不仅时间接近，而且王审知第一次在闽中建立了闽国，并建立了较完备的政治统治体制。因此，作为北方汉民入闽的第三次高潮，光州固始县人王审知政权，对宋代福建区域的人文格局及其民间社会产生了直接且深刻的影响力。

正如前面所述，宋代特别是南宋时期，是中国南方文化既追溯"中原正统"而又进化自觉的转型时期。民间家族组织的重构与族谱的编撰，成了这一时期南方文化转型的一个重要标志。人们在塑造自己先祖的时候，首先把眼光注视在帝王之胄的王审知兄弟子侄，以及与王氏集团有着某种政治关联的姓氏上面，并且以此来炫耀自己家族的辉煌历史与显赫地位。久而久之，许多家族逐渐忘却了自己真正的祖先，张冠李戴、模糊难辨，最终出现了祖先渊源合流的整体趋势。即许多家族都成了王审知及其部属的后裔。宋代福建民间族谱修撰攀附显贵这一风气的形成和流行，在当时福建籍著名史学家、谱学家郑樵为自家族谱撰写的序言中已经看得十分清楚：

今闽人称祖者，皆曰光州固始，实由王绪举光、寿二州以附秦宗权，王潮兄弟以固始众从之。后绪与宗权有隙，遂拔二州之众入闽。王审知因其众以定闽中，以桑梓故，独优固始。故闽人至今言氏谱者，皆云固始，其实谬滥云。

其实，对于宋代福建民间族谱攀附王氏固始县的这一习气，一部分文化修养较高的福建修谱者们也是相当清楚的。如泉州《鉴湖张氏族谱》明嘉靖十九年（1540年）张继明序云："宗之有谱，所以纪世系、明族类、示仁孝也。……盖五季之末而宋之始欤？然世远文字湮废，自一世至十三世名字世数已不可得而详，又云来自光州固始。盖泉（州）叙谱之通说也。"（卷首）安溪《陈氏族谱》亦云："谱闽族者类皆出自光州固始，盖以五代之季王审知实自固始中来也。……而必谓闽中族氏皆来自固始者，诞甚！"在这样的社会习气之下，不用说一般的贫穷族姓，即使是早先入闽的一些名门大族，其后裔也在不知不觉中被引入其中。唐初率领府兵入闽开发漳州被后世尊称为"开漳圣王"的陈元光子孙，从宋明以来也逐渐把自家原属于河东的籍贯，改称为河南光州固始县了。再如与陈姓同称为"闽台半天下"的林姓，至少从唐代开始就号称是商纣王时期名臣比干的后代。中原的郡望为"博陵""下邳"等，本与河南固始不相干。但是到了宋代以后，不少福建的林姓，其祖籍也变成了河南固始。陈、林二著姓尚且如此，则其他姓氏之攀附河南固始的世家望族由此可知。

不仅仅汉民家族的族谱修撰如此附会合流，即使是早先属于闽中土著的一些族群的后裔，也在宋代这一风气中变更其初，把越人变成十足的汉民姓氏。南宋时人王象之曾在《舆地纪胜》中说："闽州越地……今建州亦其地。皆蛇种，有王姓，谓林、黄等是其裔。"（卷128，《福州景物上》）现存于福建及东南地区的许多少数民族家族，从明代以来开始仿效汉民家族修撰族谱，也存在类似情况。随着北方南迁汉民在东南地区迅速蔓延并取得主控权之后，残留在这些地区的少数民族如畲族、疍民，以及唐宋以后从波斯湾地区东来的阿拉伯人后裔，逐渐受到汉民族的影响以及其生活环境的需求，也不得不把自己祖先攀附在中原汉民的世家望族之上。我们现在所阅读到的东南地区畲族、回族的族谱，虽然其中或多或少保存了他们自己族源追溯的某些特征，但是从始祖的塑造上，则是毫无例外地变成了与汉族相关联的共同的祖先，其中有一部分自然而然地也成了光州固始县人的后裔。

由此可见，至少从宋代以来，福建地区乃至于整个中国南方，在民间家族的溯源过程中，其历史的真实性与文本的显示表象之间是存在着较大差距的。我们在研究福建地区乃至于整个中国南方的家族发展史时，假如过于执着于历史文献的记述和所谓的"历史的集体记忆"的真实性，恐怕都将不知不觉地被引入比较偏颇的学术困境。

从宋代以至近现代闽台民间家族溯源史的演变历程看，后代的福建以及台湾的民间社会，更关注的是文本的显示表象，而对于其先祖的真实历史，倒是相对地无关紧要。因此，我们今天无论是家族史的学术探索，还是现实中的家族联谊与根亲深情，更重要的是需要观察其中所隐藏的文化意识。而一味地试图要探索本家族的所谓纯正血统及其源流细脉的"真实历史"，笔者认为是既无必要而又永远不可得到的。因为家族迁移史以及民族迁移史的真实状况，已经逐渐向文化意识的认知方向演进转化，甚至为文化意识所掩盖。在这种情况之下，追寻所谓的历史真实性就不能不越来越扑朔迷离了。

三、历史与文化演进的永久意义

我们既然了解到闽台地区民间家族的溯源过程中，其历史的真实性与文本的显示表象之间存在着较大差距，历史的真实性最终为文化的意识所掩盖乃至取代，那么，我们应该如何评价这种历史与文化演进的深层意义呢？

研究中国汉族史的学者都知道，中国的所谓汉族，即使是中原的汉族，也早已不存在所谓纯正的血统了。中国的汉民族是经过多民族的长期融合而形成的，更不用说中国东南地区的汉民族，除了其北方先祖的融合血统之外，来到南方之后，与当地土著、阿拉伯人后裔以及其他少数民族的血缘融合也不在少数。所谓的"最纯正的汉民族血统"，显然极为不符合中国民族发展的真实历史。

中国民族史的这一发展历程，其中无不体现了历史与文化演进的巨大足迹。正是由于这种超越历史真实感的文化意识的自我追寻与文化的自我认同，这才促成了中华多民族国家的形成与延续。试想，现在的中国汉民族，甚至包括一部分少数民族，都笃信自己是"炎黄子孙"，显然，黄帝和炎帝二人是生不出这十几亿"炎黄子孙"的。这十几亿"炎黄子孙"是由无数的族群、部落、姓氏所衍生出来的。但是，这种文化意识的超越力量，把不同血缘的中国人连接在一起。假如没有中华民族历史上"历史与文化"的演进，这种大融合的"文化认同"是不可能出现的。

同样的道理，我们今天探讨闽台家族与中原固始的渊源关系，假如非要一意孤行地寻找什么纯正的"中原血统"，其结果必然是恰得其反而又纠缠不清。我们只有在文化认同的基础上一道认识中华文化的多样性及其包容性，才能从无限广阔的空间来继承和弘扬我们祖国传统的优秀文化。正是由于中华传统文化中的多样性和包容性特征，造就了多民族的统一国家的形成与延续，造就了中华民族较少含有种族歧视与民族血统论的偏见。我们完全可以说，文化的超越与文化的认同，是中华民族凝聚与发展的基本要素之一，任何过分强调或刻意彰显不同民族特殊性的做法，都是与中华民族的发展潮流所不相吻合的。

【作者简介】陈支平，厦门大学教授，博士生导师。

【文献来源】2011 年固始与闽台渊源关系学术研讨会论文，2011 年
11 月。

从族谱资料看开漳

汤漳平

　　自 20 世纪 80 年代以来，围绕开漳史的讨论已历经近 30 年时间，虽然这期间召开的专门学术研讨会不多，但是，讨论一直没有停止过，只是表现在形式上时而热烈时而冷清，呈高潮与低谷交错状态。进入 21 世纪以后，随着闽南文化研究日益受到重视，乃至闽南文化生态保护区的建立，在两岸关系日渐和缓的气氛中，两岸文化交流也日益热络起来，于是，这一问题再次受到关注。弘扬开漳圣王文化，关系到两岸五缘关系中最重要的血缘和亲缘关系，它又和两岸共同关注的闽南文化之形成有着特别重要的影响，确实应当认真加以讨论。可是，有个别学者无视学术界对开漳史已达成基本认识这一事实，依然在缺乏相关深入研究的情况下，耸人听闻地提出所谓"开漳史充斥谎言"的怪论，让一些不明真相的民众无所适从。这不能不令人感到遗憾。为了从根本上对开漳史有一个比较清楚的认识，笔者一直期望能够在比较充分了解与阅读涉及开漳姓氏的族谱资料后，通过比较分析，得出较为真实科学的结论。然而限于种种条件，这个想法一直未能真正实现。

　　2008 年，漳州市政协聚合全市的力量，组织了 200 余人的编辑队伍，调查了全市一万多个自然村，在认真搜集、查阅与核对众多姓氏的族谱资料基础上，编写出长达 270 余万字的《漳州姓氏》一书，并由中国文史出版社编辑出版。本文即主要以这部著作为依据，附以所见部分姓氏族谱资料，探寻 1300 多年前开漳将士的足迹，庶几对这一历史能够形成比较客观的认识，至于目的达到与否，尚祈学界朋友正之。

一

唐代初年的中原民众入闽，是闽粤开发史上的一个重大事件，其意义绝不止于开漳。虽则"唐史无人修列传"，使这一对日后影响深远的史实缺乏详细的正史记载。然而，唐、宋以来，一些零散资料从不同侧面保存记载了这一事件的过程，例如，有关建漳的具体时间，在《新唐书》《旧唐书》中便都有明确的记载，而豫、闽、粤、台诸省地方史志、族谱资料的载录，乃至民众口传记忆，依然使人可以对这一事件有比较清楚的认识。我以为，目前至少在以下几个方面，多数研究者的认识是一致的。

（一）对于本次事件的起因、过程、结局，各方并无多少异词，也就是说：这一历史事件的总体脉络是清楚的，也是符合事实的；

（二）事件的主体人物也是清楚的：即以陈政、陈元光及其所带领的中原府兵及58姓民众成为本次入闽平乱及开发建设闽南粤东的主力；

（三）本次事件的意义及其影响的几个方面：社会的稳定、经济的发展、族群的整合，乃至尔后的闽南文化区域之形成、台湾的开发以及海外的拓展等。

上述诸方面在认识上的一致，是我们这三十年来研究上取得的最重要的成果，这也就是说，一部开漳史，乃至影响所及的闽南史、闽南文化史，它的基本轮廓、主要的脉络均是清晰明了的，将一部开漳史说成"充斥谎言"，对于历史工作者而言，起码是不负责任的表现。至于在网络上大加宣扬，就缺乏基本的良知了。

二

当然，在开漳史、闽南史的研究中，确实也存在不少认识不一致，乃至有分歧的方面，尽管这些并不涉及整个事件的基本层面的问题，但如果能够通过我们的研究，提供可信的资料，使之逐渐明朗，减少分歧，进而逐步达成一致，应当是我们研究的目的所在。在正史记载不足的情况下，方志与族谱资料的记载，就显得分外珍贵。那么，到底有多少姓氏记载了唐初参与闽粤开发的姓氏呢？传世的《漳州府志》《漳浦县志》《云霄县志》及《山美陈氏族谱》中载录了当时入闽将领名单，据载，首次随"陈政戍闽粤的将士自副将许天正以下一百二十三员"，这些人多数名字俱在，且各族谱也均有资料保存，焉得随意指其为假造、伪造。而两批入闽人数当有万人之众。这也是多数人所认可的史实。对于他们的去向，实在应当加以认真地探究。

本次编写《漳州姓氏》，对于现有的漳州 703 种姓的入闽、肇漳情况逐姓进行调查并记录下来，这就使我们能够在此基础上，对与开漳有关的各种姓氏的基本情况进行一次全面的审视，同时，编者还做了许多统计分析工作，这也为我们的研究提供了珍贵的资料。

按照过去记载的资料，唐府兵士卒守闽粤可考者 64 姓，而府兵将士眷属可考者 40 姓，这 40 姓中，除部分与府兵姓氏重复者外，尚有 18 姓，分别为：卜、尤、尹、韦、甘、宁、弘、名、阴、麦、邵、金、种、耿、谢、上官、司空、令狐、吐万。这样合计共有 82 姓。而本次调查结果发现有记载的府兵姓氏是 68 姓，加上眷属 18 姓，总数应为 86 姓。

我们分别对这 68 姓入漳始祖姓名、职务、去向、后裔的繁衍及播迁等问题进行整理，所列出的结论令我十分惊讶，充分感受到这些资料的珍贵，它让过去种种不实的传言揣测　不攻自破。

1. 陈姓：

入闽影响最大有三支（P66），永嘉之乱南渡入闽八姓有陈姓。

（1）开漳圣王派，由陈政、陈元光父子总章二年（669 年）入闽奉命平定"蛮獠啸乱"，陈政之兄陈敷、陈敏增援途中病殁于浙江江山，侄元敞、元扬病殂于浦城。陈元光领兵继承父业，子孙传至今。同时入闽地还有府兵队正陈实、陈马、陈叔章，但其后裔不详。

（2）太傅派：陈邕，开元年间入闽。

（3）南朝江州义门派：北宋嘉祐七年（1062 年）入漳。

陈姓入闽派系众多，故"陈、林半天下"

2.许姓（P1400）：西汉建元六年（前135），左翊将军许滢奉命屯戍闽越，驻师泉州西南，后定居同安，墓葬今存，在厦门翔安。

总章二年（669年），宣威将军许陶、许天正奉旨入闽平乱，为前锋副使。许陶战殁，葬于闽清（墓今存），汝南人。许天正（649—719年），汝南许纲九世孙，任别驾，泉潮团练使。中外许姓以其父子为入闽一世祖、二世祖。子许平国镇南诏，兼治州事，性格刚烈，不受请谒，降为海寨巡检使，辖兵马4360人。后裔由漳入泉入安溪、南安。

景龙二年（708年），许州人许辅泉入闽任武荣州刺史（州治在今泉州南安），子孙繁衍于莆田、晋江。

唐大中九年（855年），殿前中丞许成之子许德猷、许德勋携家口70余人30余姓入闽。子孙繁衍于政和。

3.卢姓（P824）：入闽有三派：卢铁，字如金，为陈政部下校尉。子卢伯道为分营将。建漳州时，卢如金任司仓、司户参军。开元二十三年病逝，享年88岁。夫人祝氏随军偕来。子孙迁居天宝。有三子。长子伯道妻陈怀珠，系陈元光长女。

4.李氏（P610）：入闽李氏有七派。

李氏开漳人物有五：一为李伯瑶（陕西三原人），为唐开国元勋李靖之孙。随陈政、陈元光父子入闽平乱，任营将，后为漳州司马。同任营将还有李茹刚。任府兵队正三人：李仙客、李彪、李牛。漳李姓多认李伯瑶为开漳祖。

李伯瑶有十三子，皆以军功授职团练使，分守福建各地：

长子李莅汝，袭职宣慰监军。

次子李董汝，以水师都统总理海防。

三子李萌汝，镇守新宁（今长乐），兼理水务。

四子李垱汝，镇守延平（今南平），兼巡闽江。

五子李弟汝，镇守永贞（今罗源），兼督造兵器。

六子李茬汝，镇守绥城（今建宁），协理兵器。

七子李莳汝，镇守清溪（今安溪），兼司积储。

八子李著汝，镇守武平，兼理水务。

九子李英汝，镇守浦城，兼司转输。

十子李华汝，镇守长溪，兼督造战船。

十一子李莲汝，镇守永泰，兼司粮食。

十二子李苍汝，镇守龙岩，兼理棕、麻、竹叶、油、灰等造船用料。

十三子李菁汝，镇守建州（今建瓯），协理船务。

5. 马氏（891年）：马仁，河南固始人，随陈政父子入闽，任营将，后任漳州司马。711年为保护陈元光突围阵亡。后裔传于华安、漳浦、东山等地。

6. 张氏（P1631）

肇漳始祖张虎，兄张龙，一同随陈政父子入闽平乱。后张龙领兵返回河南开封，弟张虎（即张伯纪）落籍漳州，为漳州张氏始祖。唐中宗时，张虎受封武威协应大将军，镇守漳州路大总管。后裔子孙分居闽、粤的漳、泉、惠、潮各地。又府兵校尉中有张公远，队正有张来、张本仪，情况不明。

7. 沈氏（P1009）

入闽始祖为唐初跟随陈政、陈元光入闽的沈勇，原名彪，字世纪，河南固始人。沈世纪入闽为营将，骁勇善战，在开漳建漳中屡建功勋，官至辅佐中郎将玉钤卫将军。漳州沈氏均奉其为开漳祖。又有府兵校尉沈天学，后裔不明。

8. 欧氏（P915）

总章二年（669年），欧氏随陈政、陈元光父子入闽的有欧哲、欧真兄弟和欧宪伯三人，欧哲任营将，欧真任校尉。欧哲为陈元光五大将之一，定居龙溪县九湖营。欧宪伯入闽后，留守于莆田、仙游的兴化府。

此外，在陈政军中任府兵队长的还有欧阳传惠，事迹无考。

9. 戴氏（P193）

戴氏于唐总章二年（669年）随陈政入闽的有固始人戴伯岳、戴元理父子。戴元理为府兵营将。府兵校尉还有戴仁。

戴元理子戴君胄，703年出生于云霄，袭父职，后佐元光子陈珦，妻陈元光三女陈怀金。卒于大历十三年（778年）。今漳州戴氏皆为君胄后裔。

10. 黄氏（P425）：黄氏入闽始于东汉。

唐初随陈政入闽平乱的有军前祭酒黄世纪。据载，黄世纪原为高宗朝廷礼部侍郎兼祭酒，因不执行武后"命改庙制"而被发配随同陈政戍闽平乱，在李辅胜（伯瑶）营中，陈政命其在今厦门专司监造海上战船和兼管浯州（今金门）牧马事。有三子，子孙遍布闽台、粤东。

11. 林氏（P682）：林氏也为西晋时入闽最早八姓之一。

唐总章二年（669年），固始人林孔著随岳父陈政入闽为军咨祭酒。政殁，佐陈元光讨平广潮诸蛮，开漳建漳，后裔传衍漳州。

同时入闽的还有府兵校尉固始人林章、队正林克非，但其后裔去向不明。

12. 郑氏（P1692）

郑氏同为西晋入闽的八姓之一。而肇漳有记载的则自唐初。

陈政入闽时，跟从者有军咨祭酒郑时中，府兵校尉郑平仲，府兵队正郑正、郑业、郑惠、郑牛容等。建漳后，郑姓将士奉命驻守闽东南四境，包括同安、长汀、潮安、龙溪等。郑氏均为河南固始人，其后裔部分迁回固始，今在漳后裔均尊郑时中为先祖。

13. 朱氏（P1765）

朱氏之入闽，始于唐总章二年（669年），陈政军中有军咨祭酒朱秉英，府兵队正朱参。

据传，朱秉英受封信国将军，戍镇海，年老后回河北。唐开元十五年（727）病逝。朱参为朱秉英堂兄，原驻守上营（云霄岳坑）。后奉旨任河南刺史，居永城（今河南永城）。后裔传衍情况不详。

14. 魏氏（P1239）

魏氏入闽始于唐初，陈政府兵中有军咨祭酒魏有仁，队正魏仁溥。陈政母亲魏妈，在开漳建漳中功勋卓著。但今漳州魏氏多为其他时代入闽之魏姓后裔。

15. 刘氏（P791）

开漳唐府兵将士名系中有府兵校尉刘举，但今《漳州姓氏》中无其传衍的后裔，情况不明。

又，今龙岩九龙江畔有多处"三公庙"，祭祀刘氏三兄弟。《漳平县志》载：九龙乡居仁里刘珠华、刘珠福、刘珠成从陈政、陈元光军队开漳，率部沿九龙江上溯，疏浚河道，直抵雁石，以通舟楫。后人建庙祭之。

16. 廖氏（P677）

廖姓三国时期即已入闽。

唐初中原府兵进漳时，有府兵校尉廖光达，但事迹及后裔情况不明。

17. 汤氏（P1114）

汤氏之入闽，始于唐初随陈政入闽的汤智、汤简兄弟，河南固始人。汤智为府兵校尉，汤简为府兵队正。驻守柳营江东，并安家于龙溪角美之乌浔坑。汤简去向不明。今漳州汤氏为汤智后裔。

汤简名字见于江西南昌汤氏族谱，载曰："汤简，江西南昌人，唐奉政大夫，修正庶尹。"可知其后由闽入赣了。

18. 涂氏（P1155）

涂氏入漳为唐初跟随陈政入闽的府兵校尉涂本顺，涂光彦，但其后裔无族谱记载其谱系。诏安县建有供奉二人的涂氏祖祠聚德堂。

19. 吴氏（P1271）

吴氏入闽始于汉。

唐初跟随陈政入闽将士中有府兵校尉吴贵，队正吴弼等，但其后裔无考。吴姓在漳者人数众多。

20. 周氏（P1747）

周氏入闽始于西汉，居闽北。

唐初跟随陈政入闽有府兵校尉周广德，河南固始人。为周姓漳州肇基祖。居龙溪，其裔孙周匡物是元和十一年（816年）的进士，为漳州建州130年首位进士，官至广东登州刺史。

21. 柳氏（P815）

柳姓入闽始祖为唐初跟随陈政府兵南下的府兵校尉柳彦深。其后裔居漳浦赤土乡。其裔孙柳少安于建中年间（780—783年）曾接替陈谟（陈元光四世孙）任漳州刺史，后应朝廷内召入朝。

22. 施氏（P1048）

入闽肇漳始祖为唐初跟随陈政入闽的府兵校尉施光缵。平乱后家于漳州。今闽南施氏多为其后裔。

23. 蔡氏（P9）

蔡氏入闽为西汉时期，居福州。

唐总章二年随陈政入闽的府兵校尉蔡长眉，队正蔡或，均为河南固始人。后蔡长眉居云霄火田（原漳州州址）。蔡或为随魏妈第二批南下的军校，驻守漳州东之四望山（今角美）并于此开基。

24. 杨氏（P1456）

杨氏于永嘉之乱时即有人入闽，居南平、福州。

进入闽南者为唐初随陈政入闽的府兵校尉杨统，队正杨永、杨珍。但今族谱记载中为杨统与杨细秀。杨统后裔主要在今长泰、华安及漳州市的芗城、龙文区。杨细秀在族谱中载为府兵校尉，驻守漳浦，后迁至漳州，后裔传衍龙海、云霄、漳浦、莆田、仙游等地。

25. 陆氏（P843）

陆氏入闽为唐初跟随陈政平乱的府兵队正陆明，是为开基祖，但后裔世系不明。

26. 苏氏（P1085）

唐初随陈政入闽的有府兵队正苏道，但其后裔世系不明。

27. 司马氏

随陈政入闽的府兵队正中有司马仲章，但今漳州一带无姓司马者，故其下落不明。

28. 詹氏（P1620）

詹姓为西晋入闽八姓之一。

唐初随陈政入闽有府兵队正詹英，詹次（一作詹以）。但今闽南无此二人后裔。漳州之詹氏为北宋及南宋间詹氏后裔。

29. 曾氏（P1585）

唐初随陈政入闽的府兵队正有曾仲规，但其后裔情况不明。

30. 萧氏（P1341）

唐初随陈政入闽的府兵队正有萧澜尔，其后裔居住在漳州诏安县，播迁于广东，台湾宜兰。

31. 胡氏（P410）

唐初跟随陈政入闽有府兵队长胡贤，河南固始人。落籍于漳，后任泉州司马，迁州别驾，进朔府左郎将兼领潮州刺史。为胡姓漳州开基祖，原居龙瀛（今漳州芗城区）。其后裔遍布漳州各县。

32. 赵氏（P1674）

唐初随陈政入闽府兵队正有赵瑞，赵伯恭，均河南固始人。后裔在漳传衍，但世系不明。

33. 叶氏（P1505）

唐初随陈政入闽时，有府兵队正叶清随军前来平乱。乱平后任北境都尉，居仙游归德乡，率领士卒辟地置屯，为仙游古濑叶氏太始祖，肇漳开基祖。后裔传衍于今长泰等地。

34. 颜氏（P1448）

唐初随陈政入闽有府兵队正颜伯矩，河南固始人，但其后裔不详。

35. 潘氏（P933）

唐初随陈政入闽有府兵队正潘节，河南固始人，平乱后驻守南安丰州。其裔孙或居泉州，或居漳州。

36. 柯氏（P559）

唐初随陈政入闽有府兵队正柯敦颐，随陈政之母魏妈入闽，屡立战功。后居漳州，被尊为柯姓入闽肇漳始祖，但其世系不明。

37. 钱氏（P955）

唐初随陈政入闽有府兵队正钱仲先，后落籍福建，但子孙世系不明。

38. 余氏（P1239）

唐初随陈政入闽有河南固始人余良、余克，均为府兵队正，后定居漳州，先居云霄，后随州治迁移而居漳浦、龙溪。

39. 姚氏（P1497）

唐初随陈政入闽有府兵队正姚廉洁，河南固始人，为姚姓入闽第一人。但今漳州姚姓多为南宋年间由莆田徙居漳州的姚朝珪后裔。

40. 韩氏（P346）

唐初随陈政入闽有河南固始人韩器、韩尧、韩球三兄弟（固始县砖仔埕角竹子林社），三人均为府兵队正。今漳州韩姓多为韩器后裔，而尧、球两派无考。

41. 吴氏（P1271）

唐初随陈政入闽有府兵队正吴弼，但其事迹及后裔不详。

42. 王氏（P1189）

唐初随陈政入闽有王华、王佑甫、王一忠等三位军校，均任府兵队正。河南固始人。其后裔定居漳州龙海等地，但世系不详。

43. 方氏（P238）

唐初随陈政入闽有河南固始方集人方子重（644—726年），任府兵队正。功勋卓著，被魏妈视若亲子。建漳后奉命驻守文山（今龙海崇福）一带。后裔多迁云霄，部分迁居宁德霞浦、浙江苍南、金华、义乌等地。传说唐末随三王从固始起兵的部将方世琮为方子重后裔，晚唐官员，曾返居祖地固始，后随三王南下入闽，为攻克泉州的先锋。

44. 孙氏（P1096）

唐初随陈政入闽有光州固始人孙梁文，任府兵队正，居于柳营江西岸岐山马崎社。今孙氏皆尊其为肇漳始祖。

45. 何氏（P361）

唐初随陈政入闽有光禄大夫何嗣韩，屯垦闽南故绥安地（今云霄火田），平乱后何嗣韩居泉州，子孙传于漳泉各地。随同陈政入闽的还有任府兵队正的何德（军），居浦南何厝。

46. 庄氏（P1789）

唐初随陈政入闽有府兵队正庄肃鸾，其事迹及后裔不详。今闽南庄氏皆唐末随三王入闽者之后裔。

47. 唐氏（P1131）

唐初随陈政入闽有府兵队正唐孔礼等，但其后裔不清去向。

48. 罗氏（P862）

罗氏入闽始于唐初随陈政南来的府兵队正罗幼邻。建漳后罗幼邻奉命驻守闽西龙岩，定居连城。今居闽南罗姓族人则多于明代从广东入闽。

49. 邹氏（P1819）

唐初随陈政入闽的府兵队正有河南固始人邹牛客，开漳后居今漳州龙海邹塘村。后裔分布情况不明。

50. 邱氏（P959）

唐初随陈政入闽有府兵队正邱安道，固始浮光山人。定居于云霄火田社。后裔播迁龙溪十一都镇南社。

51. 冯氏（P258）

唐初随陈政入闽有府兵队正冯隽水。后裔不详。

52. 江氏（P516）

唐初随陈政入闽有府兵队正江延兴，后裔定居闽南、粤东，世系不详。

53. 石氏（P1061）

唐初随陈政入闽的有府兵队正石子尊，而今族谱中作石先子，未知是否同一个人。石先子后裔在开漳后居龙溪田下，五代时已为闽南望族。

54. 郭氏（P311）

唐初随陈政入闽者有河南固始方集人郭淑（即名录中之郭鱼），建漳后居漳州东四十里之郭埭，后播迁闽南各地。

56. 曹氏（P57）

唐初随陈政入闽有府兵队正曹敦厚，后落籍于漳。据郭启熹先生考证，今漳平《香山曹氏族谱》记载，曹敦厚开漳后受命镇守龙岩（即苦草镇），子孙居漳平。曹为徽州婺源人。

57. 高氏（P281）

唐初随陈政入闽的有固始人府兵队正高盛典，但其事迹及裔传世系不详。

58. 钟氏（P1736）

唐初随陈政戍闽有府兵队正钟法兴，但今族谱无载。

59. 徐氏（P1385）

唐初随陈政入闽有河南固始人徐睦怨，但其后裔与派居不详。

60. 汪氏（P1181）

唐初随陈政戍闽的有府兵队正汪子固和伙长汪廷君，但其后裔不详。

61. 洪氏（P384）

唐初随陈政戍闽的有府兵队正洪有道，河南固始人，其后裔世系不明。

62. 章氏（P1672）

唐初随陈政戍闽的有府兵队正章鳌、伙长章敦复，但其后裔不详。

63. 宋氏（P1075）

唐初随陈政戍闽的有府兵队正宋用，建漳后定居于漳州东厢二图。生子六：萃江、萃汉、萃谷、萃陵、萃宇、萃亭。其后裔居于闽南各地。

64. 翟氏（P1600）

唐初随陈政入闽的有府兵队正翟恕，建漳后居漳州，但后裔情况不明。

65. 丁氏（P215）

据《白石丁氏古谱》载，济阳人丁儒于麟德元年（664年）随唐诸卫将军曾溥戍闽，为幕僚，陈政入闽后代曾溥，任命丁儒为军咨祭酒，后任左承事郎、州别驾，居龙溪，其后裔在今漳州的龙海市、诏安等地传衍。

66. 谢氏（P1359）

据谢氏族谱载，陈政戍闽时，有固始人谢逸，字徵德，随同南下开漳，并奉命驻守北界（在今南平市东南部），定居兴化石井（今莆田），为谢氏入闽开基祖。

至宋，其后裔居泉州、漳州。

67. 薛氏（P1427）

唐初随陈政入闽有河南固始人薛使（武惠），开漳后，曾任"行军统管使"，并奉命驻守长泰山重，遂于此传衍后裔。

68. 蒋氏（P532）

据载，陈政戍闽时，有蒋姓固始人，随同南下开漳，并落户漳州，繁衍后代。

三

以上是《漳州姓氏》一书中所提供的有关各姓氏开漳时期先祖的基本情况。

陈氏率领的士兵，前后两批应有7000人以上，加上眷属，则有上万人，因此可以肯定地说，当初南下的各姓氏绝不仅于此，只是因为年代久远，他们中多数其名字已被岁月的尘埃所掩埋了。

（一）各姓氏唐初之肇漳祖史料，展示了宏阔壮观的开闽图景。我们从上述资料中可以查出，即使作为当初军队主要将领，有部分不知其下落，如颜、魏、柯、赵、钱、吴、姚、高、钟、徐、汪、洪、漳、翟、庄、唐等姓氏的20余位将领，不知其后人世系。不难想象，连主帅陈元光、重要将军马仁都以身殉职，毫无疑义，其中一些人应是在残酷的环境中或战死沙场，或因瘴疠之类瘟疫捐躯。当然，这其中应当也有我们尚不知道的原因。例如许多将领奉命防守四境，有的返回中原故里，有的任职他处，当然也有去向不明者，正因为有这样丰富的原始记载，才更展示其真实性。

（二）从唐初开漳始祖的踪迹中，可以印证唐初泉潮开发的规模和治理的景况，为原本史料不足的开漳史提供珍贵的佐证。族谱记载，许多将士开漳后被派守四境，离开漳州。这四境绝非今漳州的四面边界。唐初陈元光作为岭南行军总管，其防守范围遍及泉潮。因此，我们从族谱资料中看到有许多官员被派守到的北界竟然是南平的南部、莆田和仙游一带，其西境则是汀州及其南部的潮惠。这也正如我们过去曾多次指出的，陈氏与中原将士所影响范围，绝不像一些学者所认为的，仅仅在漳州一地。族谱资料的记载，让人们大开眼界，同时也印证了我们此前的论述。

（三）各相关姓氏不同时期入闽入漳的多元记载，让我们从不同侧面了解了中国移民史的丰富性。通过史料的整理，我们可以加深对闽南族群与闽南文化形成的认识。我们强调唐初开漳在闽南文化研究中的重要性与开创性，并不是说其他后来者便不重要。相反，由开漳所造成的影响，应当是形成了一个连续的长期的移民过程，正是这连续不断的中原移民南下，加速了移民族群聚落的形成，补充了新生血液，增厚了中原文化与当地文化相交融的积淀，并进而在唐代中后期使闽南文化终于形成。只有在闽南移民的数量达到比较大的规模，形成强势的族群，才有可能使这种文化在一个地域深深地扎下根来。唐代自唐初至盛唐、中唐、晚唐，每个时期都有众多中原移民南下入闽，这与中原地区连续发生的政局动荡是分不开的。然而，中原移民之选择入闽，显然有两个最重要的原因，一是唐初的平定"蛮獠啸乱"，使这一地区形成了相对和平、安定的环境，这是其吸引后人之处。二是信息的沟通。我们从上述族谱资料中看到，在整个唐代数百年间，闽地与中原人员交流，从未断绝过。中原府兵多数落籍闽南，但其中也有一些人又返回了中原，他们就成为两地沟通的使者。三是闽地开发晚，在当时可谓地广人稀，物产丰富，自然条件相对优越，利于开发，这些都是吸引移民的有利条件。因此从唐初至北宋的300多年间，福建人口增长了数十倍。这种超常增长的原因，主要便是陆续南下的移民潮所致。当然，比较稳定的社会环境，也利于人口的增长，但绝不可能如此迅速。

（四）《漳州姓氏》中还有一部分特别珍贵的资料，是对相关姓氏的播迁史的记载，如上所述，其中有关在闽、粤、浙、赣等地之播迁，丰富中国移民史的内容。而宋元明清后垦台、下南洋等方面者尤其珍贵，是海交史、华侨史及中西文化交流史方面的重要资料，可惜相对内容较为简略，但其筚路蓝缕之功，确应肯定。

四

最后再简单谈几点想法。

（一）关于"闽人冒籍固始说"，虽其首倡者为南宋著名史学家郑樵，但郑氏此说并无充分证据，也未做过认真的考察，实为揣测之论。后人应在认真调查研究基础上再来判断其是非。当然，族谱"冒籍"现象不能说没有，但以偏概全则就掩盖史实的真相了。

（二）如何认识族谱中的"讹误"问题，是去伪存真呢？还是以真为伪呢？

（三）对古代传统下来的史料，自然也包括族谱、方志在内，在研究方法上如何进行观念与方法更新，这涉及古籍整理中的基本理论问题。笔者曾写有《观念的更新与族谱资料应用的思考》（《闽台文化交流》，2008年第1期）一文，愿与学界朋友共同探讨。

【作者简介】汤漳平，漳州师范学院教授、闽台文化研究所所长。

【文献来源】2011年固始与闽台渊源关系学术研讨会论文，2011年11月。

根亲文化研究

试论固始在河南根亲文化中的地位

李立新

《礼记》云："万物本乎天，人本乎祖。"《孟子》曰："天下之本在国，国之本在家，家之本在身。""敬天法祖""家国同构"是中国人的传统信念；"草木祖根，山祖昆仑，江河祖海"为中华民族代代相传的文化基因、精神理念；慎终追远、报本反始、尊祖敬宗成为中华民族的优良传统、基本信仰。人们往往以自己姓氏历史上的始祖、著名人物、曾经的辉煌而引以为荣，正是一种来自祖先遥远血脉里的神秘力量，把同姓后世子孙凝聚在一起，在他们心中充满了共同的自豪和荣光，这种对祖根的依恋、对亲缘的向往、对故国家园的魂牵梦绕、对中华文化的自豪认同，在一代又一代中国人的情感中不断酝酿、发酵、积淀、升华，最终形成了以爱国主义为核心的民族精神。

姓氏根亲文化是中华优秀传统文化的重要组成部分，也是河南特有的文化资源。中原是中华民族的文化之源和血脉之根，中华民族就像一棵参天大树，她的树根深植于中原大地，所以说：中原根深，则华夏叶茂。河南应通过对姓氏根亲文化的研究、宣传、发扬、光大，到达培根、养根的目的，把中华民族的文脉血脉的根养护好，使中华民族枝繁叶茂，使中华民族伟大复兴的中国梦梦想成真。

一、根亲文化是凝聚全球华人强有力的纽带和桥梁

根亲文化是传统文化中的一颗璀璨明珠。它纵贯五千年的华夏文明，涵盖了海内外炎黄子孙的各个层面，是中华传统文化中生命力最旺、凝聚力最强、普及面最广、感召力最大的人文情结，是增强中华

民族凝聚力、向心力的桥梁纽带，是照亮河南现代化建设的文化之光。

（一）根亲文化是增强中华民族文化凝聚力的重要载体。近年来，海内外华人的寻根热持续升温，中华大地出现了根亲文化热，在首届全球根亲文化盛事颁奖大典上，还评出了"全球华人最向往的十大根亲文化圣地"和"全球最具影响力的十大根亲文化盛事"。这是在新的历史时期中华民族文化凝聚力和文化向心力的具体表现。充分挖掘根亲文化优势，可以为构建中华民族共有精神家园搭建一个富有包容性的平台。

（二）根亲文化是扩大中原文化对外影响力的重要平台。利用河南丰厚的根亲文化资源，凭借其特有的文化亲和力和感召力，进一步增强海内外华人对中原文化的认同感和归属感，进一步扩大中原文化在海内外的影响力，宣传河南，提高河南在海内外知名度和美誉度，为加快现代化河南建设、促进中原更加出彩提供有力的文化支撑。

（三）根亲文化是实施文旅文创融合战略的重要抓手。河南省十一次党代会提出了文旅文创融合发展战略，并把"老家河南"作为重要文化品牌予以打造。在此基础上提出了培育"行走河南·读懂中国"品牌体系。根亲文化是对海内外华人最具亲和力、吸引力的中华优秀传统文化，以此为主题打造文化旅游和文化创意产品，最易打动人心，特别是牵引海外华人的游子之心，是推动河南丰厚文化资源有效转化的重要手段，推动河南文化强省建设的重要途径。

（四）根亲文化是实施开放带动主战略的助推器。利用河南的根亲文化优势，开展大公关战略，吸引更多的海内外华人企业家到河南投资兴业，促进经贸交流合作，推动旅游产业的发展。以寻根为纽带，深入挖掘更多的人脉资源，将文化优势转变为经济优势，促进开放带动主战略的实施，加快河南经济社会全面发展，增强河南的文化软实力。

（五）根亲文化是统一战线工作的重要抓手。实现中华民族伟大复兴的中国梦，需要汇聚全球华人的力量。华人华侨漂流在外，故国的一切或已渐行渐远，但是血缘姓氏却把他们与祖地联系在一起。利用根亲文化所产生的向心力和凝聚力，吸引港澳台、东南亚及欧美华侨来河南寻根谒祖，通过"寻根、育根、培根"，加强同海内外华人华侨的联系，可以建立更为广泛和稳定的爱国统一战线，促进祖国和平统一，中华民族伟大复兴。

二、河南历届领导对姓氏根亲文化都极其重视

对于河南的姓氏根亲文化资源，历届领导都非常重视，进行了持续的宣传和开发。

（一）2006年10月23日，徐光春在省八次党代会上提出，要加快经济大省向经济强省跨越，加快文化资源大省向文化强省跨越。徐光春书记不仅不遗余力地宣讲中原文化，还出版了《中原文化与中原崛起》《文化的力量》等相关著作。他把中原文化细分为18种，其中就包括姓氏文化。2007年以省委省政府的名义进行了全省文化资源的大普查，不仅各地市的调查报告中都涉及姓氏文化，而且省委统战部还就全省姓氏文化进行了专题调研并编制了详细的报告，拉开了河南挖掘、打造姓氏根亲文化的序幕。

（二）河南省委原书记卢展工2009年履职之初，就马不停蹄地展开全面调研活动，最终发现河南的优势在于区位、农业、人口和文化。2011年，建设中原经济区获得国务院批准，建设华夏历史文明传承创新区被确立为五个战略定位之一。《国务院关于支持河南省加快建设中原经济区的指导意见》明确指出：要"弘扬中原大文化，增强文化软实力"，"提升中原文化影响力。挖掘中华姓氏、文字沿革、功夫文化、轩辕故里等根亲祖地文化资源优势，提升具有中原特质的文化内涵，增强对海内外华人的凝聚力"。《指导意见》对于中原文化中的中华姓氏和轩辕故里等根亲祖地文化特别予以强调。河南省委九届二次全会审议通过了《中共河南省委〈关于贯彻落实中共中央关于深化文化体制改革推动社会主义文化大发展大繁荣若干重大问题的决定〉的实施意见》，确定要努力把河南建设成为全球华人根亲文化圣地。

（三）在2014年河南省新闻界迎新春座谈会上，省委书记郭庚茂专门和媒体负责人探讨了根亲文化的宣传报道。郭庚茂说：河南对华人最有影响力的就是根亲。根亲，你的根在这里，当然就有亲了。根在河南，根亲河南，对海外华人很有震撼力和感染力。要打好"华夏之根在河南"这张牌。华夏之根，有着多方面的意义，不管你走到哪里，你的根、你的祖先在河南，这样的文化和情感，有着正面的向心作用，有着一种联系、一种情感。此后，各大媒体纷纷围绕根亲文化开辟专栏，犹以《河南商报》"我从哪里来"栏目力度最大，影响最广。在河南引进富士康的过程中，竞争十分激烈，郭庚茂和郭台铭同为郭姓对富士康落户河南航空港起到了推波助澜的积极作用。

（四）2016年月8日上午，全国人大代表，省委副书记、省长谢伏瞻在审议政府工作报告发言时，根据河南实际，提出四点建议，其中一条就是：充分发挥河南根亲文化优势，将黄帝故里拜祖大典上升到国家层级。同年9月30号，省委省政府印发了《华夏历史文明传承创新区建设方案》，明确提出"十三五"时期文化建设的五大工程，第一个就是实施全球华人根亲文化圣地建设工程：发挥中原根亲文化资源优势，开展寻根拜祖文化活动，发展根亲文化主题旅游，建设根亲文化主题基地，确立一批中华优秀传统文化符号，使河南成为中华民族精神家园和心灵故乡的主要承载地。

（五）2012年，河南省旅游局在原有"文化河南，壮美中原"的旅游形象定位上进行突破，推出了"心灵故乡，老家河南"的全新旅游形象。"心灵故乡，老家河南"可以说是对"华夏历史文明传承创新区"这一文化定位的通俗诠释，特别是"老家河南"，和"好客山东"一样，一经提出，便广为传颂，深入人心，成为地域文化定位的典范。"心灵故乡，老家河南"获得了2013年"中国十佳旅游口号"。2016年河南省旅游局拍摄了新版宣传片，主题确定为"豫见中国，老家河南"。2018又提出了"中华源·老家河南"旅游宣传主题词，2019河南省《政府工作报告》中提出叫响"中华源·老家河南"品牌。至此，打造"中华源·老家河南"品牌上升到河南省年度重点工作层面。

（六）2019年9月18日，在郑州召开的"黄河流域生态保护和高质量发展座谈会"上，习近平总书记发表重要讲话，习近平总书记关于"保护传承弘扬黄河文化"的重要论述和部署，把黄河文化提升到国家、民族的高度，明确了黄河文化不仅是中华文明的核心，还是国家的符号、民族的象征，提出"黄河文化是中华文明的重要组成部分，是中华民族的根和魂"。把保护黄河文化确立为我们一代人的神圣职责，"要推进黄河文化遗产的系统保护，守好老祖宗留给我们的宝贵遗产"。把传承弘扬黄河文化提升到事关中华民族的伟大复兴的重要地位，提出"要深入挖掘黄河文化蕴含的时代价值，讲好'黄河故事'，延续历史文脉，坚定文化自信，为实现中华民族伟大复兴的中国梦凝聚精神力量"。而中原处于黄河文化的腹心地带，是黄河文化的集大成之地，中原文化是黄河文化的核心和主干，根亲文化是中原文化、黄河文化的重要组成部分。

（七）2021年，河南省委将文旅文创融合战略确定为"十大战略"之一，楼阳生书记在不同场合，就实施文旅文创融合战略做出系统部署，提出要全力塑造"行走河南·读懂中国"形象品牌。在河南省第十一次党代会报告中，楼阳生书记强调："要坚持以文塑旅、以旅彰文，持续打造老家河南、天下黄河、华夏古都、中国功夫等品牌，强化创意驱动、美学引领、艺术点亮、科技赋能，推动文旅文创产业高质量发展。"在四大文化品牌中，"老家河南"被置于首位。2021年12月31日，河南省人民政府颁发了《河南省"十四五"文化旅游融合发展规划》，提出围绕黄河、根亲、功夫、古都、文字等享誉世界的中华文化IP，建设世界文化旅游胜地；讲好上古炎黄、春秋战国、东汉、魏晋、南北朝、唐宋时期的民族大融合和中华姓氏根亲故事，阐释中华民族多元一体格局，铸牢中华民族共同体意识；聚焦以姓氏根亲为代表的老家河南、以天下黄河为代表的大河文明、以华夏古都为代表的中国气象、以太极少林为代表的中国功夫，做好国际化阐释和表达，打造全球著名的文化 IP。姓氏根亲文化被置于特别重要的位置，并以省级发展规划的方式予以打造实施。

三、固始在河南省根亲文化中占有重要地位

"光州固始"，即今河南省固始县，是陈政、陈元光父子，王潮、王审知兄弟，以及郑成功、施琅这些与闽台关系密切的著名历史人物的故乡。为数众多的闽台及海外华人有一种"固始情结"，因为在他们的家谱中，均明白无误地记载着祖上来自"光州固始"，固始成为今天大部分闽台人寻根谒祖的目的地，固始也因此被誉为"唐人故里，闽台祖地"。厦门大学著名方言专家黄典诚教授在 1981 年 4 月 22 日《河南日报》发表了《寻根母语到中原》，提出台湾同胞"寻根的起点在闽南，终点无疑在河南"。"台湾同胞的祖根，500 年前在福建，1300 年前在固始。福建与中原曾有四次人口大交流，许多固始人迁徙闽，繁衍子孙。至今台湾及闽南一带，陈、林、黄、郑四大家族的族谱上，也都明确的记载，其先祖为河南光州固始人。"固始在河南根亲文化版图中占有重要地位。

（一）固始是不少姓氏的起源地。2007 年 4 月，河南省开展了文化资源普查大型调研活动，河南省委统战部承担了"根"文化的资源普查工作，编制了《河南省姓氏文化、祖根地文化资源普查调研报告》，报告中罗列了起源于河南的姓氏 182 个，其中有 8 个姓氏起源于固始，分别是："70. 娄，源于尧帝时期，固始。71. 潘，源于东周春秋，固始。72. 英，源于夏朝初期，固始。73. 廖，源于东周春秋，固始。74. 甄，源于夏朝初期，固始。77. 寝，源于夏朝，固始。78. 沈，源于东周春秋，固始。88. 娄，源于尧帝时期，固始。"上述这些起源于固始的姓氏值得我们去一一深入挖掘和打造，构建一个个姓氏家族寻根问祖的根亲文化圣地。

（二）固始是闽台姓氏的主要迁出地。据河南《光州志》和福建《漳州府志》《云霄县志》等书记载，唐朝初期，福建南部的泉州与广

东东部的潮州一带发生"蛮獠啸乱"。唐高宗总章二年（669），朝廷派归德将军、光州固始（今属河南）人陈政任岭南行军总管，率府兵3600名、战将123员，入闽平乱。后朝廷又派陈政的哥哥陈敏、陈敷率领58姓军校前往增援。陈政病故后，21岁的陈元光代父领军，经过九年战斗，平定了局势。随陈氏父子戍闽的中原将士，两次共约7000名，共有58姓。陈元光"率众辟地置屯，招徕流亡，营农积粟，通商惠工"，使"方数千里无桴鼓之警"，陈元光为南方的开发和安定建立了丰功伟业，因而被后人尊为"开漳圣王"。

据《旧五代史·王审知传》及台湾板桥镇《王氏族谱》记载，光州固始人王审潮（一名潮）、王审邽、王审知三兄弟，于唐僖宗中和元年（881）年，参加寿州人王绪率领的义军，王潮被任为军正。后王潮、王审知掌握义军大权，统一了福建，与民休息，发展生产、奖励通商，使福建的经济、文化得到了很大的恢复和发展，909年，王审知被后梁封为闽王。在固始随同王潮、王审知入闽的约有5000人，据《台湾省通志·人民志·氏族篇》记载，共有27姓。

由于陈氏父子、王氏兄弟这两次入闽都在唐代，规模庞大，并是以唐朝军人的身份入闽的，其后代引以为荣，便以"唐人"自称，还把故乡称为"唐山"，把聚居之地称为"唐人街""唐人町"。这便是今天海外华人以"唐"自称的原因。1953年，台湾进行了一次户口统计，户数在500户以上的100种姓氏，有63姓族谱材料上记载其祖先来自河南光州固始。

2012年，经网络投票、专家评选及综合评议，评出了"全球华人最向往的十大根亲文化圣地"，固始县名列其中，分别是：河南省淮阳县、河南省新郑市、山西省洪洞县、河南省洛阳市、福建省永定县、福建省三明市、江西省赣州市、广东省梅州市、河南省开封市、河南省固始县。但固始移民不同于其他地方的移民集散地，固始是闽台移民的迁出地，并非中转站，这使得它的根亲文化圣地成色十足。

（三）固始县根亲文化活动成效显著。

2008年10月，第一届"固始与闽台渊源关系研讨会"在固始召开，揭开了固始根亲文化研究开发的序幕，也促成2009年10月第一届"唐人故里·闽台祖地中国固始根亲文化节"的举办，此后直到2016年，每年举办一次"唐人故里·闽台祖地中原（固始）根亲文化节"。此后改为每三年召开一次，2019年10月召开了"第九届中原（固始）根亲文化节"，2022年10月，在喜迎党的二十大的欢庆日子里，"第十届中原（固始）根亲文化节"隆重召开。十届中原（固始）根亲文化节表现出以下特点：

一是文化节主办单位规格高。中华全国归国华侨联合会、政协河南省委员会、中华全国台湾同胞联谊会、台湾民主自治同盟中央委员会、河南省人民政府台湾事务办公室、河南省归国华侨联合会、河南省政协港澳台侨和外事委员会都曾做过文化节的主办单位。第七、八届全国人大常委会副委员长王汉斌、十届全国政协副主席张怀西，九届、十届、十一届全国政协副主席白立忱，中国国民党荣誉副主席蒋孝严，全国政协副秘书长、民革中央副主席修福金，全国政协常委、台盟中央原副主席刘亦铭，海峡两岸关系协会副会长王富卿，中国侨联副主席、秘书长乔卫，全国台联会长梁国扬，第十一届全国政协常委、港澳台侨委员会主任、海峡两岸关系协会会长陈云林，中国侨联副主席、秘书长乔卫，全国台联副会长史茂林，全国台联副会长胡有清，中国侨联副主席康晓萍，全国台联副会长杨毅周等领导亲临文化节。

二是文化节主题内容种类多。每届文化节期间都安排了内容丰富的主题活动，如"固始与闽台关系研讨会"已经连续举办了十届，各种各样的文艺晚会、招商项目发布会、经贸洽谈会、大别山绿色农产品展销会、"根亲杯"固始网货大赛、海内外姓氏宗亲联谊会、光州固始寻根拜祖大典、南迁先民姓氏族谱展、固始创业者论坛、闽台百家姓氏源流巡展、开闽三王纪念馆开馆仪式、固始县出土文物展、根亲文化书画摄影展、"根在固始"系列宣传活动，等等，琳琅满目，有声有色。

三是文化节持续举办影响大。通过多年不懈努力，持续举办固始（中原）根亲文化节，"唐人故里·闽台祖地"深入人心，固始在闽台和海外的影响力和美誉度不断增强，已成为海外华人、台湾同胞和闽粤沿海宗亲魂牵梦绕的精神家园和心灵故乡；文化节期间举办的丰富多彩的主题文化活动，丰富了固始县公共文化供给，改善了区域人文环境，提升了固始人的文化素养和幸福指数；文化节也促成了不少海内外企业家到固始寻根旅游、投资兴业、捐资助学，促进了固始县文化旅游和经济社会发展。

近年来，随着人们对文化建设越来越重视，各地也纷纷举办形式多样的根亲文化活动，如新郑黄帝故里拜祖大典、商丘国际华商文化节、周口中国姓氏文化节、内黄恭祭颛顼帝喾典礼等等，中原（固始）根亲文化节不仅持续举办，而且有特色、接地气、显成效，2011 年，固始县被授予"河南省对台交流基地"。党的十八大后，中原（固始）根亲文化节被河南省确定为保留的 22 个节庆项目之一，并连续多年被国台办批准为对台交流重点项目。中原（固始）根亲文化节是各个根亲文化节会中的佼佼者，固始县在河南省根亲文化中占有重要地位。

【作者简介】李立新，河南省社会科学院文学研究所所长，研究员。
【文献来源】2022 年第十届固始与闽台关系学术研讨会论文，2022 年 10 月。

中原寻根中的"信阳现象"

——中原寻根三十年的记忆与思考

张新斌

1976年美国黑人作家哈利克斯·阿里的小说《根》发表，引起了美国黑人对自己"根"的追寻，从而也拉开了海外华人的寻根热潮。这股寻根热潮从海外波及国内，又从沿海深入中华文明的核心区河南。三十年的寻根历程值得纪念，从理论到实践的层面，回顾与梳理这段历程，尤其是对中原寻根中的"信阳现象"的解读，对中原寻根的提升，具有重要理论意义和现实意义。

一、"一个人物"——黄典诚：以固始为切入点的语言寻根拉开了中原寻根大潮的序幕

中原寻根的起点与标志是什么？我认为20世纪80年代初厦门大学语言学家黄典诚的中原之旅拉开了中原寻根的序幕。1981年4月22日，他在《河南日报》发表的署名文章《寻根母语到中原》，是中原寻根起点的标志性成果。

黄典诚为福建龙溪人，长期致力于闽南语研究。早在20世纪50年代便发表了《闽南方言与汉族语言比较》的论文，并于80年代出版了《普通话闽南方言辞典》，可以说80年代初的中原之行，对于他的最终成果有较大的帮助。

黄先生作为闽南人与闽南语的研究者，其中原之行，从一开始就具有双重意义。一是他在中原之行中，寻找闽南语的根，从闽南语的

语素中寻找中原古语元素，在他的成果中寻找到了较多的这样的范例，而闽南语中的上古音残余，也在中原，尤其是在固始得到了印证，这也从语言学上找到了闽南人来自中原的证据。二是黄先生为闽南漳州人，漳州为开漳圣王陈元光的第二故乡，在唐代的两次移民中，固始籍的黄氏代表有黄敦、黄膺、黄岸、黄惟淡等。黄氏系以国为氏，其祖地在河南潢川，闽南人对祖根的追寻有较强的氛围，因此黄典诚先生在进行闽南语寻根的同时，也为闽南人到固始，以至中原寻根，实现了零的突破，也因此开启了闽南与固始、东南与中原寻根联谊的序幕，并使中原寻根从一开始就奠定了较为科学的基础。

黄典诚先生的中原之行，使人们对固始有了新的认识，可以名之为"发现固始"。其意义表现为：一是固始虽然处于中原与东南之间，但也正是因为其处于中原桥头堡的位置，从而使固始成为中原与东南交流的桥梁。二是固始位处淮河之南，无论气候、环境、风俗、习惯都具备了南方的特质，换句话说固始与南方有着天然的联系。几年前我应邀到信阳谈信阳文化，我认为信阳为"北方人见了新，南方人见了亲"的地方，信阳这种"新""亲"的特点，在固始表现得最为典型。三是固始为特有的古代姓氏集散地的代表。在苏州阊门、麻城孝感乡、洪洞大槐树以及南雄珠玑巷等同类的移民标志地中，只有"光州固始"直接拉近了东南与中原的联系，东南地区以闽台为代表，在当今两岸分离的条件下，这种寻根某种意义上已超越了文化的意义，应该说固始寻根，无疑走在了其他姓氏集散地的寻根大潮之前。

二、"一文一刊"——欧潭生与信阳人的文化自觉：开启了豫闽台文化研究的新篇章

黄典诚在《寻根母语到中原》的文章中，提出台湾同胞"寻根的起点是闽南，终点无疑是河南"的观点。就家谱而言，最可见的终点是固始。

真正拉开河南学者研究豫闽台历史渊源关系的文章，是当时在信

阳地区文管会办公室工作的欧潭生先生，他在 20 世纪 70—80 年代在信阳地区从事文物考古工作，他的大作《台闽豫祖根渊源初探》，利用各方面的材料，综合论述台闽根在河南固始。我在 1982 年初到新乡地区文管会工作，工作性质与欧先生差不多，当时我们收到信阳地区文管会编印的《豫南史话》，这是一本十分简朴的小册子，但在当时则是全省地域文化与文物考古方面的内部期刊的第一份，这个刊物我们先后见到两期，里边有信阳历史、传说、名胜，也有署名"文关惠"的文章，并且有我的大学老师郑州大学秦佩珩教授对这部册子的评价性文字。欧先生的文章，让我们耳目一新，使我们知道河南与福建还有如此的亲缘联系。这篇文章后来发表在 1983 年第 5 期的《中州今古》上，也得到了《中州今古》时任编辑，后来专攻姓氏文化并取得较大成绩的谢钧祥先生的高度评价。

欧潭生先生的《台闽豫祖根渊源初探》一文与信阳地区文管会编辑的《豫南史话》一刊，是河南学术界对豫闽台文化研究的起点，也由此开启了河南研究豫闽台历史渊源的新篇章。

信阳学术界的这种文化的敏锐与自觉性，也得益于欧潭生先生特殊的文化背景。一方面，欧先生 1963 年考入北京大学考古专业，1968 年到河南太康锻炼，后分配到信阳地区商城县务农与教书，他自 1976 年到信阳地区文管会工作，先后发掘了固始侯古堆大墓，光山宝相寺黄孟君夫妇合葬墓和罗山莽张商周墓群等，并调查了群众传说的固始郑成功墓。尤其是他主导了文物普查，使他有可能对信阳地区考古之外的地方历史文化有了全面认知，为综合进行豫闽台关系研究提供了可能。另一方面，欧潭生为福州人，出生在建阳，在建阳与三明上学，从小浸润了闽风的影响。他是一个有着福建生活基础，又有河南感受，并在信阳（固始）进行考古与文化研究的学者，因此对于豫闽台关系的认识，有着天然的敏锐性。实际上，黄典诚的中原之行和相关文章的发表对河南尤其是对信阳（固始）的影响，是深刻的。我们从《信阳师范学院学报》1982 年第 1 期中报道的《信阳地区召开台湾同胞祖根问题座谈会成立台湾同胞祖根问题研究会》的信息中可知，1982 年 4 月 2 日，信阳地区专门召开了座谈会，黄典诚先生向会议发了贺电。这次座谈会的第二天正式成立了相关的研究组织，办公地点设在信阳师范学院，并提出了以郑成功先祖祖籍研究为突破口召开研讨会的目标。

信阳地区成立专门的根文化研究机构，这在河南，无论基层，还是市县都是前所未有的，也由此成为河南根文化研究的起点。

除欧潭生外，汤漳平先生也有与欧先生相同的生活背景：福建人，在北京求学，到信阳工作，也在 80 年代开始了豫闽台研究的学术历程。此外，王佐、文汇、许竟成、陈学文等一批信阳人，开始关注这一专题，并在姓氏文化与豫闽台渊源研究上，不断取得新的成果。

三、"一个理念"——根亲文化："寻根找亲"所反映的中原文化"走出去"的气质与理论探索

围绕寻根现象而展开的研究，是立足于史学基础的文化研究。回顾中原寻根三十年的历程，这种研究或者说思考，经历了"寻根—根—根亲"三个阶段，而"根亲文化"则是信阳（固始）的贡献，是对根文化的细化与深化。

寻根，尽管是个古老的概念，但从最近来看，仍然缘于《根》小说所引发的浪潮。我们每个人都有根，根在哪里？根在何方？可以说离家越远、时间愈长，这种寻根的愿望也就越强烈。寻根，反映了远在他乡游子的文化自觉。与寻根相关联，80 年代开始在文坛上出现了"寻根文学"，直到现在寻根文学的研究依然有着旺盛的活力。我们所说的中原寻根，更多的是立足于姓氏为基础的血缘寻根，也包括了类似于少林功夫、龙华圣道（老子）、王铎书道等文化寻根。

根，是与寻根密切相关的，有根才有可能寻根，就寻根的角度而言，寻根是起点，由于大量的海外华人寻根，才使根之所在的中原，思考什么是根？根文化是什么？从而感到根文化资源是河南的独特的

资源。我从 1999 年开始，对河南姓氏文化资源进行全面思考与综合研究，并主持"寻根文化与寻根战略"的课题。在 2004 年 8 月 10 日新华社记者桂娟发表《专家摸清河南"根文化"家底》的新闻通稿，对我所主持的课题进行专题报道，这篇报道得到海内外数十家媒体的转发，扩大了课题的影响力。我在 2004 年 12 月 23 日《河南日报》第 9 版上，发表了《河南：高擎寻根文化大旗》的文章，提出了"中原历史文化的本质特点是根文化的观点"。我在其后发表了《中原历史文化的本质是根文化》的文章，我认为："寻根文化是围绕'根文化'而引发的重要的特色文化现象。我们要在对中原历史文化深入研究的基础上，突出其根文化的本质特点，整理与挖掘民族之根、文化之根，并以正宗的中原文化去吸引任何对其有兴趣的人到河南寻根、体验。要高扬'根文化'的大旗，并以此纽带联结中原与海外，加快河南走向世界的步伐。"

　　根文化的表述，反映了中原人对于自身文化本质特点的认知，并从战略层面上进行提炼提升，从而强化了对这一特殊文化资源的保护开发意识。根文化的表述得到了同行的认同，或在此基础上有所深化。如李立新在《论河南的根文化与根文化研究》一文中认为："根文化包括两个方面的内容，其一是文化之根，其二是姓氏之根；文化之根是精神之根，姓氏之根是血脉之根。"他在文中则分别对"中华民族的文化之根"与"中华民族的血脉之根"进行了概述。贺红茹、薛峰在《河南寻根旅游开发价值研究》中，则讲到"根文化旅游资源"，也将这种资源表述为"中华民族的文化之根"与"中华民族的血脉之根"。尤其是在《中共河南省委关于制定全省国民经济和社会发展第十二个五年规划的建议》中，提出了"打造以'根文化'为代表的中原文化品牌"的要求。卢展工书记在 2010 年 7 月到省文化厅省及文联调研时，提出"文化是根，是民族之根、文明之根、发展之根"的观点。在《河南省文化强省建设实施纲要》中，他也提出了"叫响以'根'文化为代表的知名文化品牌"的要求，反映出根文化已成为学界与政界的共识性观点，已由学界研究转为官方认同。

　　根亲文化，是在"寻根"的多年实践的基础上，在对河南"根文化"资源认识的前提下而形成的，是对根文化的最新认识。根亲文化的概念，是与"中原（固始）根亲文化节"同时出现的，是信阳（固始）对中原的贡献。根亲文化的概念提出，虽然没有引起热议，但从今年也开始出现学界关于根亲文化的研究成果，如付玉成认为："所谓'根亲'就是异乡他国的人们强烈地怀念祖辈先人，追踪自己的血脉由来，探寻延续的血缘亲情，热爱先人生活成长的故土家园的思想和行为。所谓'根亲文化'就是由根亲而发生、发展的一种追族溯缘、血脉相继的文化现象，是人们的姓氏同源同脉的延续，是族邦同渊同宗的亲情，是居食同根同缘的联谊。它广义上属于历史文化，狭义上属于区域文化，本质上是文化的追溯、心理的认同和灵魂的皈依。"我认为，根亲文化的提出，反映了以信阳（固始）为代表的中原人的文化自觉，寻根从字面上理解是一种寻根人的单向行为，反映了远在他乡的游子，为寻找自己祖根的冲动与行为。从实践的层面上看，自80年代开始的寻根行为，对河南当地而言都是被动接待，被动研究，被动联谊。

　　自90年代中期开始，河南祖地开始认识到"根文化"是一种独特的资源优势，随后根文化的概念呼之欲出，而主动研究，主动出击，主动联谊，成为祖地的一种全新的现象，形成了寻根与被寻根两者间的双向互动，这种现象，以"根亲"表述最为贴切。我理解，所谓"根亲"，是"寻根找亲"，游子来寻根，祖地主动去找亲，根亲文化表述的就是一种"寻根找亲"的特殊的文化现象，这里边包含了以河南为代表的祖根地的文化自觉，一方面主动研究，主动出击，主动联谊；另一方面，广交游子，广交朋友，让内地的中原拥抱世界。因此"根亲文化"，不仅真实地反映了寻根的最新态势走向，而且也切实反映了寻根所引发的这类现象真实的文化含义。

　　根亲文化，从其提出，就具有较强的官方背景，早在2008年初，信阳市委对固始提出"放大根亲文化优势，增强文化软实力"的要求，并提出了"让根亲文化扬名固始"的发展理论。近期颁布的《国务院关于支持河南省加快建设中原经济区的指导意见》，已经明确提出了"将河南建成全球华人的根亲圣地"的目标，使根亲文化从提出很快进入最高决策层面。可以说，这也是信阳（固始）对中原寻根的理论贡献。

四、"一个节会"——中原根亲文化节：形成了豫闽台寻根文化交流的高端平台

自 1982 年至 2008 年，固始寻根的二十余年历程中，有过两次高点。一个高点在 80 年代前期，从 1981 年的黄典诚中原之行的文章发表，在闽南语中找到了固始元素。1982 年香港中国旅行社总经理方润华对方氏的寻根，既包括了对唐代固始移民中的寻根，也包括了对方姓祖地的寻根。80 年代以来，海外的寻根持续不断，时间长了，好奇心没有了，经济上没有收获，因此在 90 年代后期进入低潮期。2002 年，我完成并发表了《论固始寻根》的文章，这篇文章最大的特点是以闽台家谱资料为主，谈闽台人认同的固始之根，这比之前的研究细化了许多，也有一定的说服力。文章发表后，当时固始县的领导安排我与同事到固始考察，我的第一次固始之行，也见证了固始寻根的低点。但我很兴奋，回来后写了《固始考察手记》《固始县寻根资源开发可行性研究》，其中提出要举办"固始寻根文化节"。文化节的举办，是张扬"光州固始"品牌的重要抓手，也是固始寻根文化影响走出去的关键，为此，我们 2003 年就与固始合作举办了"固始与闽台寻根暨固始寻根旅游资源开发研讨会"，提出要把固始打造成"闽台寻根的重要基地"。因此，2008 年，首届固始根亲文化节的举办是研究者多年来的梦想，也是海内外固始移民后裔大团聚的日子。

从 2008 年的固始根亲文化节，到 2009 年、2010 年，以及今年的中原（固始）根亲文化节，根亲节已进入第 4 届。其中也将召开 4 次"固始与闽台渊源关系研讨会"，相关的成果已汇聚 3 本书。围绕一个

专题多次举行研讨会，在河南诸多节会中，还是极为少见的。固始寻根的研究，不仅涉及豫闽台三地的地方史，还涉及移民史、断代史等，学者来自四面八方，应该说讨论的广泛与深入，都已超过了以往。而在"一会一节"中，研讨会已成为"中原（固始）根亲文化节"的一个亮点。节会不仅影响到海外，而且也成为国家对台湾的重要交流平台。尤其是在国务院关于中原经济区建设的指导意见中，将"根亲文化"的圣地称号交给了河南，也意味着"光州固始"这一文化品牌与"中原（固始）根亲文化节"，从华夏历史文明传承创新区建设的角度而言，将承载更多的历史使命。从"中原寻根三十年"的历程来看，有许多值得进行总结与提升，在诸多关节点上都有信阳（固始）的印痕，中原寻根的"信阳现象"值得认真研究，也可以得到更多的启示：其一，"光州固始"是连接中原与闽台的文化纽带，在中原"根文化"资源中占据特殊的地位。其二，围绕"光州固始"这一史实，要不断深化学术研究，也要对"固始寻根"根亲文化进行理论层面的梳理与研究，不断总结经验，不断提升工作的层次。其三，要创新节会举办的形式，提升品位，使研究不断扩展与延伸，真正成为中原与闽台交流的重要平台。

【作者简介】张新斌，河南省社会科学院历史与考古研究所所长，研究员。

【文献来源】录自《信阳师范学院学报》2012年第5期。

Ⅲ 其他

历史丰碑　根亲纽带

——陈元光家族和王审知兄弟的伟大功绩及历史影响

陈学文

在由晋唐至明清的漫长岁月里，地处江淮间豫皖接合部的"光州固始"，因其特殊的地理区位、自然条件、历史因缘，成为历代中原河洛人南迁的肇始地和集散地，在河南移民史上有着显著地位和重要影响。血缘、文缘、史缘、地缘关系"编织"的特殊精神纽带，穿越历史时空，将闽台同胞、海外侨胞、客家民系，同祖根地固始紧紧地连在一起。徙居闽粤的固始籍民，为当地带去了先进的中原文化、生产技术、农耕文明，加速了我国东南边陲人类社会的发展进程，其历史贡献与影响，将永远辉映于史册。渐次播迁海外、旅居世界各地的华人华侨、客家群体，创业异国他乡，传播华夏文明，为世界的文明进步作出了宝贵贡献，赢得国际社会的广泛赞誉。由古至今，千百年来，他们谱载口授，世代相传：牢记乡关祖地，勿忘"光州固始"。固始因此成为蜚声海内外的中原侨乡，"唐人"故里，客家之根，闽台祖地，成为"天下固始人"心目中永远的"大槐树"。近30年来，海内外研究移民历史、寻根文化的专家学者和大众媒体，也将热情的目光投向固始，考察、研究、传播固始根亲文化现象。尤其是以唐初陈元光、唐末王审知为代表的移民文化与根亲情结，成为备受关注的热点。

一、戍闽开漳篇

在公元7世纪中期的我国唐代历史上，从中原河洛地区的"光州固始"，走出一个造福南疆、饮誉朝廷的家族；这个家族中有一位献身八闽百粤，感动海峡两岸，功耀古今、名播海外的将军。这位将军就是唐初奉朝廷之命，戍守闽粤，平抚"啸乱"，创建漳州，传播中原文化和农耕文明的"开漳圣王"陈元光。

陈光元，字廷炬，号龙湖，河南"光州固始"人。世居江淮之间的大别山北麓浮光山下。唐显庆二年（657）出生于颍川望族、开唐功臣门第、将军世家。少怀大志，崇文尚武，13岁领"乡荐"第一。祖父陈犊，字克耕，曾以5万精兵助唐灭隋，被唐廷封为开国元勋，任玉钤卫翊府中郎将怀化将军。祖母魏敬，世称魏妈，字玉珏，号云霄，隋中书魏潜之女，唐相魏征堂妹。幼习诗书，尤喜战阵、骑射之术。曾和丈夫陈克耕为助唐灭隋并驾齐驱，逐鹿疆场，被封为唐开国元勋夫人。父陈政，青年时随父母驰马河洛，刚果有为，被唐太宗任为左郎将。两位伯父陈敏、陈敷，分别在朝中任中郎将怀远将军、右郎将云麾将军。

穿过历史的隧道，回望当年的烽烟，陈元光举家奉诏南下，缘起于唐初的一次武装移民。

时间：总章二年至咸亨元年，即公元669—670年；

屯师目标：泉州与潮州之间闽粤赣结合部"方数千里"的"蛮荒之地"；

廷命任务：平息少数民族动乱，开发建设东南疆域。

南国烽烟 隋唐以前，泉州与潮州之间广大地区的原住民（时称"南蛮"或"蛮獠"）尚处于氏族公社社会阶段，没有本民族的文字，或择山洞而住，或编荻架茅而居。其俗"断发文身，好相攻讨"。除狩猎之外，也"刀耕火耨"，"去瘠就腴"，不断占领新的地盘，因而和安居务农的汉族群众时有冲突。到了唐初，这一肇始于汉代延续了近八百年的汉蛮矛盾激化升级。公元669年，潮州与泉州之间终于爆发了一次大规模的"蛮獠啸乱"，啸乱武装由打家劫舍，发展到陷城略地。生灵涂炭，苦不堪言。

奉诏南下　告急文书驰入朝廷，唐高宗遂于总章二年（669）诏命陈元光父——玉钤卫翊府左郎将归德将军陈政为朝议大夫、统领岭南行军总管事，率府兵 3600 名，营将 123 员，由中原出征，入闽平乱。因众寡悬殊，交战失利，陈政退守九龙山，奏请朝廷增援。于是朝廷命陈政兄陈敏、陈敷率 58 姓"光州固始"子弟赴闽增援。时年 72 岁的陈元光祖母魏氏夫人见国家危难当头，毅然随军南征。援军行至须江（今浙江江山县境），陈敏、陈敷二位将军相继染疫病逝；至汉兴（今福建浦城），陈敏之子元敬、陈敷之子元敤也不幸夭折。魏氏夫人不顾失子丧孙之痛，代子领兵，继续南下。

两军会师后，"结筏渡江"，采取招抚多数、"围剿元恶"的战略方针，突破围追阻截，打通前进道路，得以进屯梁山之外的云霄火田一带建宅落居。

元光受命　陈政不负朝廷厚望，出生入死，历尽艰辛，"靖寇患于炎荒，奠皇恩于绝域"。镇守闽粤之吭，泽被泉潮之野。历时 9 年，积劳成疾，于仪凤二年（677）病故于军中。

陈元光时年 21 岁，奉诏代理父职。13 岁随家南征的陈元光，此时已经历了 8 年的戎马生涯。家庭熏陶、疆场历练和中原文化的滋养，使陈元光逐渐成长为集文韬武略于一身的政治家、思想家、军事家和诗人。他统军主政后，先后平息了潮州、循州、惠州一带的"啸乱"，闽南、岭南社会由此得以安定。事闻于朝，陈元光于永淳二年（683）进阶为正议大夫、岭南行军总管。

建漳置郡　是年（683），陈元光奏请在泉、潮间建州设县，以巩固东南边陲，实现长治久安（唐时所指"泉、潮间"，为今天福州到潮汕之间包括漳、泉、厦、莆、仙等广大地区）。他在表疏中指出："兹镇地极七闽，境连百粤"，其区位和战略地位十分重要。但由于"职方久废，学校不兴"，所以人们"所习者暴横为尚"，"抚绥未易，治理诚难"。因此，"其本则在创州县，其要则在兴庠序"，此"诚为救时之急务"。垂拱二年（686）武后颁诏允准于原绥安地域建置漳州，并新设漳浦、怀恩（今诏安）两县，任陈元光为漳州刺史兼漳浦县令。

开漳业绩 陈元光一是身体力行、持之不渝地用德礼教化民心，移风易俗，改造社会。对于啸乱流寇，实行招抚为主、威德并用的方针，孤立、惩处首恶，教化团结多数。对于归顺者，划区安置，引导其自我管理。提倡各民族一律平等，并积极主张和鼓励部下与山越人等少数民族和亲通婚，山越人由此逐渐汉化，实现了民族融合。二是注重用中原的先进文化和生产技术从政治上、经济上、文化上、风俗上改造闽粤间这一蛮荒落后地区。具体表现在：（1）政治上，廉政奉国，开科选士，任用贤能，广开才路。比如对"宅心正大、处己无私"的许天正，忠直骁勇的马仁，"谋国竭忠"的林孔著，"处己方严、临事果断"的李伯瑶、林章，"用意精深、勤于职事"的卢如金、涂本顺、戴汝孙，"性多慈仁、急于爱民"的张伯纪，"奉公惟谨、事上能恭"的赵伯恭、郑业等随属部将和地方贤达，都能按其德才委以重任，因而军政岗位人才济济，同心同德，上令下行。（2）经济上，一是劝农务本，鼓励耕织，兴修水利，改善农耕。比如在漳江两畔"障海为田"，"辟地置屯"，在漳江上游修建军陂（即水坝）和水渠，使荒原旱野有了灌溉之利。二是扶持工商，发展手工业和行商走贩。近海民户则晒盐、造船，内地居民则制陶、制茶，手工业渐成规模。工商行业启兴成市，商业中心蓬勃兴起，商品集散地星罗棋布，农产品、畜产品、手工业品等货物齐全，市场活跃。三是寓兵于农，积极屯田。以火田一带为军垦基地，发动部众开展大规模生产建设活动，既减轻了长期处于战乱中的当地贫困百姓的负担，保障了入闽府兵的粮饷供给，又促进了地方经济的发展。四是大力推行均田制，招徕流亡，建宅垦荒。将六朝以来古绥安、兰水一带的荒地、无主地，按丁口分到户耕种。动员民户垦荒，自垦自种。五是轻徭薄赋，善政养民。对于归附的山越"流移"，实行"不役不税"，扶持生产。六是广泛推广应用中原农业生产技术，仿制农具，改进耕作。平原地区推广了双季稻，荔枝、香蕉等经济作物广为种植。多措并施，使该地区社会经济实现了

历史性的进步，跨越性的发展。（3）在文教上，办庠序，兴书院，施
教化，移风俗。州署（今云霄西林村）设有专管教育的行政机构，松
州书院和各地书院相继创立，兴办社学、义学蔚成风尚，使漳州大地
实现了"民风移丑陋，土俗转温醇"的巨大变革。（4）在军事上，实
行府兵制，规定一定年龄的男子服兵役，参加军训。并于辖区置堡 36
处，作为军事绥靖和教化之所；四境设立"行台"，布岗巡逻，以保
安宁。

以身殉国　唐睿宗景云二年（711）十一月初五日，销声匿迹近 30
年的啸乱酋领蓝奉高等妄图死灰复燃，东山再起，率领残部潜入郡治
附近的岳山发起突袭，陈元光亲阵御敌，保境安民，不幸血染疆场，
以身殉职，时年 55 岁。噩耗传来，苍山垂首，江海悲咽。漳州父老悲
恸欲绝，泉潮百姓哀泣遍野。纷纷"肖其像"，设灵堂，缅怀其功绩，
感念其恩德，寄托无尽的哀思……当朝和之后历代朝廷，对陈元光累
有旌表追封，其中以宋朝追封的"开漳圣王"影响最为深广。

前仆后继　陈元光殉难后，其子陈珦奉诏代领州事，率部击垮了
蛮酋蓝奉高等残余势力，彻底肃清了漳州及潮汕地区社会动乱根源。
陈珦在任 27 年，安民惠民，卓有政声。陈珦退隐后，其子陈酆"居祖
职（漳州刺史）"，"恢拓先业"，"锄强救灾"，"历任二十九年，一州
安晏"。陈酆辞世后，其次子陈谟又"以平广寇功授中郎将兼漳州刺
史"。元和十四年（819），陈谟卒于任上，为造福漳州百姓献出了毕
生精力。从陈政起，上自其母魏敬夫人，下至陈元光等儿孙后辈，祖
孙六代戎马闽粤，励精图治，历 150 余载，可谓满门忠烈，遗爱万民，
岁月悠悠，丰碑长存。

突出贡献　今天，我们用历史唯物主义的观点来评价陈元光戍闽
开漳的历史贡献，最重要、最突出的，是他奠定了泉、潮间闽中闽南
地区政治、经济、文化的三大基石。即：政治上，将少数民族与汉族
间的长期武装对抗，转化为蛮汉融合，结束了泉潮地区由西汉至唐初
长达八百年的社会动乱，开创了民族团结和睦、社会稳定和谐的历史

新局面，为这一地区的全面开发建设奠定了安定的政治基石。经济上，中原农耕文明的广泛深入传播和工商业的兴起与发展，为泉潮经济带和闽南经济区的形成奠定了基石。文化上，教育的普及，文风的日盛，为泉潮文化带，尤其是以漳州为中心的闽中、闽南区域文化圈的形成奠定了基石。

历史影响 其一，戍闽开漳，加速了我国东南边陲人类社会的历史发展进程，使蛮荒之地的少数民族归顺了朝廷，巩固了大唐王朝的中央政权。使昔日蛮荒之地，渐成文明之邦，政治、经济、文化、军事、社会风俗等开始融入中华民族大家庭，居民的血统、心理素质和民族意识自此与中原息息相通，源远流长的华夏文化在闽粤之域得以发扬光大。此后千余年来，闽南一带未出现与中央政权相对抗的割据政权和势力，并对后世产生重大影响。因此可以说，其历史意义和影响是划时代的。

其二，陈元光不仅是一位卓越的将军，还是一位具有远见卓识的封建社会的政治家，同时也是一位满腹经纶的儒教学者、颇有成就的诗人。作为儒家政教思想的实践者和中原文化的传播者，陈元光重教兴文，德礼施政，使闽粤赣接合部"方数千里"实现了"偃武修文，四夷自服"的社会变革。对漳、泉、潮、汕诸州日后成为饮誉海内外的历史文化名城，其属地成为民风淳厚、才俊辈出的礼义之邦，无疑起了文化拓荒、文明奠基的作用。

其三，生产力的发展，社会的进步，极大地改善了人们的生存、生活条件，实现了各民族的和睦相处和安居乐业。这同时又大大增加了人口的生产，使七闽（后为八闽）、百粤之地人口总量显著上升。先后两批入闽开漳的87姓、近万名将士及其家眷，就地安家落籍后，世代繁衍，生生不息，其后裔成为漳泉潮汕地区主要人口成分，并呈扇形源源不断地向台、琼、港、澳和东南亚及欧美诸地流徙，这就历史地造就了"漳江思源怀固始，唐人访祖到闽南"的"根文化"现象——当年开发闽粤、落籍南疆的大唐将士，成为中原汉人入闽入粤及其渡台后裔的开基祖，成为由闽台再渐次播迁东南亚的华人华侨的"根"，成为欧美各地"唐人街"的血缘与历史源头，成为联系闽台同胞、海外侨胞和世界客属的亲情和精神纽带……

其四，陈元光祖孙六代戍闽开漳功绩，为闽粤台同胞和海外"唐人"世代景仰，广为传颂，人们一向尊奉陈元光为"开漳圣王"，纷纷立庙祭祀，至今香火如昔。漳州和潮汕地区民间供奉"开漳圣王"的威惠庙、燕翼宫、州主庙遍布城乡。目前在台湾奉祀陈圣王的威惠庙、昭惠庙等有 300 多座，其中富丽堂皇、宏伟壮观的超过 50 座，全岛以宜兰、桃园、台北庙宇数量、香火为最。在东南亚各地陈圣王庙也随处可见。2006 年 10 月，2007 年 3 月，新加坡陈元光纪念堂——保赤宫管委会和中国福建省漳州市云霄县，先后举办了国际开漳圣王文化联谊大会和开漳圣王文化节，数千名闽台同胞、海外侨胞欢聚一堂，畅忆开漳伟业，缅怀宗功祖德，祈祷国家统一，民族振兴，其情其景感人至深。2008 年 5 月，这一盛大根亲文化活动又在台湾隆重举行。

故乡情长　在陈元光将军的故里——河南省固始县陈集乡，有为徙居海内外的开漳将士后裔们一心向往的陈将军祖祠，祠之东南隅有陈氏祖茔"七星拱月墓"。2004 年，在纪念陈元光家族奉诏入闽 1335 周年之际，固始县修葺了陈氏将军祠，在浮光山恢复重建了祭祀魏敬夫人的"奶奶庙"和纪念陈元光祖父陈克耕将军的"望漳亭"。并在县城中心位置辟建了占地百亩的陈元光广场，安放了由福建省云霄县县委、县政府和全县人民赠送的陈元光将军大型石雕像。固始县酝酿已久的创建"历史名人园"的构想如能实现，开漳圣王祖孙六代及其部将，将首期"入驻"名人园。

根亲纽带　据 1953 年台湾户籍统计资料显示，当时台湾全省户数在 500 户以上的 100 个大姓中，有 63 个姓氏的族谱上均记载其先祖来自河南光州固始。这 63 个姓氏共 670512 户，占当时台湾总户数 828804 户的 80.9%，他们当中，绝大部分的开台祖来自闽南，而这些人的开闽始祖大多就是唐初跟随陈元光父子入闽开漳的中原将士、固始子弟——"河洛郎"。这些入徙台湾的开漳河洛郎后裔，在开发建设台湾的活动中，形成具有血缘或籍缘关系的同宗、同乡聚落，并把祖籍地的生产技术、地方语言、文化艺术、风俗习惯、民间信仰等带入了台湾。而且在入台聚落之地都建有祠庙，奉祀他们共同的祖王——开漳圣王陈元光。

故园有祠 闽台有庙，一脉相承，相呼相应，历经沧桑而香火不绝。对开漳圣王的这种虔诚的祭祀活动，成了人们敬祖溯根、思乡怀亲的一种精神载体，也是民族感情的一种外化，中华民族巨大凝聚力的一个标志。近 30 年来，海外华人华侨和台港澳同胞，源源不断地专程到漳州云霄威惠庙和河南省固始县陈氏将军祠、奶奶庙寻根谒祖，缅怀先贤，献上心香一瓣，以了却他们的最大心愿。

功垂后世 2007 年，是"开漳圣王"陈元光诞辰 1350 周年，也是（福建）漳州—（河南）信阳，固始—云霄分别缔结友好市、县 20 周年。两地分别举行了座谈会、研讨会、陈元光诗歌朗诵会等多种形式的纪念活动。人们追思陈元光家族及其部众的戍边历史，缅怀先贤们为建设闽粤和谐社会、促进民族融合、维护国家统一而创建的丰功伟绩，激励爱国报国的情志，焕发建设美好家园的热情，决心为增强民族凝聚力、促进祖国统一大业、实现中华民族伟大复兴，做出应有的贡献。

辉煌的开漳历史，内涵丰富的开漳文化，及其在特定的时代背景和历史条件下，所孕育、形成的开漳精神，具有时空的穿透力和无限的生命力。为什么千百年来，闽台同胞、海外侨胞对开漳先贤的追思与怀念，从未因岁月流逝而淡化，也未因山隔水阻而疏断？历史回答曰：因为他们是文明之师仁义之师。他们不是讨伐者、征服者；相反，他们是闽粤蛮荒之地的开发者、开拓者，是各族人民新生活、新家园、新时代的建设者，和平与安宁的守护者，是中原文化和农耕文明的传播者。

历史告诉我们，推动历史前进的人将永远被历史所铭记；造福于人民的人，将永远为人民所怀念，所敬仰。陈元光等开漳先贤们正是推动历史前进的人，造福于人民的人，所以历史铭记他们，人民厚爱他们。

精神永存　我们凭吊先贤，是为了弘扬先贤的崇高精神。戍闽开漳先贤们在戎马生涯和开发建设实践中所创造、所形成的团队精神，集中体现为元光精神，即开漳精神，这是极为宝贵的精神财富。比如，壮士们万里赴戎机，不顾征途艰辛、环境险恶，慷慨赴征，义无反顾，那种以江山社稷为重，以民族大义为重的崇高精神；那种烧荒屯垦、辟地扎营、披荆斩棘、勇往直前的开拓进取精神；为了"靖寇患于炎荒，奠皇恩于绝域"，赴汤蹈火，在所不惜的牺牲精神；那种集思广益、群策群力、众志成城的团结协作精神，等等等等，至今令我们备受感动，受益无穷。陈元光坚持奉行的"兵革徒威于外，礼让乃格其心"的德治思想和以人为本的理念；奖励耕织、优工惠商的古老发展观；教育兴州、人才兴邦的战略思想；正确的平乱方针和斗争艺术等这些闪耀着智慧光芒的思想和策略，仍然值得当代学习和借鉴。

缅怀陈元光及其家族与部众非凡的戍边平乱历史和开发闽粤的辉煌业绩，令人百感交集。陈元光由人到神，千百年来受到人们敬奉膜拜的文化现象启迪我们，致力于民族融合，维护国家和民族统一，乃天人一愿，其思想精神永垂不朽。今天我们弘扬开漳精神文化，即是弘扬中华民族的统一思想精神，并为实现这一愿望，完成祖国统一大业而努力奋斗！

二、八闽一统篇

历史厚爱英贤，人民感念功臣，古今中外，莫不如此。固始骄子、八闽功臣王审知弟兄，就是为历史所垂爱、人民所感念的人。

翻开新、旧《唐书》和《资治通鉴》等古代文献典籍，河南"光州固始"人、闽王王审知兄弟治闽兴邦的辉煌业绩赫然有载，字里行间闪耀着他们治军理政、治世安邦的文韬武略之光，维护国家统一的民族大义之光，民为邦本的爱民恤民之光，克己自省的清正廉明之光，礼贤下士的尊贤重才之光，善谋福祉的德政惠民之光……

唐末，朝政腐败，民生凋敝，农民起义风云激荡。僖宗光启元年（885），安徽寿州人王绪率农民义军攻陷光州（治所今潢川），固始东乡人王潮、王审邽、王审知三兄弟率5000余众义军入闽，继唐初陈政、陈元光之后，揭开了河南"光州固始"人改写福建历史的又一恢宏篇章，在东南沿海发展史上树起了又一座丰碑，也架起了福建与固始的又一座亲情桥梁。

入闽平闽，除暴安民　据《新唐书》与《十国春秋》载，王氏兄弟本琅琊人出身名门望族，秦将王翦34代孙。其五代祖王晔为固始令，善政多多，民爱其仁，倾情勉留之，因迁家于此，遂世为固始人。王潮，字信臣，"沉勇有智略"；弟审邽，字次都，"喜儒术，善吏治"；审知，字信通，号详卿，状貌雄伟，方口隆准，喜读书，好骑射，常乘白马，号称"白马三郎"。其时，"四海尽疲于征战"，"中原正苦于伤残"。审知"蓄慷慨之气，负纵横之才"，每或抚髀暗惊，自誓曰："大丈夫不能安民济物，岂劳虚生乎！"唐末，黄巢义军之寿州人王绪聚众万余，攻取光州，纳收士民，以广队伍。王潮时为固始县佐史，与弟审邽、审知，以才气知名，邑人号曰"三龙"。王绪为网罗人才，施计使王氏兄率5000乡民从军，并任王潮为军正，主廪庾。王绪率部众辗转至赣境，略浔阳、赣水；入闽地，取汀州、陷漳浦，但皆未能据之。王绪嫉妒贤能，"猜刻不仁"，军中人人自危，因而激起兵变，为部将所逼自杀，众推王潮为主。王潮治军有法，军纪严明。泉州百姓深受刺史廖彦若贪暴之害，喜闻义师南下，奉牛酒迎潮。王潮乃引兵拔泉州，并受任刺史。"潮既得泉州，招怀离散，均赋缮兵，吏民悦之。"唐昭宗大顺二年（891），潮乃以从弟彦复为都统，弟审知为都监，围攻福州。义军颇得民心，各界捐粮筹船，劳军助战。《通鉴》云："民自请输米饷军，平湖洞及滨海诸蛮，皆以兵船助潮。"景福二年（893年）五月，潮入福州，"自称留后"。"建州人徐归范，以州应潮","汀州刺史钟全慕，举籍听命，岭海间群盗二十余辈皆降溃，潮乃尽有五州之地"。乾宁初（894年），黄连洞二万蛮众围汀州，王潮遣将举兵破之，闽地遂定。

王氏兄弟率义军转战南北，历时9年，终于平定了闽疆，统一了全闽，结束了地方割据、盗贼四起的局面。昭宗在福州建威武军，任王潮为威武军节度使、福建观察史，审知为副使。乾宁四年（897）底，王潮去世，追封秦国公。开平时，为潮立庙，称曰，"水西大王"。次年，朝廷任审知为威武军节度使。

治闽兴闽，造福黎民　唐前，福建经济、文化落后，及至五代、宋，却经济繁荣，社会安定，人文荟萃。尤其福州，一派盛世景象，号称"海滨邹鲁"。福建迈向文明之邦的历史大转折，始于王氏三兄弟率义军入闽，平定闽疆。

《十国春秋·司空世家》称：审知之兄王潮（846—898），"志尚谦恭，誉蔼乡曲，善于和众，士多归之"。平定、统一全闽后，王潮主政十余年间，乃创四门义学，"还流亡，定租税，遣吏巡州县，劝课农桑，交好邻道，保境息民，人皆安焉"。明代河南副使、泉州人苏茂相曾赋诗赞颂王潮功绩："鼙鼓中原涕似波，将军闽峤还横戈"，"事定千年无战伐，时清万户有弦歌"。

《新唐书》载：审知仲兄审邽（858—904）为泉州刺史，检校司徒。器宇宏宽，仁厚爱民。流民还乡者借给牛犁，助其耕作；帮修庐舍，助其安居；修桥筑路，方便行旅；惠农惠工，奖励生产；兴办义学，授业童蒙；革新制度，移风易俗。中原动乱，公卿士人多来投奔，审邽遣子延彬设招贤院，一一接纳，以礼相待。如杨承休、韩偓、归传懿、杨赞图、郑戬等众多李唐朝廷官员、当代名士，在李唐灭亡前后举家归闽，皆受到礼遇和重用，因怀感激之情，悉心参议政，建言献策，成为王审邽治政兴邦的智囊团。审邽、审知偕处理政期间，"铲其讹弊，整其章条，三军无哗，万姓有奉"。"至则积恶者摒去，为善者获安"。王审邽协助王潮治理泉州，后其父子相继任泉州刺史，前后

251

历 44 载，在泉州发展史上树起了一座光前裕后的里程碑。

王审知（860—925）开闽治闽，勋劳卓显，因而代颂其功，史不绝书。政治上，一是尊奉中央，维护统一；一是实行"睦邻保境，轻徭薄赋，与民生息"的政治方略，巩固边疆海防，使福建免遭战乱之灾，百姓免受繁役苛赋之苦。尤其是在"四方窃据"，民富兵强，左右数度劝其称帝时，他力排众议，拒不称帝，始终不渝地坚持"宁为开门节度使，不作闭门天子"。真心实意地尊奉拥有中央政权的唐王朝和后梁王朝，"致君愈勤，述职无怠。万里输贡，川陆不系其赊；一心尊戴，风雨不改其志"。同时整顿吏治，广纳贤才，以巩固政权。在福州、泉州等地设"招贤馆"，接纳中原各地避乱的知识分子，或委重任，或做幕僚，或使以执教。在其当政的 30 余年里，正值群雄纷争、武力割据的五代十国初期。而福建从未对外邦用兵，也未受外邦侵扰，境内一片升平，成为全国最为安宁的地区。经济上，重视和鼓励发展生产。比如，劝农兴修水利、发展农业。亲自主持兴建或扩建了福清、长乐沿海大堤，泉州 6 里陂、9 溪 18 坝，连江东湖，晋江 40 余华里灌渠，疏浚了受益幅员可达 25 平方公里的福州西湖等一大批骨干水利工程。同时围海造田，扩大耕地。在平原推双季稻；在武夷山区开垦茶园，种植茶树；因地制宜发展纺织、陶瓷、冶金等工业生产。在传播中原文明上，倡导文教，兴办学堂，培养人才，教化黎民，达到了府有府学，县有县学，乡间有私塾。迨至宋代，闽省已成文风昌盛之地，才俊辈出之乡，状元亚魁、进士及第超于中原，名臣贤相、仁人志士层出不穷。《十国春秋》称：此乃审知兴教之功也。发展商业和海外贸易，免除杂税，奖励通商。躬身踏察海湾，修建码头，辟建港口。疏通闽江水扩展福州城区。福州、泉州由此成为我国东南沿海的重要港口，也是当时中国最大的两个港口。海上航线北至新罗（今朝鲜），南至南海诸岛，以及印度和阿拉伯地区。泉州城市规模也一再扩大，吸引很多阿拉伯商人和伊斯兰教徒来此经商或定居。到宋、元时代，泉州成为与亚历山大港齐名的世界一流大港。活跃的海外贸易，为福建经济文化繁荣和社会进步注入了巨大活力。

审知弟兄理政兴闽，福泽闽邦，使"强者抑而弱者抚，老者安而少者怀"，"一年而足食足兵，再岁而知礼知义。方隅之内，仰止攸同"，"鸡犬相闻，时和年丰，家给人足，版图既倍"。

新、旧《唐书》和《资治通鉴》，对王审知治闽"用仁信以御下，行慈惠以恤民"，宾贤礼士，节俭自处，选任良吏，省刑惜费，轻徭薄赋，息兵养民等多有记述，评价甚高。如称颂审知"常衣袖袴败，乃取酢袋而补之"。一次，有使者献一玩物，审知自掷于地，谓左右曰："好奇尚异，乃奢侈之本。"据《十国春秋》载，钱昱《忠懿王庙》碑文，盛赞王审知当政治闽有"五善"："外涵大度，内用小心，慎刑既及于精详，举事悉从于简略，犯则不赦，令比秋霜之严；恩本无私，惠如冬日之暖。惟民教化，吏以法绳"，此可称善为政。"非正词不入于聪，非公事不宣于口，居无声色之乐，平生以礼义自守。念十家之产者，躬行节俭……"，此可称善立身。"兴崇儒道，好尚文艺，建学校以训诲"，"独振古风，郁更旧俗"，此可称善教化。"怀尊贤之志，宏爱客之道，四方名士，万里咸来"，此可称善招纳。"尊天事地，奉道飨神"，"事非为己，愿乃庇民"，"三十年间，一境宴然"，此可称善谋福。"功惟理乱，志在尽忠；安不忘危，常为持险之诫；小当事大，罔违与国之道……"，此可称善守位。王审知"传册封者四五世，遗爱铭于人口，忠节出于国史。臣子之盛，不亦大乎"！

天复元年（901），昭宗封王审知为琅琊王。梁开平三年（909），梁太祖封王审知为闽王，闽国正式建立。唐庄宗同光三年（925）十二月，王审知病殁，皇上赐谥忠懿。后人为追念闽王之功德，将其生前宅第改建成闽王祠，祠前立有功德碑——唐《恩赐琅琊郡王德政碑》，碑文记述了王审知家世及其生平事迹。祠内供有王审知塑像，祠堂门额上悬挂着一块四字鎏金大匾："功垂闽峤"。建于泉州市的"五代闽国三王文物史迹陈列馆"，向海内外观瞻者集中展示了三王家史、生平和开闽业绩。廊柱上赫然写着这样的楹联："太原望族源三晋，固始义军靖八闽"，"望出太原立德千载，支分固始流徽八闽"。

一千多年前，王审知三弟兄由"光州固始"率领 80 余姓义军挥师南下，拜剑开疆，一统全闽。他们用中原河洛文化、农耕文明和"修齐治平"的仁风德政与治世方略，改写了福建这一乱世蛮荒之域军阀割据、流民塞道的历史，开创了闽地的历史新纪元，使之成为社会稳定和谐，人民安居乐业，经济繁荣昌盛，文风蜚声四海的"海滨邹鲁"。时至今日，福建人民乃至台湾人民，依然还在享受着王审知兄弟励精图治的物质与精神成果。因此，千百年来，人们用不同方式，追思他们的业绩，缅怀他们的功德，弘扬他们的精神，代代相传，历世不辍。在一街一巷都铭刻着王审知兄弟丰功伟绩的历史文化名城福州市市区，安放有闽王塑像，供市民和海内外游人瞻仰；市区内古老的闽王宅第，业经修缮，兼作王审知纪念馆与爱国主义教育基地；分别坐落于惠安盘龙山、泉州皇绩山和福州莲花山的王潮、王审邽、王审知墓园，受到国家和民间极为妥善的保护。每年都有成千上万的闽台和海外王氏族亲、义军后裔和各界人士前来扫墓凭吊，祭奠英灵。明代由福州仓山迁居闽南龙海境内白礁村的开闽三王后裔，于永乐十年建立家庙，奉祀开闽先人。祠联云："唐末开闽，光辉北地；明初分巷，派衍南台。""分支来自固始，到白礁腾浪万里；创业本在同安，振乌巷长享千秋。"正堂楣语："开闽第一家。"在王审知弟兄入闽 1122 周年之际，白礁村王氏族人和各界人士隆重举行了纪念活动。台湾王金平先生特意委托兄长王祝庆由台北率 36 位宗亲赴白礁家庙祭拜先人。据福建新闻网消息，2008 年元月 9 日至 12 日，应金门王氏宗亲的盛情邀请，闽王王审知金身塑像在以王大盛先生为团长的福州王氏宗亲访问团 78 位成员护送下，由厦门直赴金门巡安。金门王氏族人和各界人士，以祥狮献瑞、鼓吹吉乐、神舆旌旗等五个规模庞大的"阵头"迎驾，并依照唐礼古制举行盛大仪式，共祭闽王。另据福建王审知研究会王衍前副会长提供的消息：时隔百日，由台北、澎湖、金门、马祖 150 位王氏族人组成的祭祖恳亲团，于同年 4 月 18 日启程，唐装盛仪，回访大陆，与当地王氏宗亲2000众欢聚于福州郊区莲花山下的王审知陵园，举行隆重的祭祀活动。由此可见，闽台人民对开闽三王有着共同的无比爱戴之情。

在闽王故里——河南省固始县，乡亲们十分怀念、敬仰三位中原骄子、治闽功臣，特意在县城命名一条王审知大道，以表永志纪念。位于该县分水亭乡王堂村毁于战乱的闽王祖宅，在县、乡两级的共同努力下，复建规划已经出台，吁请闽台同胞、海外侨胞慷慨资助，共襄盛举。工程告竣后，将作为"三王"开闽事迹展馆、豫闽台同胞恳亲会馆和文化交流场馆对外开放。这正是闽台港澳和旅居东南亚及欧美等地的王氏族亲、"义军"后人的一致心愿，共同期盼。近30年来，他们或规模组团，或三五结伴，专程赴固始寻根访亲，观光考察，身在异乡，情系祖地……据悉，由固始籍剧作者执笔，旨在再现开闽历史的三十集电视连续剧已经完成首稿，波澜壮阔的开闽历史画卷，不久将在荧屏上展开。

王审知兄弟以实现国家富强统一、社会和谐安定、民族团结幸福为己任，鞠躬尽瘁，死而后已的煌煌大节，耿耿丹心，天地可鉴，河山为证。他们堪称古代治世理政、构建和谐的一面旗帜，一部教材。对于我们今天建设社会主义物质文明、精神文明与和谐社会，仍具有一定的借鉴价值和实践意义。

【作者简介】陈学文（1943—）男，汉族，河南省固始县人。曾任固始县政协副主席，兼任固始县陈元光开漳历史文化研究会会长等职。现为信阳市根亲文化研究会副会长、固始根亲文化研究会会长。2004年创办《寻根文化》（现更名为《根亲文化》）。撰写或发表有关"开漳圣王"陈元光、闽王王审知、民族英雄郑成功、靖海侯施琅、爱国华侨陈嘉庚等研究文章数十篇。

【文献来源】2008年固始与闽台渊源关系学术研讨会论文，2008年10月。

古代河南的四次政治性外迁移民及其影响

罗福惠

　　移民的类型，从原因和性质考察，可以区分为政治移民和经济移民两类；从迁出和迁入的方向考察，可以区分为外向型（从中原腹地迁往周边）和内向型（从周边迁往中原腹地）两类。各种类型的移民都可能具有调整人口布局和资源分配、提高生产力、加强族群融合的作用，本文侧重讨论政治性外向型移民对迁入地政治生态和文化发展的影响。

一

　　从西周到南宋，从河南向外移民而且明显属于政治原因者，主要有以下四次或者说四个阶段。

　　第一个阶段是楚人从河南开始辗转迁徙，终于到江汉地区建国。楚人的始祖季连，是黄帝族颛顼系的后裔，属于上古的华夏集团，而非三苗系统的南蛮集团和后来以殷商为代表的东夷集团。殷代卜辞出现过"楚京"二字。《左传·僖公二年》有"诸侯城楚丘而封卫"的记述。《诗·鄘风·定之方中》云"定之方中，作于楚宫，揆之以日，作于楚室。……升彼虚（同墟）矣，以望楚矣。望楚与堂，景山与京"，记载的也是获封于"卫"的卫文公在楚墟（楚人先前所居之地）筑城与宫室之事。这个后来称为卫国的地方就是楚人的故地楚丘，从朱熹到顾栋高再到今人李学勤，都一致认定在今河南滑县东。

　　山东曹县东南也有一个楚丘，今人何光岳认为这是楚人第二次迁徙的所居之地，从而把最先聚居之地的地名移来。大约在夏末，楚人

256

迁回河南新郑、许昌以北一带。此后又曾迁徙到郾城县东三十五里处的熊山，楚人先祖穴熊即因在此穴居而得名。因为东面商人的压力，楚人此后又迁徙到今河南禹县西北五十里处的荆山（楚荆通用，均为丛木杂生之状）。其后商人势力更大，楚人又迁徙到今灵宝县西南三十五里处的荆山（俗名覆釜山，在渑池附近）。不久因商王武丁的征讨，楚人为依附同属于华夏集团的西周，迁徙到陕西朝邑境内的华原山，仍遵旧习称此处为荆山，把洧水改称楚水。商末，西周开始强盛，楚人又越过终南山，迁到上洛（今商县）。所以今商县一带还有楚山、楚水、大荆川、西荆川等地名。

周灭商之后，力量膨胀。周成王封鬻熊曾孙熊绎"以子男之田""居丹阳"。楚人因此从上洛迁回今河南淅川县南的丹阳，即淅水汇入丹水附近之地。不久熊绎被动地卷入了管叔、霍叔等人的叛乱，虽然楚人很快归顺而得到成王谅解，但熊绎仍然心存惴惴，终于南渡汉水，迁徙到今湖北保康县一带的睢山，并用荆山之名代之。楚人从河南迁入湖北之后，周昭王、周穆王多次亲征荆楚，证明周、楚之间原有矛盾，楚人是出于政治原因而南迁的。此后直到公元前278年秦军攻陷楚都郢（今荆州纪南城），楚人又迁都到陈（今河南淮阳）之前，楚国约800年的都城一直在湖北境内，但楚人是从黄河中游的河南迁到今湖北"江汉沮漳"一带的移民，是毫无疑义的。

第二个阶段是在西晋末年永嘉之乱（307年）以后长达百余年的时间里，河南一些大族与民众追随东晋及南朝政权的大迁徙。如《晋书》记载，陈郡阳夏（今太康）人袁瑰于西晋末"与弟欲奉母避乱，求为江淮间县，拜吕令"，永嘉之乱后"转江都，因南渡"。在此前后，"中州士女避乱江左者十六七"。此次人口大迁徙呈现为集团式行动。由于名门大族的首领、地方官员、豪强和士人具有社会地位、军政实权或组织指挥能力，移出者遂大多以地域宗族为单位，依附于上述领袖而集体迁徙。一个移民群体往往有数百、上千甚至数万人之多。

据葛剑雄主编的《中国移民史》第二卷的列表，可知在这次长时段的人口大迁徙中，从河南迁出的著名宗族不下数十。诸如陈郡（今淮阳）殷氏（殷颢、殷叔文等），陈郡长平（今西华县东北）殷氏（殷浩等），陈郡阳夏（今太康）谢氏（谢鲲、谢安、谢玄、谢石等，多迁入浙江会稽即今绍兴），陈郡阳夏的袁氏（袁悦之、袁乔等，多迁入建康即今南京），陈留尉氏（今尉氏县）的阮氏（阮孚等，迁入会稽等地），陈留圉（今杞县西南）的江氏（江虨等），阳翟（今禹州）的褚氏（褚希、褚叔度等，多迁入建康和京口），河内温（今温县西南）的司马氏（司马纯之，司马亮等），济阳考城（今民权县东北）的江氏（江颛、江夷等），南阳涅阳（今邓州东北）的刘氏（刘湛等），涅阳的宗氏（宗繇之、宗说等，多迁入江陵即今湖北荆州），汝南安城（今汝南东南）的周氏（周颐等，有迁入建康者），新野的庾氏（庾深之等），荥阳和开封的郑氏（郑万顷、郑袭等），荥阳阳武（今原阳东南）的毛氏（毛宝、毛穆之等），颍川长社（今长葛东北）的钟氏（钟雅、钟诞等，迁入建康），临颍的荀氏（荀崧等），鄢陵的庾氏（庾亮、庾悦等，迁入建康），许昌的荀氏（荀邃、荀奕等，迁入建康）等。其中阳夏的谢氏与山东临沂（今费县东）的王氏，即后来人们耳熟能详的"王谢"两族。而且河南迁出的大姓远远多于山东、河北、山西、陕西等地。

第三阶段有唐前期高宗—武后—睿宗时代陈政、陈元光父子的"平乱"与"开漳"（669—711 年），唐末五代王潮、王审知兄弟父子的"王闽"（885—945 年）。前者是唐高宗时，闽南"蛮獠"起兵叛乱，光州固始陈政奉命率将士 113 员、府兵 3600 人前往平叛，陈政之子陈元光随行。由于初战不利，陈政之母魏敬、兄弟陈敏、陈敷率固始 58 姓府兵数千人驰援，终于平定泉州、潮州（今属广东）间的"獠乱"。688 年因陈元光之请，朝廷下令设置漳州，陈元光任漳州刺史，陈氏父子治理漳州 40 余年。陈氏子弟及属下府兵中多数人此后就定居闽南。

后者是在唐末农民大起义中，固始人王潮、王审知兄弟起兵后率部南进，经江西进入福建，先攻下汀州（今长汀）、漳州、泉州，继而夺取福州，控制福建全境。王潮、王审知得到唐王朝的承认和册封，王审知之子王延翰更称王建国，此即五代史上的闽国，王氏兄弟父子治闽40多年。随同他们入闽的固始人，据清末固始进士何品黎考证，有18姓5000多人。而《中国移民史》第三卷中的列表则显示，此次有黄、潘、孙、郑、周、朱、李、王、陈、郭、魏、林、刘、姜、裴、蔡、夏侯、叶、曾、和、傅、韩、杨、许、方、丁、徐、孔、詹、翁、熊、江、吕、崔、柳、邓、吴、邹、苏、连等40个姓氏，"数量在二三万人左右"。固始陈氏、王氏两次带往福建的移民，成为后来有族谱可据的河南人迁居福建的基本群体。

第四阶段是北宋末靖康之变（1126年）后近200年的人口迁徙。由于淮河以北的中原地区先后处于战乱和金人、蒙古人的统治之下，而从开封迁移到临安（今杭州）的南宋政权维持了150余年，不愿服从金人、蒙古人统治的中原王室、官僚、将士和普通民众持续南迁，人数多达数百万之众。执掌南宋政权的大多是靖康之变时随高宗南迁的上层移民及其后裔，南宋（特别是前期）的军人也主要来自北方。其中"临安移民的76%来自河南，其中绝大多数又来自开封"。据《中国移民史》第四卷中的《靖康乱后南迁的北方移民实例》所记，从北方迁入江南（指今苏南、皖南、江西、浙江）者共1006人，其中河南601人，占60%；山东127人，占12.6%；江苏（除苏南）71人，占7.1%；河北37人，占3.7%；甘肃34人，占3.4%；安徽（除皖南）38人，占3.8%；山西30人，占3%；陕西26人，占2.6%；湖北17人，占1.7%；其他北方各地一共20人，占2%。可见当时河南是最主要的人口迁出地，而且"自河南迁出的移民中上层人物特别多"。因为只有中上层人物才有可能在文献中留下记载。

二

政治移民与经济移民最大的不同，前者首先会明显改变迁入地的政治生态和社会结构，而后者的作用则首先是扩大资源开发和增加物质生产。

古代的黄河流域，由于适于农耕而生产发达，人口繁衍。加上多种族群在此竞争角逐，因而在夏、殷、周的故地率先出现了今中国境内人类文明最重要的组织形式——国家。而包括长江流域在内的中国南方，直到商末周初，还是人口稀少，生产落后，社会组织也处于原始状态。南迁的楚人建立了中国南方最大最先进的国家政权，加速了南方社会向古代国家社会的过渡。楚人"筚路蓝缕"，不仅是在南方建成第一个大国，也是为秦汉以后统一的中国奠定了半壁江山的基业。

从秦、汉、三国到西晋，长江流域及其以南的地区在统一国家中的作用仍然远逊于中原，这里人们的地域观念至少不弱于国家观念。"吴地"（长江下游地区）尤其如此。于助成东晋政权确立有大功的王导，西晋末曾"徙镇建康，吴人不附"。但东晋奠都建康之后，一面对中原南迁者"收其贤人君子，与之图事"，一面对当地土著"宾礼故老，存问风俗，虚己倾心，以招俊义"，尤重"此土之望，……引之以结人心"，"由是吴会风靡，百姓归心焉。自此之后，渐相崇奉，君臣之礼始定"。从中原南迁的高门大族不仅结成牢固的乡族集团，还使东晋政权在自己的疆域里大量设置侨州郡县。从而不仅推动了地区经济的开发，更继续吸引中原同郡之人南迁，得以汇聚人心与实力，与北方政权对抗。

漳州地处福建泉州和广东潮州之间，自汉代以后"久成荒徼，蛮獠纷乱，民不知礼，号称难治"。唐代陈元光平定乱事，增置漳州，变"七闽"为"八闽"，建县置吏，委派属官治理。开创漳州地区的屯田制度，让驻军垦荒自给；招致中原流民，着手兴办学校，使漳州成为"治教之邦"。福建《云霄县志》称颂陈元光说，"公开建漳邦，功在有唐，州民永赖。"所以，陈元光的"开漳"实可视为唐王朝治下有计划有组织的政治移民和治理开发活动。

王潮、王审知兄弟父子的政治角色常有转换。其先他们是"反唐"的叛乱者，由于控制了福建全境，处于风雨飘摇中的唐王朝只得承认王氏对福建的治权，先任王潮为"节度福建管内观察使"，其弟王审知为副。王潮去世后，唐王朝以王审知继其兄职，并加封为琅琊郡王。后梁朱温篡唐以后，更册封王审知为闽王。王潮、王审知治闽期间，对中原王朝政权称臣，与周边各种割据势力交好；对内保境安民，抚流亡，定赋敛，劝农桑，促进了福建地区中原化。但到王审知之子王延翰自己建国称王以后又出现内乱。

如前所述，在南宋政权前期，将领和士兵多为中原移民。对于文官，高宗也一再"诏令侍从官举西北流寓之士。被举者甚众"。但朝中文臣和地方官员中的南方人士仍然不断增加，最后终于占据绝对优势，从而产生南北地域观念和军、政之间的矛盾。故有日本学者认为，"以军队为后盾，从此方移居过来的皇族及与其相联系的新兴地方阶层，跟维持北宋以来的传统的南方原来的地主阶层之间的对立、妥协、斗争的展开"，是贯穿南宋政治生态的一条主线。

在这种大势之下，南宋朝廷已不可能再像东晋那样设置侨州郡县。故其始只能让移民以"流寓"的身份存在，科举考试也特置"流寓试"。而到南宋定都临安十年之后，就通过确定移民的财产和"户等"这种方式，使移民在定居地"入籍"。又过了十四年后，更取消了"流寓试"。不仅如此，为维持宋代当地人不得在当地任官的制度，高宗"诏令西北流寓及东南人寄居满七年，或产业及第三等以上者"不得在新定居地"差遣"。种种措施，无非是尽力消弭移民和土著的分别，使两者浑然一体，这样才支撑了南宋 150 余年的偏安局面。

从上述四个阶段的移民情形来看，由于南迁的上层人物掌控了权力资源，在一定程度上得以制定和执行吸引、安置、保护移民的制度和政策，所以在上述各阶段相当长的时间里，南迁移民持续不断。楚国、东晋、南宋的情形不用说，就连王潮、王审知、王延翰统治下的"闽"，也是如此。由于福建偏僻多山，战祸较少波及，王氏兄弟父子不仅招抚流亡，更建招贤院礼待外来上层人士，使得唐末中原公卿一时认为"安莫安于闽越，诚莫诚于我公"（指王潮、王审知兄弟），遂通过荆襄吴越而远迁福建。在"中原乱，公卿多来依之"的浪潮中，有著名士大夫如杨承休、郑璘、韩偓、归传懿、杨赞图、郑戬等人。还有唐宰相王溥之子王淡，宰相杨涉从弟杨沂，知名进士徐寅，大司农王标，司勋员外郎王拯等。曾任河西节度使的翁郜，"携家来建阳居焉"。后唐庄宗之弟李崇礼举家迁入延平（今南平）。

偏安的政权当然也有"收复失地"的野心和意图，普通移民更难免眷念祖宗故里。但这种愿望一般难以实现。楚人逐鹿中原未成，东晋、南朝、南宋的"北伐"——失败。陈元光父子因合法的长期守土之责，王审知、王延翰父子也因政治上的形格势禁，都只能落地生根。随陈氏父子赴漳州的丁儒，先后任军咨府祭酒和承事郎参理州事，晚年就在漳州归田。其作品中有"土音今听惯，民俗始知淳。烽火无传警，江山已净尘"，"辞国来诸属，于兹结六亲。追随情语好，问馈岁时频。相访朝与暮，浑忘越与秦"，"呼童多种植，长是此间人"等诗句，生动地再现了他们逐步融入当地社会的情景，但仍带着一股无可奈何而又只能随遇而安的心理。而移民的"后生晚辈但见生长于是，慷慨仗义谁与共之"，对于他们生于斯长于斯的异乡，显然会逐步认同。

政治移民不仅促成了中国南部的中原化，即政治制度的一体化进程，也从社会层面改变着南方的组织结构，这主要体现为宗族制度的普及。东晋时中原的名门大族迁居南方，奠定了南方宗族组织的基础。唐宋时士大夫和普通百姓的南迁，使南方的宗族组织更为繁盛。故从宋代起，南方各地普遍出现宗族祠堂、义庄、族学等事物，以及纂修族谱、家乘的宗族活动。而江南地区尤其是江西、福建、广东等地，有大量的族谱记载表明，许多姓氏和宗族的祖先是在唐宋时期甚或更早的西晋末年从中原南迁的。

客家人群体和讲闽南话的群体，与唐宋中原移民的关系最密切。《中国移民史》第四卷中的《客家氏族移民实例》列举了从中原南迁的陈氏、谢氏、黄氏、赖氏、萧氏等37个姓氏。而福建学者研究闽南语群体的情况时，曾以福建云霄县为例，称该县1946年的人口为113802人，分为81姓。在族谱中写明先世是从河南入闽的有方、吴、张、陈、柳、王、汤、蔡、林等 9 姓，共约 90000 人，占全县人口总数的 80%。这当中写明先祖是随陈元光父子入闽的则是方、吴、张、陈、柳、汤 6 姓 60000 余人，占全县人口的 53%。福建的东山、诏安、漳浦、漳州等地的情形也大同小异。而台湾居民大多由漳、泉二州迁入。1930 年台湾有 3751600 人，漳、泉移民后裔为 3000900 人，占总人口的 80%。1953 年的户籍统计表明，当时台湾总户数为 828804 户，超过 500 户的大姓为 100 个，其中有 63 姓的族谱载明其祖先是在晋代、唐初和唐末从河南迁居福建，后来又从福建迁居台湾的。

三

政治移民中的中上层群体，作为文化尤其是制度文化和学术文化的主要载体，无疑会给迁入地带来文化繁荣。而从中原带来的固有文化与南方各地的原有土著文化结合，又会产生新的具有地域性和时代特色的文化。中国文化生生不息，既有一以贯之的根本性格和核心价值，内容和形式又常变常新，而且传播和影响的范围持续扩大，政治移民在其中的作用，应当是原因之一。

在楚人进入江汉沮漳地区之前，长江中游主要生息着"三苗"、"百越"、巴人和濮人，草莽未辟，文化落后。通过楚人几百年的开发经营，中原文化、三苗文化、百越文化、巴濮文化等融合而成瑰丽新奇、丰富多彩的楚文化。楚国不仅在制度上比南方各地先进，而且城市和宫室建筑雄伟华丽；冶炼、纺织、医药、髹漆都冠绝一时。政治家如楚庄王、孙叔敖，军事家如吴起，思想家如季梁（早于孔子）等，各类"楚材"史不绝书。尤其是屈原等人的"楚辞"，可说是中国古代文学中的精美绝伦之作，一直吸引着后人的崇敬、仿效和研究，成为至今还在发挥着巨大影响的宝贵文化遗产。

长江下游地区直到三国和西晋时，文化仍然落后于中原。东晋和其后的南朝的中上层统治者，多为中原移民或其后裔。诗人、文学家和书法家也多出自这个群体。如鲍照、江淹、谢朓、谢灵运等人的诗，庚信的赋，王羲之、王献之父子的书法，还有昭明太子萧统编的《文选》，刘勰写的《文心雕龙》，钟嵘写的《诗品》，都在文学艺术史上占有重要地位。而上述诸人的原籍，均在河南和山东。唐代的杜佑曾回顾说："永嘉以后，帝室东迁，衣冠避难，多所萃止。艺文儒术，斯之为盛。今虽闾阎贱品，处力役之际，吟咏不辍，盖颜、谢、徐、庚之风扇焉。"上述四大文化世家，颜、徐二家出自山东，谢、庚两家则出自河南。

南方到了梁、陈两朝时逐渐衰微，占有中原的西魏和后来的隋终于占了上风。西魏和隋攻入南方之后，又强制一些中原移民北返。除了政治人物北返之外，学者文人也在重点之列，于是文学家王褒、王克、刘璠、殷不害、宗懔、庚信等人回到中原。音乐的情形也是如此。永嘉之乱以后，首都洛阳的大部分乐官和乐工南逃江陵或建业。到西魏灭梁时，就把江陵的乐工掳至关中；到隋灭陈时，又把留在江南的乐工集中到长安。当隋文帝听到在中原久已失传的"清乐"时，不禁大加赞赏，称其为"华夏正声"。可以说，这种文化的南北传递也是中国文化绵延不绝的原因之一。

到了北宋，长江下游地区的文化水平已与中原并驾齐驱，南宋建立后更使该地区驾乎其上。在黄宗羲原著、全祖望修补的《宋元学案》中，记载有南宋学者1144人，其中115人来自中原，占学人总数的10%，他们广泛地活动于苏、浙、皖（南）、赣、闽、粤、湘、鄂、川九省。其中来自河南的最多，有将近50人。如出自开封吕姓的就有吕好问、吕广问、吕切问、吕和问、吕坚中、吕稽中、吕绷中、吕本中、吕大伦、吕大器、吕大献、吕大同等十余人。出自与宋室皇族同姓的有赵师孟、赵师恕、赵师渊、越师雍、赵汝愚、赵汝靓、赵汝谈、赵希绾、赵孟頫、赵淖、赵不息、赵顺孙、赵善佐等十余人。其他还有邵伯温、朱弁、高元之、曾开、尹焞、冯忠恕、徐度、蔡迨、曾逮、邵溥、韩璜、程端中、韩元吉、罗靖、郭雍、李迎、曾几、李椿、向沉、向涪、邢世才、吴琚等人。

由洛阳二程（程颐、程颢）开创的"洛学"，经其弟子尹焞在苏州发展为和靖学派，又经尹焞弟子吕本中（字居仁）在婺州形成紫微学派。吕本中之子吕祖谦形成东莱学派。他们使二程之学广播东南。河南人郭维，南宋初迁居浙江明州昌国县（今舟山市），"以北学教授诸生，从者如云"。迁居到明州（今宁波市）的开封人高元之，得"是乡学者数百人师事之"。南宋最著名的理学家朱熹，被人们视为"得程氏之正"。朱熹虽是南方人，但其学问就在"既博求之经传，复遍交当世有识之士"。而在他重要的学侣讲友中，就有前述吕祖谦、赵汝愚、赵汝靓等人。南宋学者熊禾说，"周东迁而夫子出，宋南渡而文公生"，"夫子"指孔子，"文公"即朱熹。熊禾之说，表明他看到了伴随着政治中心迁移而来的文化中心移动和文化交流，对产生新的文化巨匠的影响作用。

南宋不少著名诗人、散文家也是中原移民。其中诗人陈与义（号去非）、吕本中、朱敦儒、曾几、韩元吉均自来河南。来自河南的散文家有晁说之、崔德符、陈叔易、吕祖谦和吕本中。由此可以发现，吕本中、吕祖谦父子在理学、诗歌、散文诸领域中都是具有一定影响，值得关注和研究的人物。

上述四个阶段因政治原因而引起的外向移民，除陈元光父子的那次之外，其余的从短期来看，或者可以说曾经造成各个有关时期的分裂割据之局。但从长远来看，却加速了中国广大南方的开发，促进了南方从政治到文化的中原化，从而最终有利于中国版图的巩固和文化的多样性统一。

【作者简介】罗福惠，华中师范大学中国近代史研究所教授，博士生导师。

【文献来源】2009年固始与闽台渊源关系学术研讨会论文，2009年10月。

范祖禹《王延嗣传》及闽国史料的新发现

徐晓望

20世纪90年代以来，学术界对闽国史的研究成果累累。新史料的发现越来越困难。近读宋代大史学家范祖禹的《范太史集》，意外发现其中有一篇王延嗣传，这篇文章长达4600多字，是为研究闽国史的第一手资料。特撰此文，将其揭橥于世，以供诸位同仁参考。

一、范祖禹撰写《王延嗣传》的经过

范祖禹是宋代第一流的史学家，他是陕西华阳县人，宋仁宗嘉祐八年（1063年）甲科进士，后随司马光修撰《资治通鉴》。书成之后，司马光荐其为秘书省正字。范祖禹早年仕途顺利，一直做到龙图阁大学士。晚年因遭言官攻击，被贬至宾化县，死于任所。遗著有《帝学》《唐鉴》《范太史集》等。

在司马光组成的《资治通鉴》撰写班子中，学者各有所长，范祖禹是以研究唐史出名的。虽说范祖禹博学，但也会有一些不太熟悉的问题，长期不得其解。有一次，他遇到20多年未见的同榜进士王端，欢洽之余，范祖禹谈起了自己多年以来研究唐史的几个存疑问题。王端"援引他传杂说，并唐文士碑铭书疏之类，以决其疑，莫不皆有证据"，这让范祖禹大为感激，"而且叹其博洽"。王端为福建剑浦（南平）人，他的曾祖王延嗣、祖父王玠，都是研究经学的教师。王端出生于这样一个家庭，可以说是家学渊源了。因此，王端能为范祖禹解决一些困难的学术问题。后来，王端将王延嗣的遗稿给范祖禹看，并请范祖禹为其曾祖写下了《王延嗣传》，这是《范太史集》中《王延嗣传》的由来。

由于范祖禹是宋代著名的史学家，他的《王延嗣传》很早就引起了学者的注意。专门研究五代十国史的宋代史学家路振在其《九国志》中说："王氏父子据有全闽，虽号不知书，一时浮光士族，多与之俱南。其后颇折节下士，开四门学馆，以育才为意。凡唐宋士大夫避地而南者，皆厚礼延纳，作招贤院以馆之。闽之风声气习，浸与上国争列。其从子王延嗣者，以道义自任。当时目之为'唐五经'，内翰范淳夫尝为立传。"

路振文中的"内翰范淳夫"，即为范祖禹。因王延嗣晚年定居于南平县，南平的地方志说到五代时期南平人物，常会提到"唐五经"王延嗣，并认定他是南平儒学倡导人物之一。在王延嗣的家乡汝宁府固始县，对其也有记载。明代李贤的《明一统志》载："五代王延嗣，光州人。唐亡，梁太祖拜王审知中书令，封闽王。延嗣力谏曰：'义不帝秦，此其时也。'时强藩巨镇僭号，审知有效颦之意，延嗣极谏。审知虽不乐其言，然终其身不失臣节，延嗣之力也。"将这段文字对照范祖禹的《王延嗣传》，可知其出自范祖禹的著作。后来，清代吴任臣作《王延嗣传》，又将《明一统志》的相关记载纳入。福建方面的方志也辗转摘抄，所以，《明一统志》的王延嗣传流传很广。但是，后人著作基本没有直接引用范祖禹的《王延嗣传》。以博学闻名的吴振臣，在其名著《十国春秋》中广征博引，许多只有方志才有的相关史料，都被其纳入《十国春秋》，对于王延嗣，他是直接引用《明一统志》的史料，却令人遗憾地遗失范祖禹的《王延嗣传》，这也使这篇第一手资料成为沧海遗珠，弥足珍贵。

搜索四库全书的王延嗣相关史料，有一条记载引起我的注意。清代《佩文斋书画谱》引用了《图绘宝鉴》一书，书中提到一个擅长画鬼神的画家："王延嗣，国初，工鬼神。"范祖禹笔下王延嗣是一个经学家，一直活到宋代初年，但范祖禹并没有讲到王延嗣擅长绘画。因而，此文中的王延嗣是否同名同姓人物？尚待考证。不过，当时的文人兼通绘画的不少，不排除南平王延嗣擅长绘画的可能性。

二、范祖禹《王延嗣传》的史料价值

《王延嗣传》出于史学大家之手，而且撰写者是在掌握王延嗣原著的背景下写下了这篇文章，应当说，这篇传记的可靠性是很高的。事实上，宋代许多有关闽国史的著作，都直接引用了范祖禹《王延嗣传》中的文字。正史对王审知的基本评价，基本没有超出这篇文章的范畴。本文的价值由此可见。作为一篇传记，范祖禹还很详细地描写了传主参与王审知决策的过程，这在其他文献中是极为少见。

今人研究中古时期的中国史，最感缺乏的是历史事件经历者的第一手资料。这是由于，其一，中古时期的中国，除了帝王有史官记载其活动之外，普通人没有记载日常生活及政事的习惯，也就是说，记日记的习惯尚未形成，留下来的第一手资料就少，而且经过一千多年岁月的淘洗，这类文字大多无法保留下来。其次，中国史官崇尚以简约的文字记载复杂的历史事件，他们记载的历史事件，往往省略了决策者的动机和考虑过程，不管多么重大的事件，在他们的笔下，都只剩下简单的几句话，让人对事件的发生过程不甚明了。但对于今人来说，这些简单的记载太少了。范祖禹《王延嗣传》的传主，是王审知的族侄，自幼失怙，由王审知养大。他跟随王审知由固始入闽，成年后参与了王审知许多重大事件的决策，是王审知得力的幕僚之一。《王延嗣传》的价值首先表现在：其一，记载了王审知重大决策的过程及其决策前后的想法，这是十分难得的；其二，王延嗣作为王氏家族成员之一，披露了王家在固始以及在福建发展的一些情况，其文字虽然不多，但很有价值，可以使大家进一步认识王氏家族的真貌。其三，王延嗣在生前看到了王氏政权的灭亡，因而可以旁观的态度总结王氏政权灭亡的原因，这与王审知生前身后那些一味歌功颂德的那些碑记不同，范祖禹《王延嗣传》所展示的王审知，是一个更为立体的、全面的王审知，也是一个更有个性的王审知。其四，对王延嗣的研究，还可以让我们知道闽北儒学兴起的一些关键细节。在南平历史上被称为唐五经的儒学名家，究竟是怎样一个人。

对任何历史文献，都要考虑其作伪的可能性。范祖禹的《王延嗣传》引起我警惕的是：其文中第一句为："唐宋间延平郡有隐君子，姓王氏，讳延嗣，字季先，光州固始人也"。其中延平郡三字让我考虑很久。南平县成为郡治是在南唐的保大六年，当时名为剑州，入宋之后，改名为南剑州，元代改名为"延平路"，明代改为延平府。从其政制沿革来看，到了元明以后才有了"延平郡"这一等级的治所，为何生于北宋的范祖禹、王端会称南剑州为延平郡？不过，搜索宋代的文集，延平郡的提法是常见的。例如：

黄裳的《怀远亭记》："延平郡督邮，即其公宇之北山，南向天际，送目而往，相去之远，不可以胜计。"

又如黄公度在作《卜算子》之时记载："赴召命，道过延平郡。"刘爚在其文集中提及："延平郡城之东，凿滩之上，有贤寓士焉，曰拙逸范君。"

徐元杰在其《楳埜集》中，撰有《延平郡学及书院诸学榜》一文。

以上所提宋代诸贤中，黄裳是南平籍的状元，他在《演山集》称南剑州为延平郡，表明南平人更喜欢"延平"这一名字，所以会将南剑州称为延平郡。迄至元代，南剑州被改名为延平路，应当也是受当地人的影响吧。

其次，延平这一名字与南平相伴已久。宋初的《太平寰宇记》第一百卷提到：晋武帝之时的南平原名延平县，唐武德三年，唐朝在这里设置了延平军，一直到南唐保大六年升格为剑州，南平使用"延平"之名已经有数百年了。古人常以首县称呼郡望，将南剑州称之为延平郡，应是在这一背景下出现的。通过对"延平郡"的考证，更坚定了我对范祖禹《王延嗣传》的信任。

三、王延嗣其人

王延嗣，字季先，光州固始人。从范祖禹的《王延嗣传》中知道，王延嗣死于宋太祖乾德四年（966年），享年九十四岁，以理推之，他应生于咸通十三年（872年），少年时在固始家乡，光启元年（885年）随王审知入闽，此时他已经14周岁。因其父母早逝，王延嗣成为王审知的养子。"君幼失怙恃，养于审知，为儿童时，谨愿端悫如成人，未尝戏笑。事审知如父。晨昏侍左右弥谨。审知寝疾，躬奉汤剂，未始须臾离庭闱，虽甚劳苦，不见有倦色。审知亦以是器而怜之，抚如己子。"王延嗣与王审知结下如此密切的关系，为其参与王审知幕府打下坚实基础。王审知多子多孙，而且收养了不少养子。诸子大多尚武，而王延嗣以读书出名。"审知诸子，豪气相高，日以驰马试剑为事，君独泊然无欲，惟喜躭玩书史，夜以继日，手不释卷，寝食为之几废。故多识前言往行，褆身行已，每以古人自期，儒冠书服，雍容委折，似不能言者。然邦有大政，阙国有大疑，将就谋焉。则引古验今，抵掌议论，凛凛风生，不可尚已。审知尝戏谓之曰：'此吾家措大儿也'。"因王延嗣读儒书较多，对世界上的事情往往有自己的看法。"审知既抚有全闽，将欲录君以官，君闻之力辞恳免，至于三四。不听，乃称疾不出者逾月。审知使人往讯之，因手书以上审知。其略云：'春秋传载孔子之言，曰唯名与器不可以假人。盖以名器者，国家砺世之具，苟上有私授之失，则下启奸觎之心。居平世犹之可也，况今天子播迁，大盗蠭起，迹其所由，正缘朝廷政出多门，刑赏滋滥。大王亲举义兵，为国平乱，轧于贼臣，决策入闽；士卒将佐，弃乡井坟墓，舍父母、妻子，从王南征，何所图哉？志于立功名耳。今师旅暴露日久，大勋未集，大王膺茅土之封、领节钺之寄，肃将明命，作镇于闽，尚未班爵策勋以旌战士，而首欲以爵命猥及无知之私亲，将士观望，解体必矣。昔卫懿公好鹤，鹤有乘轩者。及狄伐卫，授甲者皆曰：'使鹤，鹤实有禄位。'仆虽愚瞽，粗灵于鹤，倘或侥荣冒禄，偷安利己，以陷王于卫君之地，虽粉骨糜肌，亦不足以赎其过。审知以其言切利害，益器重之。然终不能夺其志，稍寝其命，曰：姑俟他日而已。"不过，当公元907年梁太祖朱温窃唐自立，王延嗣反对王审知向朱温称臣，被王审知拒绝。此后，在梁朝统治下，王审知也不便起用王延嗣。王延嗣因多次建言不被采纳，已经有出世之意。"自是君始浩然有隐遁岩穴全身远害之志，而牵于审知有鞠育之恩，于已念未有以报之，不忍遽遂翻然。"梁朝灭亡之后，王延嗣又反对王审知称帝，因此，王延嗣虽然长期在王审知的幕府，但并没有在闽国做官。

王审知死后，王延翰自立为闽国。王延嗣强烈反对，称之为"沐猴而冠"。他说："是可为也，孰不可为也！此子能自免乎？使在先王之世，予固当以死争，然斯人也何足与语，吾族其血矣乎？"他认为王氏的大祸即将到来："我虽不能饿死首阳，然亦岂可延颈待戮？"从此，他有意疏远当局而退居山野。"因潜随贾舟逸去，将欲遵海滨而处。偶值闽使者自海上还，遇君，迫之以归。至黄崎，君乃舍舟宵遁田间道，草宿露行，旬日始抵建平。因爱其佳山水，遂有终焉之意。乃易姓唐，以字为名。盖以唐与王，音韵相近，而亦自谓唐之遗民，于是隐焉。时延平人物凋零，乡无校，家无塾，士风不振。青衿之徒，散之城阙。君始以五经教授学徒，人皆以'唐五经'呼之。"晚年，他闭门不出："遂以废疾谢绝宾客，终日杜门，虽比邻亦莫得见其面。环堵萧然。卒于大宋乾德四年，寿九十有四。"

四、从《王延嗣传》看固始王氏

王审知为固始人，其人逝世以后，留下了一些传记史料，如于兢的《琅琊王德政碑》、翁承赞的《闽王墓志》、钱昱的《忠懿王庙碑文》，但这些史料罗列其家人后来的封号，反而使其身世原貌不显。据徐寅的《广武王神道碑铭并序》，王氏家族"世业农，颇以赀显"，王潮"才气勇略，誉播乡邦，尤善招怀离散，众多归之"。在动荡的唐末社会里，王潮已成为乡里颇有威望的领袖。但这些记载是否可靠？仍然存在一些疑问。《王延嗣传》记载的王氏家族如下："吾家本田舍郎"，

"世为州里豪右，从父潮、审知，俱以勇侠霸于一乡"。可见，王家在其家乡，应为类似晁盖之类的人物，他们世代从事农业，但在民风强悍的乡村，又以勇侠闻名，成为乡党的领袖人物，官府因而任命他们一定的职务。徐寅记载王潮被选任固始县佐史，应是可信的。在动乱的时代，这类人物往往受到豪强的重视。《王延嗣传》："唐末之乱，四方豪杰竞起，大者以王，小者以伯，寿春王绪攻陷光州，得潮兄弟，相持大喜曰：'恨相得之晚'。因留军中计事。"这里透出的消息是：王绪起事后，曾经大力招揽王潮兄弟，而后又将其当作核心幕僚，这就可以解释，为何王氏兄弟违抗王绪将令，将其母亲藏在军中，而王绪并没有对他们做出严厉的处分。

《王延嗣传》对王审知性格的描写，是其文中最具史料价值的部分。他认为王审知十分简朴："审知虽起于任侠之徒，而天性纯俭，自奉甚薄。"王审知十分重视文人："审知本武夫，初不省礼乐诗书之教。其后折节下士，开学馆、育人才。故唐贤士大夫避难南来者，皆厚礼延纳之。"王审知的这两个特点都载于史册，多少是受到本文影响的。《王延嗣传》也批评王审知佞佛："闽俗喜佛，而审知亦溺于浮屠氏之说，穷极土木之功，以兴佛宇，财力殆困。君力言于审知曰：'书云：'不作无益害有益，功乃成。'浮屠氏本物外之人，以寂灭为宗，非有益于人之国。今乃蠹民财、损民力以从事于斯，是谓作无益，以害有益也。古之人君自谓善于其事者，无出梁朝之武帝，及其终也，卒无补于侯景之乱。殷鉴不远，在夏后之世。矧夫今日方欲以取威定霸，其可崇此不急之务，以蠹国伤民耶？'审知卒不悟。"王审知崇尚佛教，载于许多史册与方志，但只有《王延嗣传》给出批评："自此帑藏日虚，民力日困矣。"这让我们知道：王审知统治的晚年，民众的赋税也是很重的，所以才会有闽国建立后的动乱。

对于王审知的诸子，王延嗣也给他们做出评价："审知诸子皆不肖，服饰车骑，侈异相胜。""审知诸子，君素恶之。"有一次，王延嗣批评诸兄弟奢侈，"诸子为之怩怩"。对在王审知死后自称"闽国国王"的王延翰，延嗣给出的评价是："沐猴而冠"。在王氏诸子中，王延嗣与较有才气的王延政关系较好。《王延嗣传》记载："审知诸子，君素恶之，而独与延政善。及审知卒，延翰窃立，君谓其所亲曰，此真沐猴冠耳。延翰闻而憾之，君因约延政同隐。延政唯诺，然志于得国，不行。"王延嗣出逃后，被闽国使者发现，强迫其回闽。王延嗣在甘棠港逃出，一直逃到王延政治下的南平乡下隐居。王延嗣做出这种选择，应与他与王延政的关系有关。不过，虽然王延政在闽北建立殷国，但王延嗣并没有再去找王延政。一直到王延政被南唐所俘，王延嗣一直隐居于乡下。

王延嗣出逃后，"未几国乱，骨肉自相屠戮。继而南唐兵取闽，王氏族属靡有孑遗，皆如所料。仅脱于难者，唯君一人。自非明哲保身，其能尔耶。君初闻闽灭，乃衰绖出郊，东望故国，一酹先王，大恸而还。曰：'天作孽，犹可违，自作孽，不可逭。'王氏之灭，非天也，亦自取之尔，复何言哉。"按，王氏子孙在福州、泉州、汀州者，大都遭到朱文进等人的屠杀。闽中保留下来的王氏子孙，主要是闽北的王延政一系。南唐吞并闽国之后，王延政的子孙也被俘虏到金陵，其中有些人后成为平民，这在王氏族谱中是有记载的。不过，这些零碎史实，未必是范祖禹所能顾及的了。

五、《王延嗣传》与王审知的重大决策

由于王延嗣曾是王审知朝夕相见的人物，所以，王延嗣得以参与王审知的幕府，并对威武军内部的政事发表意见。其中在历史上较有影响的是反对王审知向梁太祖朱温称臣。《王延嗣传》记载：

> 唐亡，梁太祖拜审知中书令、封闽王，仍升福州为大都督府。命至闽，审知将拜赐焉。君力谏之曰："吾家本田舍郎，二父蒙国厚恩，迭秉节旄，朱全忠贼臣，固尝与我比肩事主，徒以挟穿窬之盗，逞豺狼之暴，肆虐流毒，盗有神器，人神共愤，其能久有此土？我纵不能如留侯为韩

复仇、沛公为义帝发丧，其忍北面以事之？义不帝秦，此其时也。

王延嗣的这段议论义正词严，许多史册都记载了这段话。王延嗣因而史上留名。更有价值的是，《王延嗣传》记载了王审知对这段话的反映："审知俛首久之曰：'此特腐儒陈言，无补实用。知彼不知己，兵法所大忌。彼虽僭逆，然既已南面朝诸侯，加之坚甲利兵，半于天下，东征西伐，草折卵碎。我凭数州之地，辄婴其锋，是自取颠仆，安能成大事哉！'"

王审知的这段话不见于其他史册，所以特有价值。其时，王延嗣还竭力辩解："'是大不然。梁虽弑逆，僭举大号，而外窘于晋，日夕支梧，方且不暇，重以杨行密方据江淮，实吾之外屏，似出天造，以限南北，梁人虽欲袭我，得乎？此正所谓风马牛不相及也。况彼以新造之梁，雄踞中原，大统未一，内怨外叛，腹背受敌。尤其甚者，与晋相持，雌雄未决，其能越大江度修岭以与我角耶？故司勋杜牧有言：'上策莫如自治'。诚能于此锐意自治，内以修政，外以治军，使府库充实，兵革犀锐，如小白之于齐，勾践之于越，国势日张，霸图日盛，近约吴越，远结江淮，外连荆楚，仗义合兵，为国讨贼，其谁敢不从。孔子曰：如有用我者，吾其为东周乎？'"

然而，尽管王延嗣反复辩说，"条陈数百言，审知竟不能用其策"。

按，朱温称帝之后，除了三晋的李克用举兵反抗之外，南方诸侯的态度不同。割据江淮一带的杨氏吴国坚决反对，蜀国置之不理，吴越国则向朱梁称臣。闽国在南方，一向是与吴越国合作，以抗衡杨氏的吴国。所以，从大势而言，闽国必须和吴越国采取统一步调，以抗拒杨氏吴国军队的南下。这是闽国王审知向朱温称臣的背景。在这一背景下，王审知将王延嗣"义不帝秦"之语当作腐儒之论，并不奇怪。

王延嗣的建言，也有被王审知采纳之时。《王延嗣传》记载："初潮卒，审知代立，疑外议有未甚服从者，会僚属有献言请以威严绳下之不从令者。审知始用其言，乃务以诛戮为事。君言于审知曰：'书云临下以简，御众以宽'；语云'宽则得众，信则民任焉。敏则有功。'公则说此万世治国齐家君天下之大法也。小人终无远虑，乃导王以苛虐为政，不亦悖乎？王绪之失，实本于是，覆辙在前，王所目击，可不戒哉！审知亦为之改容。君每侍审知左右，觉微有怒色，必怡声软语，进说以解释其意。前后有犯颜垂死复活者，盖千余人。识者固已知君阴德之必有后也。"这段文字，透露出一个活生生的王审知，他对手下诸臣，也有不放心和伺机诛杀的时候。按，当时的政治十分残酷，位尊者过于仁慈，被手下篡杀的事例不少，所以，统治者的铁腕手段，其实是可以理解的。《宋史·王彬传》记载："王彬，光州固始人。祖彦英，父仁偘，从其族人潮入闽。潮有闽土，彦英颇用事，潮恶其逼，阴欲图之。彦英觉之，挈家浮海奔新罗。新罗长爱其材，用之，父子相继执国政。"如其所云，朝鲜的王氏家族，其实也是固始人，但他们受到王潮的排挤，被迫迁到海外的新罗国创业。王潮时代有这种情况，迨至王审知时代，偶尔诛杀一些大臣，并不意外。

王延嗣做的另一件大事是反对王审知称帝。"时自朱梁篡唐之后，强藩巨镇，相次僭号改元。审知王闽日久，骄心日滋，屡有效颦之意。君极口切谏其不可，曰：'自古帝王之兴，莫不皆有大功德著于天下，故天命有归，人心胥附。然后应天顺人，起而君之，固非细事。当纣之时，西伯躬盛德，大业三分，天下已有其二，而服事殷。曹孟德刬平祸乱，威震天下，挟天子以令诸侯，盗弄神器于掌股间，汉之为汉，特位号耳，而犹终于其世，不敢登尊履极，盖以天命人心之有在耳。今王虽聪明英武，出于万夫之上，然功未著于中原，威未加于海内，蕞尔之闽地，不大于吴楚，兵不加于梁晋，而辄欲谋此大事，诸镇闻之，称兵而南，则师直为壮，我复何辞？是乃操无益之虚名，享必然之实祸。仆尝谏王，勿臣朱梁。且王以仆言为不知彼己。而今日不意复为此图，其可谓知彼己乎？诚于此时检身修德，惟怀永图，敦好睦邻，以大桓文之业，则生享方面之尊，殁存忠义之名，以垂裕后昆，无有穷已，不其韪欤！今乃不此之思，而谋为刘聪、石勒之举，纵使诸侯未暇致讨，得以偷安假息。一旦有真主出，其能赦我哉。审知虽不乐其言，然志之于心，终其身不失臣节，君之力也。"

对王延嗣的政治主张，《十国春秋》也有记载：王延嗣，"太祖族子也。为人慨切好直言，以道义自任，当时目为'唐五经'……是时强藩巨镇多僭号称帝，太祖不无心动，延嗣反复极谏，力言不可。太祖虽不乐其言，然终身不失臣节，延嗣亦与有功云"。其时与王延嗣一起反对王审知称帝的还有威武军节度使推官——黄滔，"梁时强藩多僭位称帝，太祖据有全闽，而终其身为节将者，滔规正有力焉。"

总之，王延嗣传揭示的许多史料，足以让后世的史学家进一步深入探讨闽国的历史，对推动王审知研究具有较高的史料价值。

【作者简介】徐晓望，福建社会科学院历史研究所所长、研究员，国务院政府特殊津贴专家，福建师范大学社会历史学院博士生导师。

【文献来源】2011 年固始与闽台渊源关系学术讨论会论文，2011年 11 月。